桂苑古代文学研究丛书

春秋公羊学与西汉文学

李华雍◎著

中国出版集团

世界图书出版公司

广州·上海·西安·北京

图书在版编目（CIP）数据

春秋公羊学与西汉文学 / 李华雍著 . —广州：世界图书
出版广东有限公司 , 2025.1重印

　ISBN 978-7-5100-7838-5

　Ⅰ . ①春… Ⅱ . ①李… Ⅲ . ①中国历史—春秋时代
②《公羊传》—研究 ③中国文学—古典文学研究—西汉
时代 Ⅳ . ① K225.04 ② I206.2

　中国版本图书馆 CIP 数据核字（2014）第 081321 号

春秋公羊学与西汉文学

策划编辑　刘婕妤

责任编辑　翁　晗

出版发行　世界图书出版广东有限公司

地　　址　广州市新港西路大江冲 25 号

http:// www.gdst.com.cn

印　　刷　悦读天下（山东）印务有限公司

规　　格　710mm×1000mm　1/16

印　　张　12.75

字　　数　213 千

版　　次　2014 年 5 月第 1 版　2025 年 1 月第 3 次印刷

ISBN　978-7-5100-7838-5/K · 0198

定　　价　58.00 元

目　录

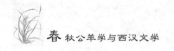

绪　论

　　文学与政治发生联系，是世界范围内的普遍现象，但就现象的广泛性与二者联系的紧密性而言，古代中国远远超过了其他国家。在古代中国，西汉时期的文学与政治的关联程度，则最具典范性质。作为中国历史上第一个真正意义上的运祚绵长的专制帝国（夏商制度难考，周则为松散的封建制，秦虽为第一个专制帝国，但仅仅存在了二十余年，故未对文学产生深刻影响），在很多方面对后代王朝有着借鉴、模范作用。西汉时期，独立的文学并不存在（众所周知，文学自觉时代的来临，是东汉之后的魏晋时期的事），西汉文学因与政治关系过分密切，以至于成为政治的附庸。西汉文学的这一显著特征，对后世文学影响深远，这甚至成为古代中国文学的一个最普遍的特征，差别仅仅在于不同时期的文学对当时政治的附庸程度有所不同而已。

　　所以，研究西汉文学，若脱离政治来谈"纯"文学，是完全隔膜的。政治对文学发生影响，主要是通过意识形态的手段来达成的。而西汉时期的主流思想，从高祖立国到武帝初期，是黄老道术，武帝亲政之后直至西汉灭亡，则是儒学。两相比较，黄老道术存在时间较短，仅七十余年，而且在这段时间内，学术文化相对自由宽松，战国诸子百家争鸣的余风仍在，黄老道术还没有能够对文学起到主导作用。儒学独尊之后，情况发生了根本性的改变，武帝颁布"罢黜百家，独尊儒术"的诏令之后，儒学成为帝国的治国根本指导思想与主流意识形态，它对社会的影响力一天天地加强，儒学的意识形态渐渐地渗透到社会的方方面面。到儒学影响达到最顶峰的元、成、哀、平帝时期，它作为主流意识形态对社会发生着全面而深刻的影响，它成为规范社会与人伦的最高真理、规范。这样，儒学就进入到包括文士在内的几乎所有知识精英的内心深处，他们对世界的认知、思维方式、思想内涵与价值取向，都深深地烙上了儒学的印记。而西汉的文学之士，其第一身份不是文人，而是学者，那么，这些文士所学、所宗的儒学，到底能够对其思想会产生怎样的影响，又进而会对其文学创作产生怎样的影响，就成为研究西汉文学的一个很紧要的问题了。

西汉儒学饱含着诸多复杂的问题。首先，西汉的儒学是以经学的新形式出现的，它与孔孟的原初儒学有很大的不同，它已掺杂进很多战国以来尤其是西汉时期的时代文化成分，比如阴阳五行思想、专制思想等。其次，就门派而言，西汉经学有古文经学与今文经学，两派为争夺学界主流而一直在明争暗斗，虽然前有刘德、刘余后有刘歆的努力，终西汉一代，古文经学始终处于在野的不利地位，传学者少，故社会的影响力有限。今文经学则不同，它在汉初就确立了对古文经学的优势地位，董仲舒这位今文公羊学大师又将这种优势地位绝对化，因而，今文经学成为西汉的主导思想。再次，在今文经学内部，还有着《诗经》、《尚书》、《礼记》、《周易》、《春秋》五经的地位争斗问题，《春秋》由于与现实政治关系最密切，而且它有最优秀的宣传者董仲舒为之鼓动，所以成为西汉一代今文诸经之冠冕。最后，在《春秋》经的内部，还存在着《公羊传》与《谷梁传》的争斗。但《谷梁传》立于学官远远晚于《公羊传》，并且它的义理多取自《公羊传》，所以，尽管有汉宣帝的支持，《谷梁传》学与《公羊传》学相比，几乎是微不足道的，事实上，考察《汉书》所载西汉《春秋》经大师与信奉者，也确实多为《公羊传》学派的。

所以，在西汉，学术正统是今文经学；在今文经学中，春秋公羊学是超越其他经典的最有影响力的显学。西汉及后世学者、文人经常提到的西汉"儒学"，其实大多数情况下乃是指春秋公羊学，本书中所提到的"儒学"，无特殊说明，都是指春秋公羊学。

一、选题的意义

西汉文学在相当程度上是公羊学思想的反映，但它同时又是文士个人情感的体现，二者有时是分开的，有时又是不分你我的，因而呈现出复杂的态势。西汉文士普遍具有忧患意识，它既可以表现为对汉政的歌颂与批评，又可以表现为对自身境遇的思考与个人悲欢情绪的宣泄，无论是哪种情况，都或多或少地与当时的主流思想公羊学发生着联系。本书即努力寻求这种微妙的联系，以春秋公羊学的思想为切入点，从纵向上考察这一学说对文学发展的史的影响，从横向里切入审视它对具体的文士、作品的具体影响所在。探究公羊学与汉代文学的关系，其实就是考察思想、文化、政治是如何作用于文学的这一问题。本研究既有纯文学研究的价值，也有鉴古知今的意义。

二、研究现状分析

在研究公羊学与西汉文学关系之前，首先需要考察公羊学本身作为经学的性质与特点，亦即经学史和思想史方面的研究状况，以及公羊学与政治、社会的关系问题的研究。

（一）公羊学的经学史的研究

在这一领域，晚清皮锡瑞的《经学历史》与《经学通论》是最早的研究经典。但皮锡瑞今文经学家的意识超过了理性研究者的自觉，所以他轻诋古文经学，而对公羊学等今文经学过度推崇，甚至溢美，有失客观公正。康有为的《春秋董氏学》也存在类似的问题。与皮锡瑞不同的是，康有为的著作更为集中细致地分析、推介公羊学的微言大义。与康有为的著作一样以公羊义理为研究对象的，还有杨树达的《春秋大义述》。蒋伯潜《十三经概论》对公羊学的评价较皮锡瑞、康有为两位客观，但还是难以摆脱经今古文的纠缠，而缺乏现代学术的意识。段熙仲教授《春秋公羊学讲疏》虽然还是用传统的方法整理公羊学，但作者对公羊学的所有方面（尤其是经义问题）都进行了探讨，澄清了很多历史遗留的难题，显示出作者厚实的学术功底。相对而言，周予同以公允的立场、理性的评判而成为迄今为止成就最大的经学史研究专家，由朱维铮编辑的《周予同经学史论著选集》，摆脱了学派意气之争的狭隘，以理性的批评精神来审视、研究公羊学等经学门派的经义，完全将之视作是研究古代文化、思想的文献材料，所以创获最多。20世纪50年代以来，港台学者如徐复观（《徐复观论经学史二种》，内含《中国经学史的基础》与《西汉经学史》二种）、王葆玹（《今古文经学新论》）等人也都在这一领域做出了贡献，尤其是王葆玹，以现代的学术研究精神来观照公羊学研究史中一些悬而未决的疑难问题，对很多争论给出了自己的解答。

（二）公羊学思想史和学术史的研究

因为公羊学在西汉思想界的统治地位，所以，研究西汉思想史和学术史的著作，必然绕不开公羊学和董仲舒。思想史方面，顾颉刚主编的《古史辨》（第五册）较集中地讨论了公羊学与阴阳五行等思想的关系问题，金春峰的《汉代思想史》是迄今为止影响较大的一部两汉思想史的著作，葛兆光的《中国思想史》（第一卷）则集前人研究之成果并提出了一些新见，此外，周桂钿的《秦汉思想史》、徐复观的《两汉思想史》（三卷本）、祝瑞开的《两汉思想史》、姜广辉主编的《中国经学思想史》（第二卷）也都各有优长。针对公羊学大师思想的研究，有王永祥《董仲舒评传》。学术史方面的著作，有唐晏的《两汉三国学案》、顾颉刚的《汉代学术史略》、刘汝霖的《汉晋学术编年》、马勇的《汉代春秋学研究》、赵伯雄的《春秋学史》等。唐著以考证见长，刘著是最有裨于学界的一部汉代学术史资料长编，马著梳理了西汉公羊学大事与西汉研习公羊学的学者情况，顾著则以疑古精神审视汉代学术思想的发展情况，赵著则较为全面地介绍了春秋各派的情况，这些著作从不同方面探入到了公羊学思想发展的各个方面的状况。

（三）公羊学与政治、社会的关系问题的研究

这一类的研究较为深入地探及公羊学与其时代、文化、政治的关系，较有代表性的有：蒋庆的《公羊学引论》，刘黎明的《春秋经传研究》，许雪涛的《公羊学解经方法——从〈公羊传〉到董仲舒春秋学》，孙筱的《两汉经学与社会》，张端穗的《西汉公羊学研究》，汤志钧等著《西汉经学与政治》，等等。[1]

因为本研究的文学属性，所以在此仅胪列公羊学与汉代思想、文化、政治关系的代表性研究专著，对于数量众多的此类研究论文，详见书后参考文献的"论文"部分，在此不再罗列。

（四）春秋公羊学与西汉文学关系的研究

较早的这方面的研究，零散地见载于古人的文集中，例如洪迈的《容斋随笔》、刘熙载的《艺概》等。民国以来，开始出现专业、集中的研究，但直到20世纪80年代以后，才逐渐有学者开始重视这一问题。海外汉学的相关研究进展，汤仁泽的《日本的公羊学研究》有较为详尽的介绍。但汤仁泽先生的文章

---

[1] 蒋庆：《公羊学引论》，辽宁教育出版社 1995 年版；刘黎明：《春秋经传研究》，巴蜀书社 2008 年版；许雪涛：《公羊学解经方法——从〈公羊传〉到董仲舒春秋学》，广东人民出版社 2006 年版；孙筱：《两汉经学与社会》，中国社会科学出版社 2002 年版；张端穗：《西汉公羊学研究》，文津出版社 2005 年版；汤志均等：《西汉经学与政治》，上海古籍出版社 1994 年版。

仅集中于历史研究领域的介绍，对日本的与公羊学相关的文学研究则没有介绍。西方汉学家研究公羊学，就笔者的有限了解，也是专注于思想、文化方面，而少有文学方面的探讨。

1. 经学与汉诗的关系

张永鑫《汉乐府研究》的第十四章探讨了汉乐府反映汉代学术思想斗争的问题。赵敏俐《周汉诗歌综论》的下编，对西汉统一与汉诗创作繁荣、汉代诗人思想变革的意义、汉代社会生活变化与诗歌的互动等系列问题的探讨，都不同程度地涉及了公羊学与文学的关系问题。论文有万光治的《论汉赋与汉诗、汉代经学的关系》等，数量很少。[1]

2. 经学与汉赋的关系

冯良方的《汉赋与经学》全书十一章，从汉赋与经学"同体共生"的关系入手，来探讨两者亲和、悖离的文学现象与深层本质。政治与文化环境的转变对作家主体的影响，经学造成作家内在矛盾并进而影响其汉赋创作，经学理论的内在矛盾对于汉赋的影响，这三方面是著者着重研讨的，并且也是颇有创获的。台湾学者简宗梧的《汉赋源流与价值之商榷》，在论及汉赋价值的成因时，简单地谈到了西汉经学的影响。董治安的《两汉文献与两汉文学》所收《汉赋的困厄与解脱》一文，也探讨了汉赋与今文经学的关联问题。[2] 此外，万光治的《汉赋通论》与侯立兵的《汉魏六朝赋多维研究》的研究，也涉及对这方面问题的探讨。在西汉文学研究领域，与汉赋相关的研究论文数量最多，有刘松来的《经学衰微与汉赋的文体升华》，黄震云的《汉赋与儒家思想》，李桂荣、郑明璋的《论经学对汉赋题材的催动》，苏羽的《论汉赋的学者化转型》等。[3]

3. 经学与西汉文学的关系

刘松来《两汉经学与中国文学》较之前一类专门针对汉赋的研究著作，研究的面更广泛。该书分三编，下编以文体为研究对象探讨两汉经学与两汉文学的互动关系，作者力图揭示出经学语境中文学的独特话语方式，努力描述经学在两汉文学的

[1] 万光治：《论汉赋与汉诗、汉代经学的关系》，载《四川师范学院学报》1984 年第 2 期。

[2] 皮锡瑞：《经学历史》，中华书局 1959 年版；皮锡瑞：《经学通论》，中华书局 1954 年版。

[3] 康有为：《中国现代学术经典·康有为卷》，河北教育出版社 1996 年版。

发展演变过程中所起到的巨大深刻的影响。[1] 边家珍《汉代经学与文学》也以两汉文学为考察对象，以经学为视角来观照两汉作家的创作思想与文学观念。全书分"汉代经学及其思想文化影响"、"经学与汉代作家及创作"和"经学与汉代文学观念"三个部分，既探讨了经学理论的问题，也对两汉文学的一些复杂的文学现象提出了自己的解释，是今年以来少有的研究经学与文学关系的力作。[2] 类似的也有以两汉文学整体为研究对象的，但不同于刘松来、边家珍两位将经学作为唯一视角，而仅将经学视为多维研究视角中的一种的，还有李炳海的《汉代文学的情理世界》及龙文玲的《汉武帝与西汉文学》等。相关的研究论文有：吴汝煜的《〈史记〉与公羊学》，陈桐生的《〈史记〉与春秋公羊学》，康宇凤的《浅谈〈史记〉对春秋公羊学"大一统"思想的继承与发展》，等等。[3]

4. 经学与西汉文学理论的关系

邰积意的《经典的批评——西汉文学思想研究》是一部文艺理论著作，作者认为，西汉经学在统治者的鼓吹下，使得文士变得更有抱负，更加的理想化，经学与政治融合为一体，借助于意识形态的力量，成功地改造了文士的思想。文学因此成为政治与道德功利主义表现的载体。王振复的《中国美学的文脉历程》探讨了经学一统与西汉文艺的审美取向问题。[4] 汪春泓的《齐学影响下的西汉文学》探讨了武帝至平帝时期经学的盛衰情况以及文学由外向评判转向内向自省间的关系。此外，涉及经学与西汉文学理论的研究著作，还有于迎春的《汉代文人与文学观念的演进》、程勇的《汉代经学文论叙述研究》等。[5] 研究论文有王焕然的《谶纬的流行及其对汉赋的影响》、霍炬的《董仲舒与西汉前期文论理论前提的建构》等。[6]

三、当前研究存在的问题和本书的研究设想

就整体而言，与数量众多的公羊学历史、文化、思想研究相比，研究者对公羊

[1] 杨树达：《春秋大义述》，中华书局 2007 年版。

[2] 蒋伯潜：《十三经概论》，上海古籍出版社 1983 年版。

[3] 段熙仲：《春秋公羊传讲疏》，南京师范大学出版社 2002 年版。

[4] 朱维铮编：《周予同经学史论著选集》，上海人民出版社 1983 年版。

[5] 徐复观：《徐复观论经学史二种》，上海书店出版社 2005 年版；王葆玹：《今古文经学新论》，中国社会科学出版社 1997 年版。

[6] 王焕然：《谶纬的流行及其对汉赋的影响》，载《内蒙古社会科学》（汉文版）23 卷第 5 期；霍炬：《董仲舒与西汉前期文论理论前提的建构》，陕西师范大学 2002 届硕士毕业论文。

学与西汉文学关系的关注，还是相对薄弱。但在相当长的时间里，多数学者或是在研究经学时触及西汉文学，或是在研究西汉文学时偶尔触及经学问题，很少有专门针对经学影响文学而进行的专项研究，在上述为数甚多的著作中，仅有三部：冯良方的《汉赋与经学》、刘松来的《两汉经学与中国文学》和边家珍的《汉代经学与文学》。冯著把研究重心放在经学对汉赋的影响上，边著和刘著则考察了经学与汉代作家及其创作的关系、经学对汉代文学观念的影响等问题，较为全面。

这些时贤的研究成果对笔者颇有启发，但笔者认为，他们的研究也存在着一定的问题。第一个问题是研究略显陈旧，最近的研究也已经是 2007 年的了，近两年此方面的研究，几乎是空白，这说明学界对经学与文学的关系认识还不够，可挖掘的空间较大。第二个问题是这些成果在研究点与面关系的处理上不尽如人意。他们的研究范围或是过于宽泛，如边家珍的著作全书 25 万字十三章，以两汉为时限，以所有的十几种今古文经为考察出发点，显得面过宽，很难以有限的篇幅进行深入细致的解析，刘松来的著作问题和边家珍的著作略同；或是过于拘泥于某一种文体，研究范围过于狭窄，如冯良方的著作的专注于汉赋研究，这本无可厚非，但笔者认为，若加入史传文、诗歌等其他西汉的文体进行整体考察，效果或许更好。

在前辈与时贤研究的基础上，笔者的设想是，要做相对专精的研究，要兼顾点与面，合理缩小研究范围。在汉代经学各科中，最具代表性、最有影响力的首推春秋公羊学，那么就把它作为考察的切入点；时限方面，东汉是古文经学的天下，今文春秋公羊学衰微，对文学影响微乎其微，那么就放弃东汉文学，而以西汉文学为唯一的考察对象。

所以，笔者的设想是以西汉文学的全体为研究对象，以春秋公羊学为研究切入点，来探究这种思想文化对一代文学的影响。至少在目前，和笔者有相同构想的研究专著还没有。

四、本书的内容

本书分五章。第一章厘清西汉春秋公羊学的一些相关问题，第二章与第三章探究公羊学两大核心理论对西汉文学的影响情况，第四章研究公羊学对文士心理与人生选择的影响情况，第五章则是专门针对公羊学影响西汉文风程度与方式的研究。

第一章"西汉春秋公羊学论略"，重在探究公羊学的发展演变与义理内涵。第一节"《春秋》经与西汉今文学派的阐释"，澄清西汉时期《春秋》经、公羊学《春秋》及公羊学与西汉其他今文《春秋》学派的关系等问题；第二节"西汉公羊学对其他学派学说的吸纳"，探究西汉春秋公羊学之吸纳诸子百家学说而集大成的问题；第三节"春秋公羊学在西汉的盛衰轨迹"，简述公羊学在西汉的盛衰演变情况，并做出自己的评判。

第二章"公羊学天人合一理论与西汉文学表现"，天人合一理论是公羊学的思想基础，对于文学有着极大的影响力。第一节"公羊学的天人合一理论"，厘清公羊学天人合一理论的内涵以及它在西汉不同时期的影响情况；第二节"西汉文学对天人合一观念的表现"，探究公羊学天人合一理论在西汉文学中的种种表现；第三节"天人合一思想中的神秘成分与西汉文学"，更进一步探讨公羊学天人理论中的神秘成分如灾异祥瑞、谶纬等思想在西汉文学中的表现。

第三章"公羊学大一统理论与西汉文学表现"，大一统理论是公羊学最重要的政治理论，西汉的文士基本上都将大一统视作是天经地义。第一节"公羊学的大一统学说"，先审视公羊学大一统理论的内容；第二节"汉赋对大一统理念的表现"，考察汉赋表现大一统理论时所使用的方式、所展示的内容；第三节"《史记》与大一统思想"，考察《史记》对公羊学大一统理论的继承与扬弃及其文学体现。

第四章"公羊学与西汉文士的人生追求"，本章研究公羊学这一主流意识形态对于西汉文士内心的影响、改造问题。第一节"儒学理想与个体追求的矛盾"，文士受公羊学宏远政治理想的影响而忘我进取，但他们也意识到集体消融了他们作为个体存在的意义，以及由此带来的，意识到自己个性泯灭于共性中的矛盾、痛苦。第二节"大丈夫精神与臣仆人格的歧异"，公羊学鼓舞文士以大丈夫精神自立，但现实的诱惑、压迫则将文士引向蝇营狗苟的臣仆化的人生道路。不同的文士，不同的选择，不同的文学表现，都显示了公羊学无所不在的影响力。

第五章"公羊学与西汉的文风"，本章研究公羊学对于西汉整体文风的影响情况。第一节"文风的政治功利化"，受到公羊学经世致用学风的影响，西汉中期以后的文士主动将文学创作归入政治附庸的地位，将文学视作是辅助政治、表现儒学理想的工具，因此，西汉文风的第一个突出特征是严重的政治功利化倾向；第二节"文风的学者化倾向"，因为公羊学的影响无处不在，所以，汉武帝之后的文士多兼具经生的身份，文学在对经学发生有限影响的同时，更被经学严重侵蚀，西汉的文学没有独立性，越到后来，文风的经术化、学者化的倾向就越是明显。

五、研究目标和拟解决的关键问题

本书将在理清西汉春秋公羊学发展脉络、思想特质、文化影响等问题的基础上，全面考察公羊学这一西汉统治思想对西汉作者之人格塑造、西汉文风、文学主题等方面所施加的影响的广度与深度。

本书希望通过宏观考察与细节分析结合的方式，部分地解决思想文化对文学的作用这一虽嫌老旧但至今仍未彻底厘清的问题。

六、拟采取的研究方法

本书所研究的与西汉文学有关的一系列问题，全部以春秋公羊学思想为考察的出发点，探究思想与文学的互相作用问题。

本书以西汉全部诗、文、赋作为研究对象，以两汉相关非文学的文献资料为参照，上探先秦文献，把相关的材料提取出来，认真排比研究，收集材料力争做到涸泽而渔。本书将酌情采用政治学、历史学、民俗学、哲学、美学、文化人类学等研究方法，进行跨学科、全方位、多角度的综合研究，通过分析和研究西汉文学题材变异之文化背景、主题变化的内在规律、作者创作倾向的歧异、创作技巧的演进等，力图揭示西汉文学与时代思想文化两者间潜在的深层联系，争取建立一种主次分明的、宏观把握与微观体察有机结合的最佳研究途径。

具体研究时选择运用上述研究方法中的一种或几种方法并用，在进行具体研究时，本书将谨守文学的本位，避免使该文偏向思想史研究、政治研究或文化研究，虽然思想史研究、政治研究、文化研究也是本课题所必须涉及的。

相对于时贤的论著，本书将更加注意，并努力探求研究面与点的最佳结合点：研究的时段限于西汉文学，研究的切入角限于春秋公羊学，探究这种在西汉处于独尊地位的思想文化是怎样对一代文学发生影响的。需要说明的是，作为西汉的意识形态主体，春秋公羊学的影响无处不在，即便将范围仅仅限定在文学领域，也是头绪纷杂，问题众多。限于时间和篇幅，本书不能够全面探讨公羊学之于文学的各种作用，而只能够选择几个主要的方面来研究，所以，难免挂一漏万之缺失。对公羊学影响文学作尽可能的全面分析，将是笔者今后的主要工作。

第一章　西汉春秋公羊学论略

在具体研究公羊学作用于文学这一核心问题之前，本章力图对公羊学在西汉的发展演变轨迹在尽可能简洁的"述"的基础上加入笔者的"论"，以求对西汉春秋公羊学的学说内涵、兴衰过程和该学派大师的观点有整体、客观的把握，以此为基础，才能够对西汉文学大的文化背景与思想内涵有深入的理解。

第一节　《春秋》经与西汉今文学派的阐释

一

"经"字，甲骨文中未见，首见于金文。[1]《说文解字》解释为"织"，段玉裁注："织之从丝谓之经，必先有经而后有纬。是故三纲五常六艺，谓之天地之常经。"[2]可见，"经"有核心、中坚之义。以经称书，始于战国，当时包括儒家在内的诸子百家几乎都称自己学派的重要典籍为经，例如《墨经》、《道德经》等即是。作为百家之一的儒家，在没有确立独尊地位之前，也是如此。但在汉武帝的表彰之后，儒家独尊，其他学派皆为旁门左道，自然也就被剥夺了称本派重要文献为经典的权

---

　　[1]　顾颉刚主编：《古史辨》（第五册），上海古籍出版社 1982 年版；金春峰：《汉代思想史》，中国社会科学出版社 1997 年修订第二版；葛兆光：《中国思想史》（第一卷），复旦大学出版社 1998 年版；周桂钿：《秦汉思想史》，河北人民出版社 2000 年版；徐复观：《两汉思想史》（三卷本），华东师范大学出版社 2001 年版；祝瑞开：《两汉思想史》，上海古籍出版社 1989 年版；姜广辉主编：《中国经学思想史》（第二卷），中国社会科学出版社 2003 年版。

　　[2]　王永祥：《董仲舒评传》，南京大学出版社 1995 年版。

利。武帝之后，"经"成为儒家最重要文献的专称。[1]

"经"既已有专门指向，"经学"于是应运而生。"经学"一词，见于《汉书·邹阳传》："邹鲁守经学，齐楚多辩知。"这里的"经学"，已经大致具备了汉代经学的意义。需要指出的是，先秦无经学，西汉才开始有真正意义上的"经学"。西汉的经学，有如下三个主要特点。

（一）经学的神圣化与神秘化

汉代经师对经学的神化，主要表现为他们对儒学的奠基者孔子的圣化。扬雄说："天之道不在仲尼乎？仲尼驾说者也。不在兹儒乎？如将复驾其所说，则莫若使诸儒金口而木舌。"[2]《公羊传·哀公十四年》传文："君子曷为为《春秋》？拨乱世，反诸正，莫近乎《春秋》。"二者虽有溢美，基本上还是较为理性的评价。但何休注则在对《公羊传》颂美的基础上又前进了一大步："（孔子）得麟之后，天下血书鲁端门，曰：'趋作法，孔圣没，周姬亡，彗东出，秦政起。胡破术，书记散，孔不绝。'子夏明日往视之，血书飞为赤鸟，化为白书，署曰《演孔图》，中有作图制法之状。孔子仰推天命，俯察时变，却观未来，豫解无穷。知汉当继大乱之后，故作拨乱之法以授之。"引荒诞神秘的纬书《演孔图》来神化孔子作《春秋》，已经走到了极端。而西汉中后期极度盛行的辅经而行的纬书，也被学者认为是孔子所作。[3]荒诞的纬书的圣化，反过来圣化了孔子与经学，这是一个互相推波助澜的造势运动。

（二）经学的阴阳五行化

战国秦汉时期，阴阳五行学说极为盛行，它是古人认识自然与社会的最基本的思维方式，因而是此时期最核心的"科学"。以农业文明为特征的中国古代社会中

---

[1]　例如，刘熙《释名》："经，径也，常典也。如径路无所不通，可常用也。"（王先谦：《释名疏证补》，上海古籍出版社1984年版，第125页）；刘勰《文心雕龙·宗经》："经也者，恒久之至道，不刊之鸿教也。"（范文澜：《文心雕龙注》，人民文学出版社1978年版，第21页。）

[2]　唐晏：《两汉三国学案》，中华书局1986年版；顾颉刚：《汉代学术史略》，东方出版社1996年版；刘汝霖：《汉晋学术编年》，中华书局1987年版；马勇：《汉代春秋学研究》，四川人民出版社1990年版；赵伯雄：《春秋学史》，山东教育出版社2004年版。

[3]　蒋庆：《公羊学引论》，辽宁教育出版社1995年版；刘黎明：《春秋经传研究》，巴蜀书社2008年版；许雪涛：《公羊学解经方法——从〈公羊传〉到董仲舒春秋学》，广东人民出版社2006年版；孙筱：《两汉经学与社会》，中国社会科学出版社2002年版；张端穗：《西汉公羊学研究》，文津出版社2005年版；汤志均等：《西汉经学与政治》，上海古籍出版社1994年版。

的人们，对自然、社会的认识多是以最简单、朴实的方式，根据自己的经验，由近及远，由已知推向未知。比如，古人他们上观天象，发现月满则亏，亏尽则趋生，于是就很自然地把自己的人生体验加入到对自然现象的认识中去，归纳出"满招损，谦受益"的道德精义。邹衍将阴阳与五行两种学说整合为一个学说，并逐渐壮大了该学说的影响。到了董仲舒，又进一步丰富了该学说，并成功将它吸纳进自己的经学体系中来，从而开创了西汉经学阴阳五行化的先河，对后来学者产生了深远的影响。

（三）经学的实用化

西汉今文经学有别于古文经学和后代儒学的一个最大的特点，便是学以致用。皮锡瑞在《经学历史》中精辟地归纳道："前汉今文学能兼义理训诂之长。武、宣之间，经学大昌，家数未分，纯正不杂，故其学极精而有用：以《禹贡》治河，以《洪范》察变，以《春秋》决狱，以三百篇当谏书，治一经得一经之益也。"关于西汉今文经学的这一特点，下文将专门探讨，兹不赘述。

在所有儒家典籍之中，有资格称"经"的文献是在不断变换的。先有"六经"之称（又名"六艺"）[1]，然后是"五经"、"七经"[2]，再有"九经"[3]，再衍为"十三经"。在各种称说中，都有《春秋》经，它在儒家群经中的重要地位是永远不变的。

"春秋"的称谓，在先秦时期也是个使用范围很广的泛称，而不是某一部书的专有书名。比如《墨子·明鬼下》提到有所谓"周之春秋"、"燕之春秋"、"宋之春秋"、"齐之春秋"等诸国"春秋"。[4]《国语·楚语上》记载申叔时回答楚庄王如何教育太子的问题时，也提到了"春秋"。

> 教之春秋，而为之耸善而抑恶焉，以戒劝其心；教之世，而为之昭明德而废幽昏焉，以休惧其动；教之诗，而为之道广显德，以耀明其志；教之礼，使知上下之则；教之乐，以疏其秽而镇其浮；教之令，使访物官；教之语，使明其德而知先王之务用明德于民也；教之故志，使知废兴者而

---

[1] 洪迈：《容斋随笔》，上海古籍出版社 1978 年版；刘熙载：《艺概》，上海古籍出版社 1978 年版。

[2] 汤仁泽：《日本的公羊学研究》，载人大复印资料（历史学）1997 年第 7 期。

[3] 张永鑫：《汉乐府研究》，江苏古籍出版社 1992 年版。

[4] 赵敏俐：《周汉诗歌综论》，学苑出版社 2002 版。

戒惧焉；教之训典，使知族类，行比义焉。"[1]

对于"春秋"的意思，韦昭解作："以天时纪人事，谓之春秋。"[2] 可见，《国语·楚语上》中的"春秋"，与"世"、"语"、"故志"、"训典"一样，是史书的泛称，《墨子·明鬼下》提到的诸国"春秋"同样应这样解。但是，作为儒家经典书名而屡屡出现的《春秋》，则与之不同，它专指以鲁国为纪事中心的一部编年史书。

二

《春秋》的作者是谁？这是一个极其重要的问题，它直接引发了《春秋》一书的地位问题。现代的学者基本上不相信孔子撰《春秋》之说，但先秦两汉时期的学者，无论是今文经学家还是古文经学家，都坚信孔子亲身参与了该书的编纂。他们的歧异之处仅仅是，今文经学家坚持孔子是独立完成此书的，古文经学家则坚信此书乃是孔子在鲁国史书的基础上修改而成的。

在儒家学派内部，最早论述孔子作《春秋》的是孟子，其文见《孟子·滕文公下》：

> 世衰道微，邪说暴行有作。臣弑其君者有之，子弑其父者有之，孔子惧，作《春秋》。《春秋》，天子之事也，是故孔子曰："知我者其惟《春秋》乎！罪我者其惟《春秋》乎！"……孔子成《春秋》，而乱臣贼子惧。[3]

孟子认为，孔子之所以作《春秋》，是有着不得已的苦衷，那就是鉴于当时"礼坏乐崩"，人们的思想产生了混乱，乱臣贼子也肆无忌惮，传统礼教社会被破坏，孔子为了拨乱反正，使乱臣贼子有所收敛，才创作了《春秋》一书。在孟子看来，孔子写这部书，是为时人指出正确道路，是为了阐发礼教大义，是为了使乱臣贼子惧。

那么，孔子到底是通过什么途径来达到自己的目的呢？我们知道，孔子一生仕

[1] 万光治：《论汉赋与汉诗、汉代经学的关系》，载《四川师范学院学报》1984 年第 2 期。

[2] 冯良方：《汉赋与经学》，中国社会科学出版社 2004 年版。

[3] 简宗梧：《汉赋源流与价值之商榷》，文史出版社 1980 年版。

途困顿，无论是在鲁国还是在列国，都没有机会实践自己的政治理想，到了晚年，他退守洙泗，广招弟子，希望通过教育传播的途径，薪尽火传，使自己的主张流传后世，或有实现之可能。现在看来，《春秋》这部书就是孔子课徒的教材之一，孔子通过授课时讲解《春秋》，通过《春秋》的"微言"来阐发自己的政治大义。对于孔子的微言，百年之后的醇儒孟子多有会心之解，在《孟子·离娄下》篇，孟子有这样一段解释：

> 孟子曰："王者之迹熄而《诗》亡，《诗》亡然后《春秋》作。晋之《乘》、楚之《梼杌》、鲁之《春秋》，一也。其事则齐桓、晋文，其文则史。孔子曰：'其义则丘窃取之矣！'"[1]

朱子《春秋集注》谓："王者之迹熄，谓平王东迁，而政教号令不及于天下也。《诗》亡，谓《黍离》降为国风，而《雅》亡也。《春秋》，鲁史记之名，孔子因而笔削之。春秋之时，五霸迭兴，而桓文为盛。史，史官也。窃取者，谦辞也。《公羊传》作：'其辞则丘有罪焉尔！'意亦如此，盖言断之在己，所谓'笔则笔，削则削，游、夏不能赞一辞'者也。尹氏曰：'言孔子作《春秋》，亦以史之文，载当时之事也。而其义则定天下之邪正，为百王之大法。'孔子之事，莫大于《春秋》，故特言之。"之所以几乎全文照抄朱子《春秋集注》，是因为朱子的解释极为精彩。综合孟子原文与朱子注释，可以得出这样两个结论：①《春秋》一书乃是以史书的形式记载混乱时代诸侯争霸之事；②孔子讲论《春秋》，着眼点是"史"文后面隐藏着的"义"。

关于第二点，我们还可以从《史记·滑稽列传》所引孔子话语得到印证："六艺于治一也！《礼》以节人，《乐》以发和，《书》以道事，《诗》以达意，《易》以神化，《春秋》以道义。"由此可知：孔子对《春秋》大义最为看重，进行了尽可能的勾索与阐释，在推阐古史作者的微言之外，还加进去自己理解到的一些新"义"。例如，《韩非子·内储说上》记载的一则轶事就很能说明问题。

> 鲁哀公问于仲尼曰："《春秋》之记曰：'冬十二月，陨霜，不杀菽。'何为记此？"仲尼对曰："此言可以杀而不杀也！夫宜杀而不杀，桃李冬实；

---

[1] 董治安：《两汉文献与两汉文学》，上海古籍出版社 2005 年版。

天失道，草木犹犯干之，而况于人君乎？！"[1]

鲁哀公向孔子提问的"《春秋》之记"文字见于今本《春秋·僖公三十三年》，经文原意当属"记异"，即因暖冬而陨霜不杀草，应该并无深意。但孔子回答哀公问，却显然在生发自己的大义：人君失道则天现灾异。即文下注"人君失道，人臣凌之者宜"之意。众所周知，鲁哀公时期，政归三桓而君主垂拱，孔子痛感主纲不振，因此才乘机向哀公进谏，当然，方式是解经。孔子讲《春秋》授徒，不是仅限于传授历史知识，他更重视古人与自己的微言大义的传授。

可见，孔子授徒时，对《春秋》的讲解，是重在微言大义的，他是借此向学生灌输自己的政治主张、政治理想，希望以此来挽救颓废的世风，维护渐渐崩塌的礼乐文明，这是出身卑微、无力回天的布衣孔子唯一能够做的，是他在无可奈何之下为宣扬自己信念而作的最后努力。

在孔子故去之后，他给学生讲授的包括《春秋》在内的五部经典代代流传下来。在漫长的流传过程中，每个时期的学者都在前人讲说的经义的基础上加进去自己新的解说，这是一个类似滚雪球的过程。所以，我们应明确一个事实：很多被视作是经典的"经义"，是与孔子无涉的，它们是后代学者发展经义时糅合进去的，比如著名的"讥世卿"、"大一统"等所谓核心《春秋》命题即是。当本书探讨《春秋》与《公羊传》的相关问题时，是把这些后人的新义（主要来自于两汉的经说）包含在内的。

三

《春秋》经文仅有 16 572 字[2]，但纪事始于前 722 年，迄于前 481 年，时间的跨度达 242 年。纪事时间长而纪事文字简，这就不可避免地造成索解为难的局面，王安石批评它像是断烂朝报，现代研究者戏称其为报纸标题，都指的是它这个过于简约的问题，对它做详尽的解释势在必行。另外，《春秋》虽然

---

[1] 万光治：《汉赋通论》，中国社会科学出版社 2004 年版；侯立兵：《汉魏六朝赋多维研究》，人民出版社 2007 年版。

[2] 刘松来：《经学衰微与汉赋的文体升华》，载《江西师范大学学报》第 35 卷第 3 期；黄震云：《汉赋与儒家思想》，载《北方论丛》2005 年第 3 期；李桂荣、郑明璋：《论经学对汉赋题材的催动》，载《山东社会科学》2005 年第 8 期；苏羽：《论汉赋的学者化转型》，西北大学 2006 年硕士学位论文。

是部史书，但更是一部与政治理想、政治批判密切联系的著作，它有着政治与道德教材的味道，对它隐微奥义加以阐释势在必行，这样，释"经"的"传"应运而生。这些解释《春秋》的传，担负着多重使命，既要叙述清楚经文所述的 242 年历史事件，更要阐述明白《春秋》所寓含着的政治理想与批判。从种种迹象看，先秦时期为《春秋》作传的有多家。比如，《谷梁传》动辄称引的"传曰"、"其一传曰"。从文字比对来看，部分"传曰"、"其一传曰"的文字有别于《左传》和《公羊传》，无疑是三家之外的另外的传《春秋》的流派："《谷梁传》中引'传曰'者九，引'其一传曰'者一，其所引文与《公羊传》相近者四，《公羊传》无传者二，与《公羊传》不同者四。"[1] 值得注意的是，与《公羊传》相近的四条，不一定意味着取自《公羊传》，而很可能是比《公羊传》还要早的其他流派的遗说。这从一个侧面说明，在漫长的历史演进中，有些传《春秋》的流派流传了下来，并等到了官方认可的那一天，而有些流派则或流行民间或师徒口传，竟至渐渐湮灭了。《谷梁传》所引的"传曰"、"其一传曰"，时间无疑要早于《谷梁传》和《公羊传》，但却仅留下了吉光片羽，供后人遐想。经过时间的淘汰，留下来的只是少数，据《汉书·艺文志》记载，西汉初年，传《春秋》的学派除了《左传》之外，还有四家。

> 《春秋》所贬损大人当世君臣，有威权势力，其事实皆形于传，是以隐其书而不宣，所以免时难也。及末世口说流行，故有《公羊》、《谷梁》、《邹》、《夹》之传。四家之中，《公羊》、《谷梁》立于学官，《邹氏》无师，《夹氏》未有书。[2]

《汉志》的《春秋》部，著录有"《左氏传》三十卷，《公羊传》十一卷，《谷梁传》十一卷，《邹氏传》十一卷，《夹氏传》十一卷（有录无书）"。可见，在西汉时期，含古文《左传》在内，有五家传《春秋》。这五种解释《春秋》的"传"，基本上是在战国时期形成的，它们是不同的学者对《春秋》理解歧异的产物，标志着《春秋》经的分化。

这五家的解释，于先秦时期都在草野民间私相传授，但到了西汉，它们的命运开始不同。据班固的说法，《左传》之外的四家，"《邹氏》无师，《夹氏》未有

---

[1] 刘松来：《两汉经学与中国文学》，百花洲文艺出版社 2001 年版。
[2] 边家珍：《汉代经学与文学》，华龄出版社 2005 年版。

书"，大概在西汉时，就已经没落，后继无人，渐渐湮灭。经过历史的又一轮筛选，《汉志》着录的五家，仅有三家存留了下来。

存留下来的三家中，两百余年默默无闻的《左传》，命运的转变最富于戏剧性。终西汉一代，它基本在民间流传，西汉末年，刘歆努力想把它立于学官，结果失败，但到了东汉，曾煊赫一时的今文经《公羊传》、《谷梁传》两家渐趋式微，而《左传》却翻身，成为最受推重的"传"《春秋》的一派。在《春秋》学史中，关于《左传》，争论最多，诸如它是否传《春秋》、是否系伪书等，有很多可以深入讨论之处，但考虑到《左传》在西汉的地位低微、影响有限，又与本书研究中心无关，故本书对这些问题不作考论。

谷梁一派的情况，要特殊些，因为它在很多方面（主要是解经的方式与方法）与公羊派是相似的，这一点不像《左传》。更重要的是，在西汉时期，谷梁学的传习虽远远比不上公羊学的昌盛，但在当时，还是有一批学者、文人是这一学派的笃定拥护者，它对西汉中后期的思想界还是有一定影响的。其至有一些学者、文士是既传习公羊学，又学习谷梁学，糅合二者于一炉。所以，当分析具体的时代文风、文士心态等问题时，要考虑到谷梁学因素起作用的可能性。因此，在分析公羊学之前，有必要先厘清谷梁学的两个相关问题。

首先，是《谷梁传》的作者问题。

旧题《谷梁传》的撰者为谷梁赤，谷梁为复姓，其名则有赤、俶、喜三种说法。[1]但《史记·儒林列传》却称"瑕丘江生为《谷梁春秋》"[2]。刘黎明先生则认为该书出自西汉众经师之手。[3]考虑到上古时期著作多出自众人之手的实际情况和《谷梁传》文本的前后舛误龃龉，刘黎明先生的判断应是可信的。

其次，是谷梁学到底应归入今文经学还是古文经学的问题。

西汉的谷梁学，留存到后代的，唯有二十卷《谷梁传》，与《左传》侧重史事的解释不同，《谷梁传》重在阐释《春秋》经的微言大义。那么，它与今文经学的标本公羊学是很相像的，应该是属于今文经学的范畴的，事实上，自西汉以来，学

————————

[1] 李炳海：《汉代文学的情理世界》，东北师范大学出版社2000年版；龙文玲：《汉武帝与西汉文学》，社会科学文献出版社2007年版。

[2] 吴汝煜：《〈史记〉与公羊学》，载《徐州师范学院学报》1982年第2期；陈桐生：《〈史记〉与春秋公羊学》，载《文史哲》2002年第5期；康宇凤：《浅谈〈史记〉对春秋公羊学"大一统"思想的继承与发展》，载《内蒙古师范大学学报》（哲学社会科学版）2007年第1期。

[3] 郤积意：《经典的批判——西汉文学思想研究》，东方出版社2000年版。

者也一直是这样认定的。但到了近代，情况变得复杂了。先是近代学者崔适提出《谷梁传》古文说在前，又有疑古学派的钱玄同等学者的推波助澜在后，关于谷梁学到底应归入古文学还是今文学，成为一大悬疑。

于是，有学者持折中之说，认为，谷梁学无所谓今文、古文，它亦今亦古。[1] 对此，笔者不能同意。笔者认为，传统的划分今古文的三标准——经书之来源、传授之方式、师承之关系，对其绝对性固然可以加以质疑，但这三条却依旧是划分今古文经学的最有效的标准。从《汉书》所述谷梁学在西汉的流传情况看，它应划入今文经学的范畴；更重要的是，从解经的方式来看，谷梁学重视经文微言大义的阐发，提倡学以致用，这些都是典型的今文经学特征。

四

谷梁学与公羊学的关系，是一个令历代学者都感兴趣的问题。

根据常识，我们知道西汉经学最重家法、师承，门派与门派之间势同水火。不要说雷同相似了，即便是打破门规、沟通今古的努力，也被视作是混淆家法的异端。[2] 但通过文本对照，我们很容易发现，《谷梁传》有与《公羊传》相似甚至雷同之处。这种相似、雷同，表现在文字方面以及对经文的解释方面。[3] 于是，很自然地，便有学者大胆猜测《谷梁传》与《公羊传》乃是出自同一作者之手。[4] 但这种猜测是不能自圆其说的，其最大的反证表现在两部书大部分内容的不同上。在此可举一例以概其余。

鲁僖公二十二年，宋、楚战于泓，宋襄公坚持"不鼓不成列"，结果大败。对此，《公羊传》评论道："故君子大其不鼓不成列，临大事而不忘大礼，有君而无臣。（何休注：'惜其有王德而无王佐也。若襄公所行帝王之兵也，有帝王之君，宜有帝王之臣，有帝王之臣，宜有帝王之民，未能醇粹而守其礼，所以败也。'）

---

[1] 王振复：《中国美学的文脉历程》，四川人民出版社 2002 年版。

[2] 汪春泓：《齐学影响下的西汉文学》，圣环图书公司 1997 年版。

[3] 于迎春：《汉代文人与文学观念的演进》，东方出版社 1997 年版；程勇：《汉代经学文论叙述研究》，齐鲁书社 2005 年版。

[4] 王焕然：《谶纬的流行及其对汉赋的影响》，载《内蒙古社会科学》（汉文版）23 卷第 5 期；霍炬：《董仲舒与西汉前期文论理论前提的建构》，陕西师范大学 2002 年硕士学位论文。

以为虽文王之战，亦不过此也。"（何休注："有似文王伐崇，陆战，当举地举水者，大其不以水厄人也。"）而《谷梁传》的评论是："所以言败，众败身伤焉者，疾其信而不道，以取大辱。倍则攻，敌则战，少则守。人之所以为人者，言也；人而不能言，何以为人？言之所以为言者，信也；言而不信，何以为言？信之所以为信者，道也；信而不道，何以为道？道之贵者，时！其行，势也！宋公守匹夫之狷介，徒蒙耻于夷狄，焉识大通之方，至道之术哉？！"两相对比，《公羊传》对宋襄公宁可守义以战败也不失义以求胜的行为，给予最高的赞赏；而《谷梁传》的意见与《左传》相近，严厉批评宋襄公迂执不懂变通。像这种完全相反的评价，无论如何也不可能出自同一位作者之手。

除了相似、雷同之外，《谷梁传》还偶尔征引、引申阐发或是驳诘《公羊传》。

对这两派今文经说在这么多方面的密切联系，我们可以做两种大胆的假设。第一种可能的解释是，二者出自同一源头。即在《公羊传》、《谷梁传》、《左传》、《邹氏传》、《夹氏传》等诸"传"出现之前，孔子在教学生《春秋》时，就已经形成了一整套基于自己理解的阐释理论——经义，七十子及其后学在孔子的核心阐述的基础上，根据各自的理解，再不断融入新的经义，时间越长，基于孔子理论而衍生的新经义越多，以孔子理论为核心的《春秋》经义衍生出越来越多的新枝，这些新枝，就是包括《公羊传》、《谷梁传》在内的《春秋》各传。这就可以解释为什么二者有这么多的相同之处和更多的歧异之处。

第二种可能的解释是，二者在流传过程中的递相祖述。众所周知，先秦学者著作权观念基本没有。本是自己苦心孤诣的创作，却可以毫不在意地署上他人名字，那么同理推演，本是他人著作，而自己随意引来而不说明出处，也应当是被时人视作当然的了。《谷梁传》称引的"传曰"、"其一传曰"，其中的一部分，其实也可以在《公羊传》中找到。前文引述《中国经学思想史（第一卷）》说到的"《谷梁传》中引'传曰'者九，引'其一传曰'者一，其所引文与《公羊传》相近者四"，说的就是这个问题。从《公羊传》、《谷梁传》对其他学派经说的征引来看，西汉之前的《春秋》各传，互相之间应是取长补短、相互影响、递相祖述的，这和西汉经学界门派壁立、家法谨严，各派间井水不犯河水，是不一样的。所以，在理解这个可能时，我们不能以理解西汉经师的思维去"逆"先秦经师之志，只有跳出这一思维定势，才可能真正把握住事实

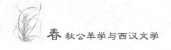

的真相。

公羊学在西汉初便已存在，武帝时便进入首批官学名单，成为《春秋》的唯一合法阐释者；而谷梁学则直到宣帝时才正式成为官学。所以，《公羊传》在前，《谷梁传》在后。前述二者的种种易于让人产生遐想的联系，说明谷梁学虽然可能与公羊学有着同源的近亲关系，但在从口头传承到书于竹帛的过程中，应该还是大量参考了已成为权威经典的公羊学说来充实自己的学说。同属今文经学的二者的关系，说是同为一人，不可能；喻为父子，太过分；若是比为兄弟，应该更恰当些。事实上，西汉时期治谷梁学的学者，大多有公羊学的背景，他们或是先研习公羊学再修习谷梁学，或是谷梁学、公羊学同时修习。谷梁学的学说、精神，与公羊学有太多的神似，所以，本书在论述公羊学对西汉文学的影响时，也会在允许的范围内，尽量参证谷梁学说。

第二节　西汉公羊学对其他学派学说的吸纳

《汉书·艺文志》谓西汉传《春秋》的有《公羊传》、《谷梁传》、《邹氏传》、《夹氏传》四家，四家之中，唯有今文的《公羊传》、《谷梁传》"立于学官"。具体的立为官学的时间，谷梁学立于宣帝时，而公羊学在汉武帝"罢黜百家，独尊儒术"时便被列入首批官学名单之列。在西汉，今文经学是主导性的政治学术；在今文经学五经中，春秋学最被看重；在春秋学的三家中，《左传》属古文系统只能流传于民间，《谷梁传》晚立且影响有限，于是，西汉传春秋学的三家中，《公羊传》独尊。在西汉，学者文士提及的"春秋"，基本上就是指《公羊传》。所以，在今文盛行的西汉，春秋公羊学的地位秀出于《诗经》、《尚书》、《礼记》、《周易》之上，它对西汉人的思想产生的影响是很难估量的。

公羊学之所以这样受重视，一个最重要原因是它汲取了几乎所有的先秦各种思想的精华，并能根据当时的实际情况做出取舍，从而最大限度地提升了自己的学术价值和实用价值。

一

在具体探讨公羊学吸纳其他学术这个问题之前，应先了解西汉立国到武帝即位这七十余年时间里，各种学术的整体性的趋于综合的大背景。

关于汉初半个多世纪内思想界的动向，司马谈的《论六家要旨》有最简明扼要的说明。司马谈这篇作于建元五年的学术论著的原文早已失传了，我们今天能看到的，是见收于司马迁《太史公自序》中的摘要，即便如此，我们还是可以嗅出一些值得玩味的气息。

在这篇摘要中，司马谈要言不烦地区分了在汉初影响最大的儒家、道家（按：其实是黄老道家）、墨家、名家、法家与阴阳家六大派的优点与缺陷。即便是皇帝已经在五年前公开颁布独尊儒术的诏令，固执的司马谈还是站在黄老道家的立场，逐一分析品评各派学术。在司马谈看来，除了道家是完美的之外，包括儒家在内的其余五派都有长处又有短处。即便在今天看来，司马谈除了存在过分美化道家这一根本失误之外，他对道家之外五派的优劣的分析，还是很中肯的。最重要的是，这篇摘要传达了汉初学术的综合倾向。六派虽然各是其所是，虽然仍然如战国时期一样处于激烈竞争的状态，但互相之间并不是壁垒森严或画地为牢的。相反，经过近三百年的竞争之后，各派都认识到自己学说的不足与对立学说的优长，而开始有意识地取他人之长以补自己之短了。

司马谈论五家长短，其实已经隐含了立足黄老博取众长之意。比如，他论儒家，全文是："儒者博而寡要，劳而少功，是以其事难尽从；然其序君臣父子之礼，列夫妇长幼之别，不可易也。"在司马谈看来，儒家学说"博而寡要，劳而少功"的部分应坚决摒除，但其"序君臣父子之礼，列夫妇长幼之别"有利于当今治道的部分要充分吸纳。对于墨家、法家、名家、阴阳家，他也是同样的意见。所以，当司马谈论道家时这样写道："道家使人精神专一，动合无形，赡足万物。其为术也，因阴阳之大顺，采儒墨之善，撮名法之要，与时迁移，应物变化，立俗施事，无所不宜，指约而易操，事少而功多。"值得注意的是，司马谈老实地承认了作为汉初统治思想的黄老道家"因阴阳之大顺，采儒墨之善，撮名法之要"，意思是这五家的精华尽皆被黄老道家吸收，正因为如此，司马谈才自信地认为黄老道家已经完成了学术思想的综合工作，因而是天地间唯一一种完美的无缺陷的政治、

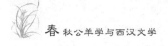

学术思想。

学术思想的综合是必要的，那么，综合的目的何在？

笔者认为，关于这个问题，郜积意先生的解释是较为圆满的。在《经典的批判——西汉文学思想研究》一书中，他剖析了"道"这个术语在先秦与西汉两个时期的不同内涵，他着重指出：在西汉，"道"虽然仍表示自然的无上原则，但汉人已经尝试着把玄虚的道与"圣人"联系起来。他接着分析说："'道'和'圣'的结合不仅说明当时学问之间互相综合的特点，而且也表明，'道'原初表达关于自然造化的宇宙本源的形而上意味有走向探讨人事伦理的形而下趋势。这种趋势在武帝之后表现得愈益明显……在我看来，汉人使用先秦经常使用的'道'，其目的是为了克服他们心中存留已久的知识文化问题，这个问题便是如何把人事伦理的探索纳入到本体论的宇宙大规律中，从而使自己对王权统治的探讨获得永久的学术生命。如果'道'的意义包含着宇宙本源与人事伦理两方面的普遍规则，那么，他们探讨政治、经济问题，探讨社会伦理问题，最终也将获得永久的意义。有了这样隐藏的动因，在汉初六十多年的时间里，我们看到学术探讨的共同趋向，即努力把学术建设转化为一种积极有效的社会政治理论。"归根结底，汉初思想界学术综合的最根本内在推动力，是服务于现实政治的需要。在董仲舒出场之前，各派思想精英都在努力做一件事，那就是把自己掌握的知识与世俗权力结合在一起，把自己的学术信仰与当政者的意识形态合而为一，从而既解决政治难题，又使自己学派的思想因与政治捆绑在一处而永远立于不败之地。

二

在这样一种大的背景之下，董仲舒出现了。

为什么是董仲舒？这关涉到董仲舒在西汉公羊学发展中的地位问题。西汉的公羊学经师自称公羊学源自子夏，五传至汉初的公羊寿。对此说法，学者多有疑问，因非关于宏旨，故缺而不论。公羊学在汉代的传承情况，孙筱先生《两汉经学与社会》一书所附的"汉代《公羊传》传承表"较为简明扼要，现移录如下。

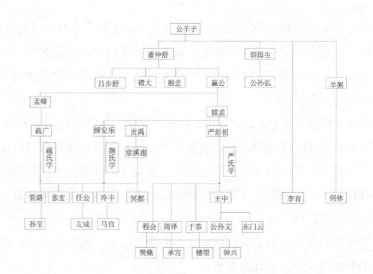

图1-1　汉代《公羊传》传承图

此图主要是根据《史记·儒林列传》与《汉书·儒林传》而制的。根据这张表，可以知道，西汉公羊学始于公羊寿，他的两个主要的传人是董仲舒和胡毋生，两人又各有传人，《史记·儒林列传》说："言《春秋》，于齐鲁自胡毋生，于赵自董仲舒。"公羊寿的两个弟子所传的学术，有着迥异的命运，胡毋生仅有一个弟子——公孙弘能传师说，学生少而势力小，很快式微；董仲舒则是弟子遍布朝野，影响极大。董仲舒在汉景帝时便是《公羊传》的博士，他不但广收门徒，更是将百家学说融入自己的公羊学体系，从而开一代风气，成为公认的西汉最伟大的今文学经师、公羊学巨擘。

在董仲舒的时代，有两件事可以说明他在公羊学界的独尊地位。一是他秀出于众经师之上。公羊寿虽然是董仲舒的老师，但《史记》和《汉书》对这个人物谈得很少，应该仅仅是公羊学传承上的一环而已，贡献不突出。胡毋生是他的师兄弟，但同公羊寿一样寂寂无闻。在当时，唯一能与董仲舒争短长的学者，是曾问学于胡毋生的公孙弘。公孙弘是西汉第一个布衣宰相，他以春秋学得高官，经学造诣很深，但《汉书》也承认，从纯粹学术的角度衡量，他的经学造诣与影响"不如仲舒"。二是他成功地击败了处于崛起状态的谷梁学的头号经师，从而确立了公羊学成为传《春秋》的唯一官学的地位。在他为公羊学争取独尊地位的同时，谷梁学的大儒瑕丘江公也为本学派的地位而努力游说汉武帝，武帝于是命董仲舒与瑕丘江公各代表公羊学、谷梁学在朝堂当庭论辩。瑕丘江公"讷于口"，敌不过董仲舒的雄辩滔滔，败下阵来，武帝于是"尊公羊家"，最大的对手谷梁学因此失势。《史记·儒林列传》因此作这样的判断："故汉兴至于五世之间，唯董仲舒名为明于《春秋》，其传公羊氏也。"[1]

另外，根据《史记》、《汉书》的相关记载，董仲舒同门胡毋生一支学者很少，西汉大多数公羊学名经师，都出自董仲舒一支。所以，董仲舒可以说是西汉公羊学最伟大的经师，他丰富了公羊学的经说，奠定了公羊学在西汉官学中独尊的地位，影响深远。因此，西汉公羊学的广收博取问题，基本上就是董仲舒一个人对其他学说吸纳的问题。

董仲舒对在他之前的包括儒家在内的所有学说，都仔细甄别，尽可能地吸收进自己的学说体系中，具体表现为：

（1）对于儒家先师的意见，董仲舒大部分是原样照搬的，但是，因为时代的不同和自己有新的领会，董仲舒也会在必要时对前贤的学说加以修正。兹举其对人的本性的认识一例，以为证明。

孔子对人性的认识是笼统的，他说"性相近也，习相远也"，即每个人在出生之时本性并无大的差别，是后天的环境和本人的选择决定了每个人人性的善或恶。[2]问题是，孔子所谓的人之初"相近"的"性"到底是善是恶？孔子没有明确说明。孟子则干脆地指出人性本善，他说：

> 所谓"人皆有不忍人之心"者，今人乍见孺子将入于井，皆有怵惕恻隐之心。非所以内交于孺子之父母也，非所以要誉于乡党朋友也，非恶其声而然也。由是观之，无恻隐之心，非人也！无羞恶之心，非人也！无辞让之心，非人也！无是非之心，非人也！恻隐之心，仁之端也；羞恶之心，义之端也；辞让之心，礼之端也；是非之心，智之端也。人之有是四端也，犹其有四体也。[3]

在孟子看来，人天性纯良，就好像人天生就具备两手两脚一样自然。在《告子》、《尽心》、《离娄》的一些章节，孟子深入探讨了人性本善的特性及保持善良本性

---

[1] 司马迁：《史记》，中华书局1959年版，第3128页。

[2] 姜广辉主编：《中国经学思想史》（第一卷），中国社会科学出版社2003年版，第120页；孙筱：《两汉经学与社会》，中国社会科学出版社2002年版，第77—78页。

[3] 焦循：《孟子正义·公孙丑下》，中华书局《新编诸子集成》本1987年版，第233—235页。

的途径。综合而言，孟子坚持每个向善的人都要"存心"、"养心"、"尽心"，小心呵护保持善的本性；要克制后天过分的欲望，以防止其蒙蔽本善之性；要通过后天积极的圣贤礼义之教，来保持、增强本善之性。

相对于孟子浪漫的乐观，荀子则要悲观、理性得多，他在《荀子·性恶篇》中开篇就直截了当地指出："人之性恶，其善者伪也！今人之性，生而有好利焉，顺是，故争夺生而辞让亡焉；生而有疾恶焉，顺是，故残贼生而忠信亡焉；生而有耳目之欲，有好声色焉，顺是，故淫乱生而礼义文理亡焉。"在荀子看来，人性本恶，人对善的追求，绝非顺应人性的真正要求，而是恰恰相反。但人若依本能的恶行事，社会必将大乱，所以对本性之恶要加以遏制，这就要求个人后天的修身，通过模仿学习圣贤，自觉地强迫自己去恶向善，从而臻于至善的圣贤境界。

董仲舒糅合了孟、荀的学说，但去除了孟、荀的绝对。他的方法是用阴阳解释人性的善恶，《春秋繁露·深查名号》谓：

> 吾以心之名，得人之诚。人之诚，有贪、有仁。仁贪之气两在于身，身之名取诸天，天两有阴阳之施，身亦两有贪仁之性。天有阴阳禁，身有情欲栣，与天道一也。是故阴之行不得干春夏，而月之魄常厌于日光。乍全乍伤，天之禁阴如此，安得不损其欲而辍其情以应天？！[1]

董仲舒本着天与人对应的理解，认为既然人法天，那么天的阴阳就势必体现在人性之中。天道之阳对应人性之善，天道之阴对应人性之恶，所以人性不是绝对的善与恶，而是法天的善恶杂糅。他用阴阳学说，巧妙地把孟、荀统一了起来。东汉王充对此调侃道：

> 董仲舒览孙、孟之书，作情性之说曰："天之大经，一阴一阳；人之大经，一情一性。性生于阳，情生于阴。阴气鄙，阳气仁。曰'性善'者，是见其阳也；谓'恶'者，是见其阴者也。"若仲舒之言，谓孟子见其阳，孙卿见其阴也。[2]

王充的调侃，其实倒正说明董仲舒综合百家、调停敌对的努力。其实，考虑到董仲舒阴阳学说中阳为君为主，阴为臣为从的暗指，则会明白他虽看似调和两说，

---

[1]　苏舆：《春秋繁露义证》，中华书局 1992 年版，第 294—296 页。

[2]　王充：《论衡·本性篇》，上海人民出版社 1974 年版，第 46 页。

其实还是有自己的意见在的，即人性善为主，人性恶为辅，善主而恶从。

（2）阴阳五行学说。董仲舒的公羊学区别于传统儒学的一个很大的特点，是阴阳五行化。班固称董"始推阴阳，为儒者宗"，概括得很准确。

阴阳学说与五行学说，在先秦时期是很广泛地流布于不同学派间的，诸子百家几乎都在谈这两种学说。其实，一直到西汉为止，阴阳与五行是两个截然不同的学说。阴阳学说，始于《周易》，即组成六十四卦的最基本单位——阳爻"—"与阴爻"– –"。《国语·周语上》所记伯阳父论三川地震，是较早的以阴阳学说来解释自然现象的例子："幽王二年，西周三川皆震。伯阳父曰：'周将亡矣！夫天地之气不失其序，若过其序，民乱之也。阳伏而不能出，阴迫而不能烝，于是有地震。今三川实震，是阳失其所而镇阴也。阳失而在阴，川源必塞，源塞国必亡。'"[1]

《国语》之外，《左传》、《管子》、《易传》、《黄帝内经》、《淮南子》等都有类似的例子，其解释也都是阴阳学的。

而五行学说最早见于《尚书·洪范》，箕子告诉周武王天帝惠赐大禹洪范九畴，其中之一就是"五行"——水、火、木、金、土。之后，《国语·郑语》中的史伯、《尚书·甘誓》中的商汤都谈到五行，而《左传》中关于五行的议论更多。

到了战国时期，邹衍开始把阴阳与五行两种学说融汇为一，并创造性地提出了"五德终始说"，认为水、火、木、金、土五行，互相之间相生又相克。邹衍创造这一理论，不是为了解释自然现象，而是为了解释历史，他以自然界的顺序交接，来对应人世间的王朝更替，从而使以"五德终始说"为核心的阴阳五行学说变成了论证新兴王朝存在合理性的最佳理论。

无论是阴阳学说、五行学说，还是邹衍的阴阳五行学说，都是迷信范畴的，都是神秘主义的，但在先秦时期却大受欢迎，被学者们当作是解释历史与现实的最合理的理论。董仲舒在前人——尤其是邹衍阴阳五行学说的基础上，加以创造性的变通，以符合大一统帝国意识形态建设的需要。在他的手中，阴阳五行学说不仅仅是一种解释历史的理论，还成为他独特儒学体系的主要理论骨架。董仲舒儒学思想的重要核心命题如天人感应理论、自然神论、恒常的天道、法天的王道，甚至三纲、五常、仁政、德治等政治主张的论证依据，都与阴阳五行学说有着不可分拆的紧密联系。此外，他为了汉帝国的长治久安而提出的"改制度"、"易服色"建议，也是以"五德终始说"为主要依归的。

---

[1] 王先谦：《荀子集解》，中华书局《新编诸子集成》本 1988 年版，第 434 页。

（3）黄老学说。在汉武帝独尊儒术之前的汉初七十余年，黄老学说无疑是最得势的统治学说。它的来源看似有黄帝、老子两处，其实"黄"的成分很少，"老"的成分很大。可笼统地归入黄老一派的著作，有《鹖冠子》、《慎子》、《管子》中的四篇论文、《文子》、《淮南子》及近年出土的马王堆帛书《黄帝四经》，这一学说对先秦诸子影响较大。[1] 到了汉初，其影响更大，信仰者遍布各阶层，帝王有高祖、惠帝、文帝、景帝，皇太后有吕后、窦太后，丞相有萧何、曹参、陈平，学者有陆贾、贾谊、韩婴等，势力极大。黄老学说崇尚虚静无为、法制、尊君等，是一种典型的统治学说。

对于这样一种历史影响与现实影响都很深远的统治学说，董仲舒没有因为其非儒学的异端性而将之一概摒弃，而是对之有选择地吸纳。他吸收了黄老道家的阴阳刑德思想，君王法天、虚静无为、信任百官以及君王诸般御臣术，这些黄老道家的主张，都被董仲舒完美地融入到他自己的"天人合一"学说体系中去。我们在董仲舒著作《春秋繁露》中，处处可以看出他为了现实治道而从论敌黄老道家那里汲取成功经验与合理学说的努力。

（4）墨家。《韩非子·显学》称在战国末期，儒与墨是势力最大的两门"显学"，为了争夺学术领地，二者都采取抬高自己而贬损对方的策略，互相攻诘，势成水火。墨家的学说，多是针对儒家的，这已是人所共知的事实。

《汉书·艺文志》对墨家的描述是："墨家者流，盖出于清庙之守。茅屋采椽，是以贵俭；养三老五更，是以兼爱；选士大射，是以上贤；宗祀严父，是以右鬼；顺四时而行，是以非命；以孝视天下，是以上同。此其所长也。及蔽者为之，见俭之利，因以非礼；推兼爱之意，而不知别亲疏。"吕思勉先生对墨家学说的理解是："墨家之根本义曰兼爱，此即所谓夏尚忠。兼爱则不容剥民以自奉，是以贵俭，而节用、节葬、非乐之说出焉。兼爱则不容夺人所有，且使其民肝脑涂地，于是有非攻之论。"[2] 墨子的所有学说，都是一以贯之地站在受苦的细民的立场，来批评在位者的种种恶习劣行。墨家的批评也有与儒家重合之处，但与墨家的民间立场不同，儒家更多是站在权位者的立场上想问题的，所以，从孟子和荀子开始，儒家不断地从各角度驳斥墨家学说。对于思想纯正的儒生来说，援墨入儒，是很难想象的，但董仲舒做到了。

---

[1]　苏舆：《春秋繁露义证》，中华书局1992年版，第294—296页。

[2]　王充：《论衡·本性篇》，上海人民出版社1974年版，第46页。

　　董仲舒说"天常以爱利为意，以养长为事"[1]，他认为天有爱憎，这与墨家讲的"天志"，是神似的；董仲舒重视天子的祭天和祭祖仪式，因为他认为唯有如此，才会得到上天与祖先的佑护，这是从墨家的"明鬼"思想一脉承接下来的；董仲舒劝帝王"泛爱群生"、"博爱无私"，与墨家"兼爱"之说完全一致；董仲舒的"任贤"倡议，与墨家的"尚贤"主张几乎一模一样；董仲舒提出"春秋无义战"，对侵略战争持批评态度，完全就是墨家"非攻"主张的再版。

　　（5）名家与法家。先秦名家，颇似古希腊的诡辩派，玩弄概念，混淆是非。对于这一学派的学说，董仲舒吸收得并不多，但名家的思想，还是可以在董仲舒的学说中找到一些痕迹的。比如，董仲舒在《春秋繁露》中对名号的考论，就很有名家的意味。

　　至于法家，因为它是亡秦的统治学说，弊病很多，所以汉初的学者几乎没有不批判它的，董仲舒也不例外。在他最重要的学术文献《天人三策》中，董仲舒就一再建议汉武帝废除严刑峻法、疏远酷吏，实行德治。但与其他学者对法家深恶痛绝不同的是，董仲舒认为刑罚虽有弊害，但也有作用，他主张的是德治与法治并行，而以德治为主，法治为辅。此外，法家的一些统治思想，董仲舒也吸收入自己的学说中来。例如，法家极力主张尊君而卑臣，董仲舒对此有保留地认可，主张"君不名恶，臣不名善"。又如，他认为君王应该赏罚分明，掌握对臣下的生杀大权，这样才会使群臣恐惧，不敢有二心，才会尽职尽责地完成自己天命的职责，这也是法家思想。

　　在董仲舒之前的战国末期，综合众说的倾向已初露端倪。荀子的援法入儒，韩非子的合法、术、势于一炉，《吕氏春秋》的集合众说，都是如此。但真正能够做到广收博取、熔铸众长的思想家，还没有。董仲舒是真正做到了"别裁伪体"、"转益多师"的第一人，他以孔孟儒学为核心，汲取诸子之长，以六经注我的方式，解释《春秋》微言大义，成就了自己的新儒学体系。毫无疑问的是，董仲舒吸收阴阳五行学说来充实儒家学说，是有悖于孔子的理性精神的，但是，孔子开创的儒学，也正是凭借着董仲舒的改造，而得到发扬光大。李泽厚先生指出："孔子继承远古所提出的仁学结构主要便是通过一系列的行政规定如尊儒学、倡孝道、重宗法，同时也通过以董仲舒儒学为代表的天人感应的宇宙图式，才真正具体地落实下来。尽

──────────

[1]　《春秋繁露义证·基义》："君为阳，臣为阴；父为阳，子为阴；夫为阳，妻为阴。"（苏舆：《春秋繁露义证》，中华书局1992年版，第350页。）

管董仲舒的儒学和五行图式与孔子学说已有很大不同，但孔子提出的原始儒学的基本精神——血缘基础、心理原则、治平理想、实用理性、中庸观念等等，因为有了这样一个具有信仰以致宗教功能的宇宙图式作为理论基石而更为加强。"董仲舒在整个古代儒学发展史中，居于承先启后的地位；而在西汉初期的学术界，他则是吸纳百家且能融会贯通的第一人，如果说，诸子的思想如长江大河的话，那么董仲舒就是百川归向的大海。他以自己敏锐的眼光和宽阔的胸怀，吸收可资利用的一切前人成说，从而最大程度地丰富了自己的思想。而他的思想，基本上就是春秋公羊学新理论。

三

公孙弘的经学成就不如董仲舒，但他是汉初地位仅次于董仲舒的第二位公羊学大师。他起自布衣，原为狱吏，四十多岁开始折节读书，研习公羊学，他靠自己的勤奋，学有所成，最终在垂老之年拜相，为天下学子树立了"学而优则仕"的典范，使得士子群起钻研经学，极大地扩大了公羊学的影响。如果说董仲舒对公羊学的贡献在学理层面的话，则公孙弘的贡献无疑是在仕宦利诱的现实层面。

与董仲舒一样，公孙弘也不是一个株守成说的醇儒。他对其他学说的吸纳没有董仲舒广博，但却也极有自己的特色。如前所述，董仲舒对诸子学说中的法家思想吸收得最少，而公孙弘对诸子吸收最多的却正是法家。《汉书·公孙弘传》摘录了公孙弘在献给武帝的对策中的一段文字。

> 故法不远义，则民服而不离；和不远礼，则民亲而不暴。故法之所罚，义之所去也；和之所赏，礼之所取也。礼义者，民之所服也，而赏罚顺之，则民不犯禁矣。故画衣冠、异章服而民不犯者，此道素行也。臣闻之：仁者，爱也；义者，宜也；礼者，所履也；智者，术之原也。致利除害，兼爱无私，谓之仁；明是非，立可否，谓之义；进退有度，尊卑有分，谓之礼；擅杀生之柄，通壅塞之涂，权轻重之数，论得失之道，使远近情伪必见于上，谓之术。凡此四者，治之本，道之用也，皆当设施，不可废也。得其要，则天下安乐，法设而不用；不得其术，则主蔽于上，官乱于下，此事之情，

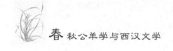

属统垂业之本也。[1]

作为惯例，西汉学者给皇帝的奏议、对策，往往就是他本人的政治见解，董仲舒的《天人三策》是这样，公孙弘的对策同样如此。董仲舒对法家的学说，是在很小的限度内加以吸收，他强调的重点还是"任德不任刑"。而公孙弘则比董仲舒走得更远，他给予法治和德治同等重要的地位，法治甚至凌驾于德治之上，他向武帝推销的不仅仅是儒家学说，还有法家的权术。上文说过，汉初的学者提到亡秦、法家，都不遗余力地加以攻击，而公孙弘竟然力排众议，公然地颂美法家，推崇法家的刑罚主义与权谋之术，这在儒生看来，简直就是离经叛道。所以，同属公羊学派的董仲舒指斥他是为了取悦武帝而在"面谀"，另一位经师辕固生也讽示他应改弦易辙，要"正学以言，无曲学以阿世"。对于公孙弘援法入儒的是是非非，本书不准备在此深入讨论，笔者只想说明一个问题，即与董仲舒一样，作为一位有影响的春秋公羊学大师，公孙弘也是具有较为开阔的视野，能跳出本学派的狭隘，对其他学说尽可能地加以吸收利用。事实上，这也确实大大丰富了春秋公羊学的学说。例如，公羊学讲究"君亲无将，将而诛焉"，就完全是法家的严酷，而无一丝儒家"亲亲"的意味，汉人以公羊断狱，就是秉承着公孙弘的严刑学说而来的。

董仲舒吸纳百家，公孙弘推重法家，而西汉其他有影响的公羊学大师，也都程度不同地根据需要采择其他学说为己所用，比如吕步舒断淮南王大狱的专主刑杀，睢孟杂阴阳与谶纬，都属于这类情况。所以，在西汉公羊学界，综合百家，熔成己说，并不是个案，而是一个很普遍的现象。这与同时的其他经学门派壁垒森严、固守师说、抱残守缺，形成了鲜明对比。了解了这一点，我们才会真正明白，为什么是公羊学成为最得武帝欢心的时髦学术，成为天下学子最努力钻研的学问，成为影响包括文学在内整个西汉王朝方方面面的统治学说。

第三节　　春秋公羊学在西汉的盛衰轨迹

公羊学在西汉的命运，是呈抛物线型的：汉初的被忽视，武帝至元、成二帝时期的极盛，到哀、平二帝时期的没落。

---

[1]　班固：《汉书》，中华书局 1962 年版，第 2615—2616 页。

一

据《汉书·儒林传》载，春秋公羊学传自子夏，中间历代不绝，但战国政治上的分崩离析，注定了公羊学只能作为一种微不足道的解经学说而存在。在西汉建国之前的三百年间，商周的统一局面不复存在，上至君主，下至普通民众，都出现了信仰缺失的现象。维持商周统治的重要思想武器——天命信仰已经无人问津，对于社会无休止的动乱，时人找不到合理可信的解释，因而各种在传统儒生看来属异端邪说性质的思想分外活跃。

西汉重新统一中国，却面临着百废待兴的棘手局面，一方面要巩固政权，但另一方面也要解决上述的思想信仰迷失的问题，须知政治的一统必须以思想的一统为前提和基石。在时代的需要面前，诸子百家机会均等，只要能证明自己的学说可以解决这一难题，它就可以脱颖而出。事实证明，是儒学——或更确切说是儒学中的齐学，把握住了这一机会。本田成之先生在其《经学史论》中对此评论说："秦汉之际，若对于这自然，而不能给以形而上的说明，虽有什么圣贤的教训，都不能博得何等之人的信仰了。这时有代他给以说明的，无论是神仙方士、墨者、阴阳五行家，都无所选择，自是必然之理。传齐学的汉儒，看破这时势的机巧，把它巧妙地附会上经学去，行神意政治，适合时宜，不能不说是通儒之所为。"[1]

在战国后期，儒学分为鲁学与齐学两支。鲁学的代表是荀子，代表性学说是春秋谷梁学；齐学的代表是孟子，代表性学说是公羊学。齐，自太公望立国时起，便呈现出迥异于他国尤其是近邻鲁国的独特风貌。

> 鲁公伯禽之初受封，之鲁，三年而后，报政周公。周公曰："何迟也？"伯禽曰："变其俗，革其礼，丧三年然后除之，故迟。"大公亦封于齐，五月而报政周公。周公曰："何疾也？"曰："吾简其君臣礼，从其俗为也。"及后闻伯禽报政迟，乃叹曰："呜呼！鲁后世其北面事齐矣！夫政不简不易，民不有近，平易近民，民必归之。"[2]

伯禽治鲁，恪守礼义，墨守成规；太公长齐，则随时变通，因俗成礼。齐、鲁两地不同的民风，在立国之初就已奠定。另外，从近年考古研究的成果来看，齐、

---

[1] 韦昭注：《国语·周语上》，上海古籍出版社 1978 年版，第 26—27 页。

[2] 司马迁：《史记·鲁周公世家》，中华书局 1959 年版，第 1524 页。

鲁两地的文化构成也不一样。鲁的始封君是周公，鲁因此成为除了成周之外，周文化最坚强的堡垒，其文化构成是单一的纯粹的周文化；而齐的情况则大不相同，"从殷商晚期开始，先是商文化和东夷文化的融合，西周初又有商文化、周文化、东夷文化的融合，春秋时期形成了独立成熟的齐文化"。齐、鲁两地的学风，也因文化传统的不同而迥然有别，简单地说，鲁人治学，坚韧扎实，守死善道；齐人治学，则浪漫奇诡，与时变通。所以，齐学杂糅了商代巫史文化和后出的阴阳五行学说，不墨守成规，颇具与时俱进的开放性。

秦汉之际，齐学逐渐融入了公羊学说中。

但在汉初至武帝掌权的七十余年中，因为黄老学说的盛行，包括公羊学在内的所有其他学说都难有作为。比如，贾谊曾努力劝说文帝"改正朔、易服色，法制度，定官名，兴礼乐"[1]，但受周勃等一干功臣的反对，而不了了之。周勃等功臣之所以反对贾谊，归根结底是要保持黄老道家作为统治思想的独尊地位，因而无法忍受贾谊向文帝推销儒学；武帝践祚之初，也曾想采纳王绾等儒臣的意见，但受到笃信黄老的窦太后的压制，而只有作罢。窦太后压制儒臣的建议，其原因与周勃等排挤贾谊是一样的。在这种背景之下，公羊学在汉初的几十年间的发展，步履维艰，但也并非是毫无进展。在此时期，公羊学的两个成就为这一学说后来的繁盛奠定了基础。

（1）公羊学虽处劣势，但经师代代相传，没有使它中断。并且据颜师古的《汉书》注，汉景帝时，公羊寿和弟子胡毋子都还把历代经师口授的经说"著于竹帛"，初步完成了公羊学经典的文本化。这个工作看似平平无奇，但若是把《邹氏传》、《夹氏传》做一对比，这两项工作的重要意义就凸显出来了。正是因为"《邹氏》无师，《夹氏》未有书"，才导致了两家学说在汉代的湮灭。

（2）在文、景时期，胡毋生与董仲舒被立为春秋博士。文帝、景帝虽宗黄老，但也不偏废其他学说。据《后汉书·翟酺传》载，"孝文皇帝始置一经博士"，这和武帝时始立五经博士似乎有矛盾。对此，王国维先生的解释是："盖为经置博士，始于文帝；而限以五经，则自武帝建元五年始也……是专经博士，文景时已有之，但未备五经，而复有传记博士，故班固言'置五经博士自武帝始也'。"在文、景二帝所立的经传博士中，春秋学博士由公羊学在汉初的两位代表——公羊寿的两位

---

[1] 《春秋繁露义证·五行相生》："（五行）比相生而间相胜也。"（苏舆：《春秋繁露义证》，中华书局1992年版，第211页。）

高足胡毋生与董仲舒所垄断，公羊学的美好前景初步呈现。它迈出的第一步，是在儒学被忽视的汉初，首先取得了在春秋学内部的垄断地位。拥有了一批第一流的经师，海纳百川地吸收了其他学说的精华，对于时代的需求有着精准的把握，在儒学内部已呈独大的态势，基础已经打下，它现在等待着真正机会的来临。

二

窦太后去世之后，汉武帝手握实权，开始雄心勃勃地内兴建制，外立武功，全方位地改变了汉初以来的一切。对于儒学尤其是公羊学而言，真正的时机到来了。

就整体而言，汉武帝治下的半个世纪，是西汉公羊学发展最关键的时期。在这一时期内，儒学处于独尊地位，公羊学成为当时最有影响的学术思想。虽然汉武帝任用法家的严刑苛法治国，而仅仅以公羊学等经术作为缘饰，但时势的发展渐渐超出了武帝的预计，公羊学领衔的儒学从昭帝时期开始，逐渐从被动到主动，从政治的附属物演进为政治必不可少的组成成分，成为真正的统治思想，并对西汉中后期的现实政治产生了重大的、多方位的影响。

汉武帝是一位有着高远理想的雄主，他在前 140 年继位，在祖母窦太后的干预下，不能不依旧保持汉初以来黄老独尊的政治态势，但他对当时的几大政治难题却有着自己的思考，较之黄老，他对于儒家学说有更大的兴趣。在他刚刚即位的建元元年（前 140）的七月，他大会群臣，议立明堂，并派遣使臣以安车蒲轮、束帛加璧的高规格礼请儒学大师申公；十月，十四岁的皇帝又迫不及待地要求各级官员举荐贤良方正直言极谏之士，儒生背景的丞相卫绾建议"所举贤良，或治申、商、韩非、苏秦、张仪之言，乱国政，请皆罢"，对于卫绾以儒学角度出发提出的建议，他一概予以认可。[1]

当窦太后还健在的建元五年，他就逆祖母之意，独尊儒学，为之立五经博士；当窦太后在建元六年去世后，他加快了向儒学靠拢的节奏：①立即任命喜好儒学的

---

[1] 丁原明：《黄老学论纲》第一章《黄老学的产生、内涵特征与历史发展》之第二节《黄老学的内涵特征》，山东大学出版社 1997 年版。

母舅田蚡为丞相，并"绌黄老、刑名、百家之言，延文学儒者数百人"[1]；②在元光元年"初令郡国举孝、廉各一人"[2]。接着，在这一年的五月，他发布诏书求取贤良为他出谋划策。在当时，他最关注的问题，一个是属于上层建筑范畴的意识形态统一的问题，另一个是现实层面的政治一统问题。后者，汉武帝可以运用自己的非凡手段去解决，而前者，就不是他所能应付得了的了。

《汉书·董仲舒传》全文记录了汉武帝于元光元年（前134）策问贤良们的几个主要问题。武帝策问围绕着两个问题而展开：①如何重建天命信仰；②当以哪种学说为统治思想。就第一个问题而言，说明汉武帝急切希望得到学者们对天命和君统两者间的联系做出学理上的论证，因为只有如此，才能为王权一统的合理性、合法性做出证明。在所有的回答中，代表公羊学的董仲舒与公孙弘，尤其是董仲舒，最令汉武帝满意。[3]

董仲舒在所有的对策者中之所以脱颖而出，是因为他运用崭新的公羊学理论做出了与现实政治联系最紧密的回答。公羊学理论肯定君权得自于天授，并认为上天有自己的主观意志，当上天对下界君主表示满意时，就会以祥瑞的形式表示首肯；否则，就会降下灾难与怪异以示警告。在对策中，董仲舒的公羊学承认君权与神权的一体化，成功地解决了当时的政治难题，这使得汉武帝对公羊学为代表的儒家格外青睐，所以，也就不难理解武帝为五经立博士时，《诗经》立齐、鲁、韩三家，而《春秋》单单立公羊学的原因了。

此后，汉武帝对儒家主要是儒家的公羊学特别关注，他在位期间，下列举措大大地提高了包括公羊学在内的儒家的学术与政治地位。

（元光五年）征吏民有明当时之务，习先圣之术者，县次续食，令与计偕。[4]

（元朔元年）冬十一月诏曰："公卿大夫所使总方略、壹统类、广教化、

---

[1] 四篇为《内业》、《白心》、《心术》（上）、《心术》（下）。

[2] 丁原明：《黄老学论纲》第四章《黄老学对先秦诸子的影响》，山东大学出版社1997年版。

[3] 班固：《汉书·武帝纪》，中华书局1962年版，第161页。

[4] 董仲舒对道家命题的选择性摘引，在《春秋繁露》中有多处表述。如《立元神》："是故为人君者，执无源之虑，行无端之事，以不求夺，以不问问，吾以不求夺则我利矣，彼以不出出则彼费矣。"（苏舆：《春秋繁露义证》，中华书局1992年版，第171—172页。）《保位权》："为人君者，居无为之位，行不言之教，寂而无声，静而无形，执一无端，为国源泉。因国以为身，因臣以为心，以臣言为声，以臣事为形。"（苏舆：《春秋繁露义证》，中华书局1992年版，第175页。）

美风俗也。夫本仁祖义，褒德录贤，劝善刑暴，五帝三王所繇昌也。朕夙
兴夜寐，嘉与宇内之士臻于斯路。故旅耆老，复孝敬，选豪俊，讲文学，
稽参政事，祈进民心。深诏执事，兴廉举孝，庶几成风，绍休圣绪。夫十
室之邑，必有忠信；三人并行，厥有我师。今或至阖郡而不荐一人，是化
不下究，而积行之君子雍于上闻也。二千石官长，纪纲人伦，将何以佐朕
烛幽隐、劝元元、厉蒸庶、崇乡党之训哉？且进贤受上赏，蔽贤蒙显戮，
古之道也。其与中二千石、礼官、博士议不举者罪。"有司奏议，曰："古者，
诸侯贡士，壹适谓之好德，再适谓之贤贤，三适谓之有功，乃加九锡；不贡士，
壹则黜爵，再则黜地，三则黜爵地毕矣。夫附下罔上者死，附上罔下者刑，
与闻国政而无益于民者斥，在上位而不能进贤者退，此所以劝善黜恶也。
今诏书昭先帝圣绪，令二千石举孝廉，所以化元元、移风易俗也。不举孝，
不奉诏，当以不敬论；不察廉，不胜任也，当免。"奏可。[1]

（元朔五年）夏六月，诏曰："盖闻导民以礼，风之以乐。今礼坏乐崩，
朕甚闵焉。故详延天下方闻之士，咸荐诸朝。其令礼官劝学，讲议洽闻，
举遗兴礼，以为天下先。太常其议予、博士弟子，崇乡党之化，以厉贤材焉。"[2]

董仲舒在对策中建议"兴太学"，以培养儒家人才，另一位公羊学的旗帜性人
物公孙弘也在奏疏中提出了相同的建议。

"三代之道，乡里有教。夏曰校，殷曰序，周曰庠。其劝善也，显之
朝廷；其惩恶也，加之刑罚。故教化之行也，建首善，自京师始，由内及外。
今陛下昭至德，开大明，配天地，本人伦，劝学修礼，崇化厉贤，以风四
方，太平之原也。古者政教未洽，不备其礼，请因旧官而兴焉。为博士官
置弟子五十人，复其身。太常择民年十八以上，仪状端正者，补博士弟子；
郡国县道邑有好文学、敬长上、肃政教、顺乡里、出入不悖所闻者，令相
长丞上属所二千石，二千石谨察可者，当与计偕，诣太常，得受业如弟子。
一岁皆辄试，能通一艺以上，补文学掌故缺；其高第可以为郎中者，太常籍奏。
即有秀才异等，辄以名闻。其不事学若下材及不能通一艺，辄罢之，而请

---

[1]　班固：《汉书·武帝纪》，中华书局 1962 年版，第 166—167 页。
[2]　班固：《汉书·武帝纪》，中华书局 1962 年版，第 171—172 页。

诸不称者罚。臣谨案：诏书律令下者，明天人分际，通古今之义，文章尔雅，训辞深厚，恩施甚美。小吏浅闻，不能究宣，无以明布谕下。治礼次治掌故，以文学礼义为官，迁留滞。请选择其秩比二百石以上，及吏百石通一艺以上，补左右内史、大行卒史，比百石以下，补郡太守卒史，皆各二人，边郡一人。先用诵多者，若不足，乃择掌故补中二千石属，文学掌故补郡属，备员。请著功令，它如律令。"制曰："可！"自此以来，则公卿大夫士吏，斌斌多文学之士矣。[1]

（元狩六年）六月诏曰："今遣博士大等六人，分循行天下。存问鳏寡废疾，无以自振业者，贷与之。谕三老孝弟，以为民师，举独行之君子，征诣行在所。朕嘉贤者，乐知其人，广宣厥道，士有特招，使者之任也。详问隐处亡位，及冤失职，奸猾为害野荒治苛者，举奏。"[2]

上引文献，主要着眼点是儒学人才的征召和培养，它们大致勾勒出了汉武帝向儒学靠拢、对儒学利用程度加深的轨迹。武帝独尊儒学，虽然只是表象，用以缘饰其申商本质，但儒学毕竟借此而确立了学术正宗的地位，包括《公羊传》在内的五经，也因此成为神圣的经典，经学变身为官方认可的学术正宗，成为士子入仕的必修科目。韦贤、韦玄成父子以明经相继入相，邹鲁之人感慨"遗子黄金满籯，不如一经"；经师夏侯胜也直白地诱导其弟子："士病不明经术，经术苟明，其取青紫，如俯拾地芥耳！"[3]这都很形象地说明了今文经学在西汉武帝之后流传之广、影响之大。

三

武帝之后，在昭帝、宣帝时期，公羊学更受重视，进一步地发展壮大，而公羊学与汉政的关系也结合得更为紧密。

汉武帝刚即位时，因为汉初七十年与民休息政策的实施，社会富足而安定，各种社会矛盾尚处于萌芽阶段；但到武帝后期，统治的弊端开始显现，社会矛盾尖锐。

[1] 班固：《汉书》，中华书局 1962 年版，第 1738 页。

[2] 班固：《汉书·武帝纪》，中华书局 1962 年版，第 180 页。

[3] 吕思勉：《先秦史》，上海古籍出版社 2005 年版，第 439 页。

武帝后期与昭帝、宣帝时期，公羊学学说最引人注意之处，正在于其联系当时政治危机实情而鼓吹限制皇权的学说，这种限制皇权的学说，到宣帝之后更是发展为"更受命"说，与时俱进的公羊学也因此成为一般儒生的新的信仰。

汉武帝为政的弊病主要有：①信任酷吏，刑罚严苛；②连年征战，破坏了正常的农业生产；③生活奢侈，靡费钱财。这使得汉武帝统治后期，各种社会矛盾激化，民众武装反抗不断，社会危机日渐加深，晚年的武帝意识到问题的严重，开始改变统治方式，下轮台诏罪己。在这样的背景下，八岁的昭帝继位，由霍光辅政，开始有意识地与民休息，但社会危机已积重难返。在这种历史环境下，与现实政治联系最为紧密的公羊学加大了干预政治的力度，经师们认为这些都是君统凌驾于道统之上的恶果，于是开始从学术的角度出发，积极宣传限制王权的必要性，极端的公羊学经师甚至提出了"更受命"理论，要求在不流血的前提下，实现政权的交接。董仲舒的再传弟子眭弘，是第一个大胆站出来的公羊学经师。

> 孝昭元凤三年正月，泰山、莱芜山南，匈匈有数千人声。民视之，有大石自立，高丈五尺，大四十八围，入地深八尺，三石为足。石立后，有白乌数千，下集其旁。是时，昌邑有枯社木，卧复生。又，上林苑中大柳树，断枯卧地，亦自立生，有虫食树叶成文，字曰："公孙病已立。"孟推《春秋》之意，以为石、柳皆阴类，下民之象。泰山者，岱宗之岳，王者易姓告代之处。今大石自立，僵柳复起，非人力所为，此当有从匹夫为天子者。枯社木复生，故废之家公孙氏当复兴者也。孟意亦不知其所在，即说曰："先师董仲舒有言：'虽有继体守文之君，不害圣人之受命。'汉家尧后，有传国之运。汉帝宜谁差天下，求索贤人，禅以帝位，而退自封百里，如殷、周二王后，以承顺天命。"孟使友人内官长赐上此书。时昭帝幼，大将军霍光秉政，恶之，下其书廷尉。奏赐、孟妄设妖言惑众，大逆不道。皆伏诛。[1]

眭弘，字孟，曾"从嬴公受《春秋》"，而嬴公是董仲舒的弟子，则眭弘所受的《春秋》，为《公羊传》无疑。[2]董仲舒是以灾异解说政治的大师，眭弘正是沿着师祖的解经之路解释石自立、柳复生的异象，但他的时代，已不是蓬勃向上的汉初，而是危机重重的西汉中叶，因而，眭弘的解释，不再是向着大一统的方向，而

---

［1］　班固：《汉书·眭弘传》，中华书局1962年版，第3153—3154页。

［2］　苏舆：《春秋繁露义证·王道通三》，中华书局1992年版，第158页。

是向着改朝换代的"更受命"方向了。这种公然要求刘汉王朝退位的要求，自然不会被当权者欣然接受，其被杀也是必然的了。眭弘的行为看似疯狂，实际上是经师通经致用的一贯表现而已，他对异象的解释，本质上是借以推阐天意，表达普通民众的心声。正是在这个意义上，顾颉刚先生评价道："这些说话，都不是眭弘一个人忽发奇想想出来的，乃是当时的社会上有此要求，有此酝酿，而后他顺着这个趋势说出来的。"在宣帝时期，司隶校尉盖宽饶上书宣帝说："方今圣道寖废，儒术不行，以刑余为周、召，以法律为《诗》、《书》……五帝官天下，三王家天下，家以传子，官以传贤，若四时之运，功成者去，不得其人，则不居其位。"这明显是昭帝时眭弘意见的再版。宣帝虽然迫令盖宽饶自杀，但此事却说明了公羊学限制王权的思想并未因眭弘的伏诛而消散，反而有越发流行的趋势。

昭帝时期，公羊学限制王权学说的另一事件，是盐铁会议上各地贤良、文学的针砭时弊。

盐铁会议是在霍光的主持下，于昭帝始元六年召开的，目的是了解民间疾苦，商讨武帝制定的盐铁官卖的政策的得失。会场上就武帝的盐铁官卖政策是否得当、是否应该保留，形成了尖锐对立的两派。一派以御史大夫桑弘羊为代表，坚持要继续武帝的政策；一派则是六十余位从各地征召来的贤良、文学，其中相当一些学者是有着公羊学背景的。据统计，贤良文学在论辩中引用最多的经典是《春秋》，共有二十一例之多。其中，出自《公羊传》的，有十五例；出自《谷梁传》的为一例；另有五例出处不明。此外，这些儒生还大量征引公羊学大师董仲舒的学术观点。在会议结束之后的第二年，酒类专卖被朝廷废除，儒生们运用自己掌握的知识对不合理的现实进行了成功的干预。儒生们为民请命，反对盐铁专卖，大胆抨击当时政治的种种弊端，他们的勇气和见解，主要来自于春秋公羊学限制王权的学说，经师们以经议政，是今文的公羊学学以致用观的直接体现。贤良文学的表现，说明公羊学在当时影响之大、地位之高。

宣帝继位之后，励精图治，使得西汉衰落的国运重新振作起来，他也因此被称为中兴之主。宣帝意志坚定，有着曾祖父武帝一样的雄才伟略，他以"霸王道杂之"的统治之术闻名，但他又是一位能充分认识到公羊学的价值并最大程度加以利用的聪明的统治者。

对于今文经学在移风易俗、导民向善方面无可替代的价值，曾在民间生活过的宣帝有着深刻的认识。另外，就个人而言，他在贫微时曾"受《诗》于东海澓中翁"，有一定的经学修为。所以，对公羊学等今文经学，宣帝始终大力提倡。

宣帝提倡今文经尤其是公羊学，表征之一是一批公羊学经师被他吸收为朝廷的核心成员，著名成员如下。

疏广、疏受叔侄，都以治公羊春秋著名。宣帝把教育太子的重要任务交给他们，疏广任太子太傅，疏受任太子少傅。据《汉书·疏广传》载，每当太子拜见父亲宣帝，经常是"太傅在前，少傅在后，父子并为师傅，朝廷以为荣"。

于定国，也是以公羊学名家的经师。宣帝即位后，对他极为信任，数年之间，官位连升，被越级提拔为廷尉。于定国决狱，特点是"务在哀鳏寡，罪疑从轻，加审慎之心"，完全是本着公羊学"哀矜勿喜"、"罪疑从轻"的原则来处理，尤其难能可贵，所以，在后世的小说中，于定国是最早的明断清官的典型。

平当，杂治公羊学等今文经，"每有灾异，辄傅经术言得失"，深得宣帝爱重。

汉宣帝对公羊学等今文经师的拔擢，一方面使得自己的统治具有浓厚的儒学性质，另一方面，也促进了当时社会对公羊学的重视，使得公羊学在社会上流传更广更快。但也正是这位提倡公羊学的宣帝，也做了一件对公羊学打击甚大的事——立谷梁学为官学。对于宣帝的这一举措，历来有不同的解读。班固的解释是为了表示对祖父戾太子的纪念，因为戾太子是习《谷梁传》的。但现在有学者认为事情远非班固解释得那样简单，认为宣帝亲自召开会议评《公羊传》、《谷梁传》同异并最终确立谷梁学为传《春秋》的第二家官学，真正的原因是为了消弭公羊学限制王权思想、"更受命"思想对于汉帝国的消极影响。细绎文献，第二种解释似乎更接近事实的真相。冯友兰先生对于公羊学"革命"的这一面有着独到的理解。

> 公羊春秋学认为封建统治集团或家族是必然要变的。公羊春秋认为这一种变是合乎规律的，而且它已经发现了这个规律。这就是它所宣扬的三统说。照它的说法，每一个朝代，在开始的时候，都是"受天命为新王"。过了一定时期，"天"就要"另"命一个新王，开始一个新朝代。在汉朝开始的时候，这种说法当然是当时的统治集团所欢迎的，因为它对他们的新政权是一个理论的基础。到了汉朝中叶之后，随着阶级矛盾的激化，社会危机严重，统治集团就开始恐慌了，它害怕有别人受天命作新王。汉宣帝是一个英明的皇帝，他大概意识到这种影响可能发生的后果，在他的晚

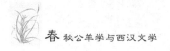

年他就采取措施，削弱春秋公羊学的影响。[1]

四

西汉自武帝以来，国势日下，中间虽有宣帝的"中兴"，但也是昙花一现。到了元帝、成帝时期，社会矛盾已激化到了难以调和的程度，政治的腐败也达到了极致，《汉书·佞幸传》就直言"汉世衰于元、成，坏于哀、平"[2]。与之成讽刺性的鲜明对照的是，元帝、成帝二帝对公羊学等今文经学的空前尊崇。公羊学在此时期，一方面得到皇帝的重用，在另一方面，公羊学经师发扬经世致用的可贵精神，以阴阳灾异这一公羊学理论来警醒昏庸的皇帝，他们秉持着公羊学的天道正义学说，以极大的热情参与到改变腐败政治的活动中来。

元帝和成帝虽然在政治上庸懦不明，但他们对经学的热情却远远高于此前的武帝、昭帝、宣帝。元帝还是太子时，就深受萧望之、周堪、疏广、疏受等经师的影响，"柔仁好儒"是《汉书》对他的评价。即位之后，他重用萧望之、周堪等经学大师为宰辅，以公羊学大师于定国为丞相，努力向儒家标准靠拢。成帝为太子时，也"好经书"，即位后也大量进用儒生经师，例如他任命的丞相张禹、翟方进、平当、孔光、鲍宣，都是当时的经学大家。但元、成二帝有一个共同特点，就是对于公羊学等今文经学的喜好都是叶公好龙式的，并不能真正把公羊学的宝贵精神运用于现实政治中。元帝和成帝都耽于酒色、穷奢极欲，都治国无方，都吏治腐败，都内忧外患交加却没有一点奋起改过的意识。

为了警醒元帝和成帝，希望政治由浊转清，公羊学经师们前仆后继，不顾自身危险，积极地以公羊学的灾异观在野议政、在朝谏诤，他们把学以致用的公羊学精髓发挥到了极致。

刘向，是汉室宗亲，他曾受学《谷梁传》，但他也曾受《公羊传》，从《汉书》本传来看，公羊学对他的影响要大于谷梁学。元帝时，宦官石显、弘恭擅权，权倾朝野，刘向于是屡次向元帝进言，以公羊学的灾异理论警告元帝应斥退权宦；成帝时，他面对王氏逐渐得势而刘氏渐失权柄而忧心忡忡，一再上疏劝诫成帝。刘向笃

---

[1] 冯友兰：《中国哲学史新编（中）》，人民出版社 1998 年版，第 235—236 页。

[2] 李泽厚：《中国古代思想史论》，人民出版社 1986 年版，第 174 页。

信董仲舒公羊学说中的灾异理论、天人感应理论，他生活在汉室渐趋没落的西汉中叶，所以，尽管他心向汉室，却也承认天命无常，刘汉不可能永远存在下去。但如果是非刘氏的其他人宣扬"更受命"说，他还是会反感其动机而视其为大逆不道。当甘忠可造作《天官历包元太平经》鼓吹天命转移汉室将终，刘向立即报告皇帝，指控甘忠可假借鬼神的名义行罔上惑众之事。

京房，是孟喜《周易》学的传承人，但他的易说也多掺杂公羊学理论。他认为，学者研究《周易》，应当通过对天地阴阳的阐释来发明王道，应通过对灾异祸福的解释来警示帝王改过从善。他和刘向一样，也努力以所学知识劝说元帝远离宦官石显、弘恭，但最终他的努力还是付诸东流，元帝心善其言但没有勇气离开石显、弘恭，反而听信谗言杀了京房。司马光对此深有感慨地评论说："人君之德不明，则臣下虽欲竭忠，何自而入乎？！观京房所以晓孝元，可谓明白切至矣，而终不能寤，悲夫！《诗》曰：'匪面命之，言提其耳；匪手携之，言示之事'；又曰：'诲尔谆谆，听我藐藐'，孝元之谓矣！"京房虽然是以《周易》名家，虽然言灾异而遇害，但他对公羊学说的发扬，还是起到了很大的推动作用。

谷永，成帝时期又一位勇敢的经师，他对灾异与政治的解释更加大胆，对现实的批评更加尖锐。他给成帝的一封奏疏说："天生蒸民，不能相治，为立王者，以统理之。方制海内，非为天子列土封疆，非为诸侯，皆以为民也！垂三统，列三正，去无道，开有德，不私一姓，明天下乃天下之天下，非一人之天下也！"像这样的民贵君轻论，是直接承自孟子尤其是公羊学说的。

谷永与刘向、京房一样，都在以公羊学的相关论述来应用于现实，以公羊学说为武器，干预政治，为民请命，在他们身上，体现着中国古代知识分子"风雨如晦，鸡鸣不已"的可贵传统，而这一传统部分地来源于春秋公羊学。

五

在西汉中后期，"更受命"论成为公羊学各种理论中最流行的学问，到了哀帝、平帝时期，公羊学发展到了一个新的阶段。一方面，因为帝王的持续关注与有意推崇，习学公羊春秋的儒生数目日益扩大，而这些饱学之士"学而优则仕"，越来越多地加入到各级官僚队伍中去，从而使得公羊学对政治的指导作用越来越大；另一方面，因为哀帝、平帝时期政治危机的加深，一部分经师高举"更受命"等公羊学理论，发扬公羊学学以致用的精神，加入到改革现状的行动中去。但另一方面，公羊学自身的种种弊端，也引起了部分学者的批判，加速了自己衰亡的进程。

哀帝、平帝时期政治极度混乱，使得外戚王氏逐渐夺得了权力和民心。王氏自从宣帝时期，就凭借王政君的关系而开始登上权力舞台的核心。元帝的无能、成帝的无奈，都助成了王氏的坐大。到王莽时，王氏在方方面面都占据了有利位置，王氏代汉，已经不可逆转。而在王莽代汉的过程中，公羊学发挥了很大的作用。之所以这样说，是因为王莽代汉在思想界的一项重要准备，就是鼓吹以禅让形式改朝换代的公羊学"更受命"理论，在汉末的广泛流布，这在实际上给王氏篡权作了思想上的铺垫。除此之外，在王莽篡汉的过程中，为数甚多的公羊学经师或因被欺骗蒙蔽或甘愿被利用以博取利益，对王莽大力支持。

一直到西汉王朝为止，可信历史记载中的王朝更迭，基本上是以武力的方式完成的，商代夏，周代商，秦代周，汉代秦，莫不如此。但儒家经典也记载了另外的一种王朝更迭方式，即禅让。上古帝王，多被树立为年老让贤的典型，《尚书》等儒家经典中的尧、舜、禹，就都被描绘成禅让的典范。禅让是否在上古真实存在，很成疑问，但儒生言之凿凿，对之充满敬仰，并时时在著作中把这一范式视作是贤明帝王应用的举措而加以赞美。进入战国，禅让学说在诸子普遍鼓吹"尚贤"的背景下，产生了一些影响，并在极端的情况下，真实地发生了。但相对于暴力夺权，和平的禅让毕竟是千年一遇。一直到武帝当政的后期，因社会的剧变，儒生既不满汉政的暴虐，又不希望看到代价巨大的流血革命发生，于是开始在学理上鼓吹以和平方式改朝换代的禅让说的新形式——"更受命"论。前面已讨论过在武、昭、宣、元、成五帝时期，"更受命"论的发展，到了哀帝即位，学者与民众对刘汉王朝已经彻底绝望，上至朝臣下至百姓，都相信西汉的末世即将来临。即便是哀帝本人，内心深处也相信刘汉的统治不长久。当时，各地报告种种不祥的灾异现象，如"无盐危山土自起覆草"、"瓠山石转立"等很多，对公羊学灾异理论深信不疑的哀帝心有所会，灰心之极的他曾有过把皇位禅让给宠臣董贤的想法。

后上置酒麒麟殿，（董）贤父子亲属宴饮，王闳兄弟、侍中、中常侍，皆在侧。上有酒所，从容视贤，笑曰："吾欲法尧禅舜，何如？"闳进曰："天下乃高皇帝天下，非陛下之有也！陛下承宗庙，当传子孙于亡穷。统业至重，天子无戏言！"上默然不说。[1]

除此之外，从元帝、成帝、哀帝、平帝、孺子、王莽的年号，也可以看出公羊学"更受命"说的影子。可见，公羊学的"更受命"论，在由董仲舒发扬光大之后，在西汉中后期影响之大。

面对汉末的混乱，公羊学无力回天，自身的种种积弊显现出来，渐趋没落，其发展也到了尽头。因为与现实政治联系过分紧密，使得公羊学说很自然地成为被利用的工具，王莽代汉过程中对公羊学的利用，是公羊学衰败的一个重要原因；而公羊学的天人学说的非理性与迷信的性质，也无益于作为一种学术思想的公羊学的学术性。面对公羊学渐次呈现出的弊病，从武帝时期开始，就有学者对这种统治学说展开了激烈的批判。

桑弘羊是史书中记载的第一个批评公羊今文经学的人。在昭帝初年召开的盐铁会议上，从各地征召来的贤良、文学将利与义对立起来，推崇远古时"贵德而贱利，重义而轻财。三王之时迭盛迭衰，衰则扶之，倾则定之，是以夏忠、殷敬、周文。庠序之教，恭让之礼，粲然可得而观也"，因此而不耻桑弘羊"崇利而简义，高力而尚功"的行为。其实，文学的这种表述，正是董仲舒春秋公羊学"正其谊不谋其利，明其道不计其功"的意见。面对贤良和文学的进攻，桑弘羊直白地指出，对于利益最大化的追求，乃是人的本性所在，文学的公羊学意见，实在是泥古不化，不能与时进退。他讽刺对方的祖师孔子"修道鲁卫之间，教化洙泗之上，弟子不为变，当世不为治，鲁国之削滋甚"[2]，认为包括公羊学经师在内的儒生无用。

服膺公羊学说的文学、贤良反对严酷刑罚，认为"法能刑人而不能使人廉，能杀人而不能使人仁"，为上者要爱民。桑弘羊则尖锐指出"孔子倡以仁义而民不从风，伯夷遁首阳而民不可化"[3]，所以他批评公羊学法古而不知时宜。

公羊学的一个重要理论支撑是天人感应说，桑弘羊则称："道古者稽之今，言

---

[1]　班固：《汉书·佞幸传》，中华书局1962年版，第3738页。

[2]　班固：《汉书》，中华书局1962年版，第2615—2616页。

[3]　班固：《汉书·儒林传》，中华书局1962年版，第3612页。

远者合之近，日月在天，其征在人。灾异之变，夭寿之期，阴阳之化，四时之叙，水火金木，妖祥之应，鬼神之灵，祭祀之福，日月之行，星辰之纪。曲言之故，何所本始？！不知则默，无苟乱耳！"讥刺董仲舒为首的公羊学经师妄言灾异，曲说无证，是一派胡言。

桑弘羊站在法家的立场上批判公羊学，虽然有些说法存在门户之见，但有些评论也一针见血地指出了公羊学理论自身的一些痼疾。

在西汉，刘歆是又一位从自身学派立场出发而针砭公羊学说的学者。

刘歆对今文经的弊病深感痛心，他要求立《左传》为官学，目的是要改变今文经因独尊地位而带来的陈腐、僵化、繁琐等严重问题，在刘歆看来，这些已经严重威胁到了包括公羊学在内的今文经的前途。在他著名的《移让太常博士书》中，他批评当前的"缀学之士"含公羊学经师在内的今文经学家。

> 不思废绝之阙，苟因陋就寡，分文析字，烦言碎辞，学者疲老，且
> 不能究其一艺。信口说而背传记，是末师而非往古。至于国家将有大事，
> 若立辟雍、封禅、巡狩之仪，则幽冥而莫知其原。犹欲保残守缺，挟恐
> 见破之私意，而无从善服义之公心，或怀妒嫉，不考情实，雷同相从，
> 随声是非。[1]

刘歆在这里对今文经的批评，最主要的是针对春秋公羊学，因为同为传《春秋》的学派，公羊学最反对《左传》，唯恐左氏与自己争学术正宗。刘歆对公羊学不点名的批评，恰恰指出了公羊学在哀帝时期的三个严重弊病：以繁琐为能，墨守师说缺乏创新精神，知识远离现实功用。刘歆对公羊学的批判，说明公羊学在哀帝时期，已经严重的官僚化、政治化，已经渐渐失去了它曾经有过的新鲜和活力，公羊学的没落，是在所难免的。

相比于桑弘羊与刘歆的批评，扬雄的批评最中肯也最全面。

扬雄对自己的见解非常自信，在其《法言·吾子》中，有这样的文字："古者杨、墨塞路，孟子辞而辟之，廓如也；后之塞路者有矣，窃自比于孟子！"扬雄以辟杨朱、墨翟的孟子为榜样，要廓清当时学界的种种弊端。扬雄批评今文经学，也是主要针对公羊学。在他看来，无论是思想方法还是理论形态方面，公羊学的把阴阳五行引入儒学，使儒学堕落为神学迷信。诸如此类的附会成分，使得儒学的真正

---

[1] 班固：《汉书·楚元王传》，中华书局 1962 年版，第 1970 页。

本质被蒙蔽，儒学精义被歪曲。

扬雄对公羊学的攻击，集中体现在公羊学的以阴阳灾异曲解经典上。扬雄认为，公羊学的这一做法，使得《春秋》经杂入了大量的迷信成分，因此就损害了孔子作《春秋》的本意——以理性精神来干预现实。春秋公羊学的大师董仲舒，在扬雄心目中的地位并不高，扬雄将汉儒分等级："守儒：辕固、申公；灾异：董相、夏侯胜、京房。"董仲舒、夏侯胜和京房，是西汉言灾异最著名的三位经师，尤其是董仲舒，但在扬雄看来，董仲舒等人与巫师近似，只会附会灾异，完全不配列入"守儒"的行列，他甚至罕见地讽刺公羊学经师貌似儒生，而其实是邪魔外道，"羊质虎皮"而已。[1]

公羊学经师为了利禄而将经义繁琐化，以致掩盖了儒学真正本意，这是当时公开的秘密。东汉初的班固在《汉书·儒林传》的赞语中就评论说："自武帝立五经博士，开弟子员，设科射策，劝以官禄，讫于元始，百有余年，传业者寖盛，支叶蕃滋，一经说至百余万言，大师众至千余人，盖禄利之路然也。"与班固父亲班彪同时代的扬雄，对此深表不满，他以"一閧之市，不胜异意"，形象地比喻"一卷之书，不胜异说"的学界现状。市上为何闹哄哄？文下注释是"卖者欲贵，买者欲贱，非异如何？"而今文经学门派纷争，不外乎争得正统以换取利禄，所以强为区别，互相争讼，正如市上的买卖者一样。因此，扬雄推重"大知"之师，贱视当时的公羊学"小知"之师。[2]

总之，西汉的公羊学，在经历了武帝的提倡，昭帝、宣帝、元帝、成帝的大发展之后，到了哀平时期，自身的缺陷逐渐暴露，已经是强弩之末，它对汉代思想界、文学界的影响，也渐趋衰弱，并最终湮灭在历史的长河中。

余　论

谶纬，是西汉公羊学发展史上一个值得注意的现象，钟肇鹏先生认为，谶纬乃是汉代儒学的一个极为重要的组成部分，它形成为一种社会思潮是在

---

[1]《法言·吾子》："或曰：'有人焉，云姓孔而字仲尼，入其门，升其堂，伏其几，袭其裳，则可谓仲尼乎？'曰：'其文是也，其质非也。''敢问质。'曰：'羊质而虎皮，见草而说，见豺而战，忘其皮之虎也。'"（扬雄：《法言·吾子》，上海书店《诸子集成》本1986年版，第5页。）

[2] 扬雄：《法言·问明》，上海书店《诸子集成》本1986年版，第16页。

西汉末年，而到东汉时期则甚嚣尘上，成为与正统经学平起平坐的居于统治地位的官方意识形态，"从哲学上讲，谶纬就是作为汉代统治思想宣传的神学世界观"。

谶纬的思想内涵与作为汉代儒学主流的公羊学有着紧密的联系。钱穆先生关于公羊学对谶纬的影响，精辟地评论道："灾异进而为符命（按：即谶纬），莽遂以篡汉，此自汉儒学风如此。"灾异说，是谶纬的前奏，而在西汉鼓动灾异说最卖力的是公羊学。

所谓"谶"，是指预言性的语言或图籍；所谓"纬"，乃是指辅助经的经学著作。二者原为各自独立，后来才合流。西汉的谶纬，是以公羊学的天人感应说为理论内核，并从公羊学借来一些经说而形成的，谶纬多借着孔子的权威来展开议论，是一种神秘化、神学化的理论。

前文已经谈到，公羊学致力于经世致用，但在实际操作过程中，经世致用尤其是犯颜进谏要冒很大的风险。董仲舒妄言高庙灾，几乎引来杀身大祸，而盖宽饶、京房、眭弘等更是付出了生命的代价。经师们自然而然地想找到一个既能完成自己学者议政本分，又能保全自己性命的两全之法，谶纬就是在这样的背景下产生的。任继愈先生指出，妄言灾异很危险，因为这"是以经学家个人的名义做出的，并不直接体现孔子或神的意旨，容易被当权者罗织罪名，在斗争中处于不利地位"，解决之道就是"进行造神活动，把预言附会到孔子或神的名下"，这就是谶纬，这样做的好处是"可以提高预言的神圣性质，增加被当权者采纳的机会。即令预言不被采纳，达不到政治目的，也可以减少无端获罪的可能"[1]。如此说来，公羊学经师通过神化孔子与春秋公羊学经传来制造谶纬，是在"道"与"势"之间走钢丝，乃是一种无奈的选择。社会危机日渐深重，作为统治学说的公羊学经师必须有所作为，但在人身安全得不到保障的恶劣政治生态下，经师们不得不从京房等杀身成仁经师的遭遇中汲取教训，他们神化孔子与《春秋》，其实仍是一种根植于现实的策略，以此来占据道德与思想的制高点，来监督在现实政治生活中几乎不受任何限制的皇权。

公羊学的谶，较为散碎，而纬则相对完整。据周予同先生考察，现存的《春秋纬》，有十三种。[2]这些辅经而行的纬书，多以天人感应、灾异符瑞来解说《公羊

---

[1] ［日］本田成之：《经学史论》，江侠菴译，商务印书馆1934年版，第183页。

[2] 王葆玹：《今古文经学新论》，中国社会科学出版社1997年版，第19页。

春秋》。据边家珍考证："从思想来源上看，《春秋》纬直接受到《公羊传》及董仲舒《春秋》公羊学的影响，其在固化君权特别是制约君权的思想倾向上有直接继承的关系，在神化'天命'方面更是有过之而无不及。"[1]

就整体而言，《春秋》谶纬是经师们以"六经注我"的方式推阐春秋公羊学，围绕着感应和灾异理论，附会上历法、鬼神、星相等迷信成分，用骇人听闻的方式来警醒当权者，从而达到参政议政的现实功利目的，它在短时间内提高了公羊学的地位，但它也使得公羊学迷信化、宗教化，从长远看，对公羊学造成了严重的伤害。

---

[1]　说详边家珍：《汉代经学发展史论》，中国文史出版社2003年版，第212、213页。

第二章　公羊学天人合一理论与西汉文学表现

任何一种理论，都不是凭空出现的，前人打下的基础与后来学者的发扬光大，是它得以形成的必备条件。后代的学者天分再高，也不可能空所依傍地自造新说，他只能通过借鉴前人成果，再加入自己新的补充、创造，来形成新说。余英时先生很精辟地归纳道："不仅前一时代的思想不可能在后一时代突然消失无踪，而且后一时代的思潮也必然可以在前一时代中找到它的萌芽。"[1] 西汉公羊学说中的天人合一理论，就很深刻地印证了这一道理的正确无疑。

西汉公羊学最核心的理论支撑，是天人合一说。这一理论，早在先秦时期就已经存在，它并非公羊学的独创，但值得注意的是，这一理论是在公羊学家的手中得到了最大化的综合、充实、提高，从而在西汉社会的方方面面刻上了深深烙印，产生了巨大的影响。在西汉，公羊学的天人合一理论有着较为复杂的理论来源与展衍形态，而它对西汉文学的影响，主要体现在文学主题方面。

第一节　公羊学的天人合一理论

西汉公羊学的天人学说，从阴阳五行学说处撷取了精华，其理论表现形态，主要是天人合一说，到了西汉后期，谶纬的渗入，使得公羊学的天人理论呈现出更加复杂化的态势。

---

[1]　于嘉芳：《齐文化的三个主要来源》，载刘武军等编：《文物考古与齐文化》，山东大学出版社 1996 年版，第 135 页。

一

西汉公羊学的天人合一理论，一个重要来源是古老的阴阳五行学说。

阴阳五行学说是先秦两汉思想界的理论桢干，源远而流长。

从现存文献来看，阴阳的观念起源甚早。现存最早的文字——甲骨文中，已经有"阴"与"阳"两个字，但是两字出现频率都很低。梁启超先生认为，先秦时期有四部经典开始密集出现"阴阳"——《尚书》、《周易》、《诗经》和《仪礼》。在这四书中出现的"阴阳"字样，多是指称地理位置、自然现象及天气。梁启超先生认为，四部书与甲骨文中的"阴阳"，乃是商周时期最为原始的阴阳说，它简单而又朴素，直观且形象，多为客观描述天地自然现象：与"阳"相对应的，如面向太阳、日出、山水的向阳面等；与"阴"相对应的，如背向太阳、日落、山水的背阴面等。顺着这一思路，古人对自然事物，从客观描述到主观描摹，与"阳"对应的为光明、温暖，与"阴"对应的为晦暗、阴冷。梁启超先生总结认为"商周以前所谓阴阳者，不过自然界中一种粗浅微末之现象，绝不含有何等深邃之意义"[1]，是很确切的。

阴阳学说发展到了西周末叶，渐渐与"气"说结合，有时候，就干脆被解释为气。这样，以气说为特征的阴阳学说，有了天人相连的味道。例如，西周幽王二年，王都附近三川地震，伯阳父解释为：

> 周将亡矣！夫天地之气，不失其序，若过其序，民乱之也。阳伏而不能出，阴迫而不能烝，于是有地震。今三川实震，是阳失其所而镇阴也。阳失而在阴，川源必塞，源塞，国必亡。[2]

伯阳父认为正常的情况，是阳在上阴在下，若阴阳"失其序"，即阴阳次序颠倒，则必然表现为地震。在这里，伯阳父的理解是：阳气对应天而阴气对应地，阴阳的正常与否，地上的人为因素起着决定性的作用，"天—人"模式初露端倪，这与前引梁启超所谓朴素的阴阳自然说相比，已是大大跨越了一步。

---

[1] 范晔：《后汉书》，中华书局1965年版，第1606页。

[2] 韦昭注：《国语·周语上》，上海古籍出版社1978年版，第26—27页。

"五行"作为一个名词，最早见于《尚书》的《甘誓》。《甘誓》记启伐有扈氏前誓师，指责对方"威侮五行，怠弃三正"[1]，司马迁作《史记》，全文引用了《尚书》中的这几句，裴骃《史记集解》引郑玄的解释是："五行，四时盛德所行之政也。"启称对方"威侮五行，怠弃三正"，无异于说有扈氏犯上作乱，大逆不道，五行之说的最初意思是否真的如此，是可疑的。《尚书》中另外一处提到五行的，是《洪范》篇。《洪范》记箕子回答武王的咨询，陈"洪范"大道，其中之一为"五行"，它包括："一曰水，二曰火，三曰木，四曰金，五曰土。水曰润下，火曰炎上，木曰曲直，金曰从革，土爰稼穑。润下作咸，炎上作苦，曲直作酸，从革作辛，稼穑作甘。"这里的五行，乃是指时人生活中不可或缺的五种必须的生活物资。《尚书》中的五行，从时间上说，以《甘誓》为最早，但实际的情况，应该是《洪范》的五行说在前，而《甘誓》的伦理道德化的五行说应该是后起的。

考之文献，夏初与西周初产生五行说，似乎都太早了，后人附会的可能性是很大的。可信的五行说，见载于《国语》。《国语·郑语》记西周幽王时期史伯说："先王以土与金、木、水、火杂，以成百物。"[2] 史伯的五行说，是相对朴素的，他所谓的"五行"，其实仅仅是对当时的物资最粗浅的分类，并没有讲清楚五者之间的内在联系。

一直到战国中期为止，五行理论和阴阳学说，是互不相干的两种思想，二者是并行的，尚未交叉融合，是《管子》初步完成了这一交叉融合的工作。《管子》一书，托名管子，其实乃是战国中期稷下学者的论文合集，在此书中，阴阳与五行两说并存且呈交融趋势，其中的《四时篇》表现得尤为明显。

> 阴阳者，天地之大理也；四时者，阴阳之大经也；刑德者，四时之合也。刑德合于时则生福，诡则生祸。然则春、夏、秋、冬将何行？东方曰星，其时曰春，其气曰风，风生木与骨……南方曰日，其时曰夏，其气曰阳……中央曰土，土德实辅四时而入出……西方曰辰，其时曰秋，其气曰阴，阴生金与甲……北方曰月，其时曰冬，其气曰寒。[3]

这段文字，把五行与东西南北中五方、春夏秋冬四季、日月星辰一一对应，从

---

[1] 韦昭注：《国语·周语上》，上海古籍出版社 1978 年版，第 26—27 页。

[2] 孔颖达等：《尚书正义》卷七，中华书局影印阮元校刻《十三经注疏》本 1980 年版，第 155 页。

[3] 戴望：《管子校正》卷十四《四时》，上海书店《诸子集成》本 1986 年版，第 238—239 页。

大的分类来说，该文将五行的东方"木"与南方"火"归入"阳"类，而将西方"金"与北方"水"归入"阴"类，将中央"土"归入中和阴阳，这就很巧妙地把阴阳与五行——对应着联系为一个紧密的整体，而在阴阳与五行的关系上，作者把五行归入到阴阳这个大的范畴中来，从而确立了阴阳为主五行为辅的新理论格局。尤其值得关注的是稷下学者刻意将阴阳五行与人事紧紧对应。在阐述五方的每一方的特点时，作者都联系到了人事，比如在说到东方春时，在"风生木与骨"之后，接着说道："其德喜嬴而发出节，时其事，号令修，除神位，谨祷弊梗，宗正阳，治堤防，耕芸树艺正津梁，修沟渎甃屋行水，解怨赦罪通四方，然则柔风甘雨乃至，百姓乃寿，百虫乃蕃，此谓星德。"

到了战国晚期，邹衍最后完成了将阴阳与五行完全地打成一片的融会贯通工作。他在前人论述的基础上，创造性地提出了五行相生相克的理论与五德终始理论。这两种理论，被上古时代人当作是解释王朝更迭现象的最合理、最权威的理论。简单地说，邹衍认为，金、木、水、火、土五行各有其"德"，每个王朝都有自己相对应的五行中的某一"德"，这样，王朝的更迭就不再是令人困惑的人为的偶然，而是遵从神秘的上天的意志的必然了。该理论认为，新王朝兴起前，具有人格意志的"天"都将以神兆的方式表现自己的选择倾向，如：

> 凡帝王者之将兴也，天必先见祥乎下民。黄帝之时，天先见大螾、大蝼，黄帝曰："土气胜！"土气胜，故其色尚黄，其事则土；及禹之时，天先见草木秋冬不杀，禹曰："木气胜！"木气胜，故其色尚青，其事则木；及汤之时，天先见金刃生于水，汤曰："金气胜！"金气胜，故其色尚白，其事则金；及文王之时，天先见火、赤乌衔丹书集于周社，文王曰："火气胜！"火气胜，故其色尚赤，其事则火。代火者，必将水。天且先见水气胜，水气胜，故其色尚黑，其事则水。[1]

这段文字，将黄帝的勃兴、夏王朝的代黄帝后裔兴起、商王朝代夏、周代商、秦代周，都以五行相克的理论加以解释，简单说就是这样一个公式：木胜土→金克木→火胜金→水胜火。与之相对应的王朝更替情况是：夏代黄帝后裔→商代夏→周代商→秦代周。

而每一个新王朝兴起前，都必有种种预兆，如黄帝兴起前的"大螾"与"大蝼"，

---

[1]　司马迁：《史记》，中华书局1959年版，第84页。

因为二者都是土中之物，所以黄帝才判断自己王朝将是"土德"，接下来的四个王朝情况类似。邹衍将历史就这样简单解读为五行相克周而复始的循环模式。根据邹衍的这一理论，代秦而兴的王朝必然是胜"水德"的，而在五行中可以胜水的，只有土德了，其实这也正是后来的西汉自命为土德的真正原因所在。

阴阳五行学说真正成为学理上与事实上的主流学说，无疑是在西汉时期。五行学说无疑是以阴阳学说为理论根基的，而阴阳思想在汉初思想界的地位是极高的，诚如冯友兰先生所论断的："汉初的科学，如《内经》所代表的以及哲学，都是以阴阳家的世界图式为根据的。"而顾颉刚先生在其《秦汉的方士与儒生》的开篇，则更为详尽地对阴阳五行学说在西汉思想界的统治地位问题作了如下表述。

> 汉代人的思想的主干，是阴阳五行。无论在宗教上，在政治上，在学术上，没有不用这套方式的。推究这种思想的起源，由于古人对宇宙间的事物发生了分类上的需求。他们看见林林总总的东西，很想把繁复的现象化作简单，而得到它们的主要原理与其主要成分，于是要分类。但他们的分类法与今日不同，今人是用归纳法，把逐件个别的事物即异求同；他们用的演绎法，先定了一种公式而支配一切个别的事物。其结果，有阴阳之说以统辖天地、昼夜、男女等自然事物，以及尊卑、动静、刚柔等抽象观念；有五行之说，以木火土金水五种物质与其作用统辖时令、方向、神灵、音律、服色、食物、臭味、道德等等，以至于帝王的系统和国家的制度。[1]

而在西汉，阴阳五行学说最伟大的完善者与宣扬者，无疑是汉初的董仲舒。他以儒家今文经学大师的身份，援阴阳五行入公羊学，改变了儒学发展的轨道与先儒成说，经过他的鼓吹，阴阳五行化的公羊学成为风靡一时的显学，其独尊地位一直维持到东汉前期，其间统治思想界竟达两百年之久。

《汉书·艺文志》著录的董仲舒著作多已亡佚，现存唯一的董仲舒较完整的著作，是《春秋繁露》，细绎《繁露》，给人最深刻印象的便是该书思想的阴阳五行化。《春秋繁露》全书计八十二篇，其中全篇探讨阴阳五行学理的，按先后顺序有《符瑞》、《五行对》、《五行之义》、《阴阳位》、《阴阳终始》、《五行逆顺》、《洪水五行》、《治乱五行》、《五行变救》、《五行之事》、《阴阳义》、《阴阳出入》、《五行相生》、《五行相胜》、《求雨》、《止雨》、《循天之道》、

---

[1] 顾颉刚：《秦汉的方士与儒生》，东方出版社1996年版，第1页。

《天地阴阳》十八篇，接近全书四分之一的篇幅，至于书中言及阴阳五行的片段，更是数不胜数，说董仲舒是阴阳五行化的公羊大师，说《春秋繁露》是西汉阴阳五行化的儒学经典，是毫不为过的。

与邹衍等阴阳五行学的大师相比，董仲舒发扬春秋公羊学服务现实政治的传统，更加注重将阴阳五行学说与现实政治的对应对照，有时候，这种对应对照达到了极度的繁琐、牵强的程度。董仲舒将儒学与阴阳五行巧妙结合，提出了著名的"阴阳→五行→世间万物"公式，即天地由阴阳构成，而五行则由阴阳二者衍生而出，世间万物再由五行衍生而成，五行的木与火对应"阳"，体现着上天的慈悲恩惠；五行的金与水对应着"阴"，体现着上天的惩戒刑罚；五行之土则对应着阴阳的调和。阳联系着五行的相生，阴则联系着五行的相胜。董仲舒以五行辅阴阳的主张，显然是自己超越前人的独创。董仲舒更大的独创，体现在最大限度地将阴阳五行与人伦准则结合在一起，他将君、夫、父对应阳，而相应地将臣、妻、子对应阴，本着阳尊阴卑的总原则，指导相应的人伦关系。正是在此基础上，他提出了影响后代极大的"王道三纲"理论，即君为臣纲，臣要无条件地服从君；夫为妻纲，妻要无条件地服从夫；父为子纲，子要无条件地服从父。董仲舒通过将日常人伦与神秘天意联系到一起，将天意具体化，从而为自己主张的人伦关系罩上了不可怀疑、不可挑战的神圣铠甲，并进而引出他的一整套适应汉帝国新时期新要求的、全新的天人关系理论。

二

天人感应理论，并不是公羊学的独创，而是自商周以来便已有的旧说，《尚书·皋陶谟》中皋陶的名言——"天聪明，自我民聪明。天明畏，自我民明威。达于上下，敬哉有土"，就将天的意志与民的反应联系起来了，就是天意即民意。[1] 尽管这篇文献本身的真实性是很可疑的，但梳理那些可靠的先秦文献，还是不难发现，这种天人感应思想不但有其源头，而且随时间的改变而在不同历史时期有着不同的发展演变。

（1）商周时期的天命论思想应该是天人感应理论的源头。这种思想认为，举

---

[1] 孔颖达等：《尚书正义》卷十二，中华书局影印阮元校刻十三经注疏本，第188页。

凡人世与自然界的全部，都不是无目的、无意识的，在这一切之上，高踞着超自然的全能的"天"，天审视一切，安排一切，此之谓"天命"。《尚书·酒诰》记周公训示康叔不可怠忽天命、酗酒自纵，他举前朝殷商贤王与纣王对比，成汤等贤王是"迪畏天显小民，经德秉哲，自成汤咸至于帝乙，成王畏相惟御事，厥棐有恭，不敢自暇自逸"，而纣王则是"酣，身厥命，罔显于民祇，保越怨不易，诞惟厥纵，淫泆于非彝，用燕丧威仪，民罔不盡伤心，惟荒腆于酒，不惟自息乃逸，厥心疾狠，不克畏死，辜在商邑，越殷国灭，无罹"。最后周公得出的结论就是："弗惟德馨香祀，登闻于天；诞惟民怨，庶群自酒，腥闻在上。故天降丧于殷，罔爱于殷，惟逸！天非虐，惟民自速辜！"在周公看来，商的灭亡很大程度上是因为纣王恶贯满盈，令上天失望之极，从而放弃了对殷商的庇护，殷商因而失去天命，最终被灭。

《尚书·召诰》记召公对成王的谆谆教诲："我不可不监于有夏，亦不可不监于有殷。我不敢知曰：'有夏服天命，惟有历年。'我不敢知曰：'不其延，惟不敬厥德，乃早坠厥命。'我不敢知曰：'有殷受天命，惟有历年。'我不敢知曰：'不其延，惟不敬厥德，乃早坠厥命。'"[1]召公用此前相继覆亡的夏商两代的经验来教诲成王要"敬厥德"，否则得罪天，就会"早坠厥命"。召公这种天道无亲、唯德是辅的思想，与上引周公的天命论思想，是很相近的。

（2）《诗经·小雅》的《十月之交》篇写西周末年日食、月食、地震的发生，乃是"日月告凶，不用其行。四国无政，不用其良"所致。诗人指责皇父擅权、褒姒恃宠、小人弄权，导致民众受苦，因而愤怒地发出"下民之孽，匪降自天，噂沓背憎，职竞由人"的呐喊。这里，诗人由自然界的异常而联系到政治的腐败，认为天灾源于人祸，这种"人"感"天"的思想，与周公"弗惟德馨香祀，登闻于天；诞惟民怨，庶群自酒，腥闻在上。故天降丧于殷，罔爱于殷，惟逸"[2]的认识是一脉相承的，但"天"的意志不再是含混的了，而是具体可视为日食、月食、地震了。

（3）到了春秋时期，诸子言天人感应的渐渐增多，而诸子中最早频繁地言天人感应学说的，首推墨子。在《墨子·天志中》中，墨子称："吾所以知天之贵，且知于天子者有矣，曰：天子为善，天能赏之；天子为暴，天能罚之。天子有疾病祸祟，必斋戒沐浴，洁为酒醴粢盛以祭祀天鬼，则天能除去之。"在墨子看来，天不再是一个模糊的存在，而是具体的、有意志的存在了，它明察秋毫，能洞悉下界

---

[1] 韦昭注：《国语》，上海古籍出版社1978年版，第515页。

[2] 戴望：《管子校正》卷十四《四时》，上海书店《诸子集成》本1986年版，第238—239页。

人王行为的善与恶，并相应地给予赏与罚，人主如果诚心礼拜，天甚至可以像世间的医生一样除去人主的疾病。

（4）春秋时期，关于天人感应最详尽的论述，见载于《国语·楚语下》。楚昭王问观射父"《周书》所谓重黎实使天地不通者何也？若无然，民将能登天乎"的问题，观射父回答道：

> 非此之谓也。古者民神不杂，民之精爽不携贰者而又能齐肃衷正，其知能上下比义，其圣能光远宣朗，其明能光照之，其聪能听彻之，如是则明神降之。在男曰觋，在女曰巫，是使制神之处位次主……有天地神民类物之官，谓之五官。各司其序，不相乱也。民是以能有忠信，神是以能有明德，民神异业，敬而不渎，故神降之嘉生，民以物享，祸灾不至，求用不匮。[1]

观射父认为，上古时期，神圣的天与地上的人之间，有专业的巫觋传达着两者的愿望与需求，在那时，"人"与"天"坦诚相见，世间一片和谐，因为二者之间是可以时时沟通的。

（5）进入战国末期，天人感应说方兴未艾，《吕氏春秋》的《应同篇》这样解释天与人的关系："凡帝王者之将兴也，天必先见祥乎下民……类固相召，气同则合，声比则应——鼓宫而宫动，鼓角而角动，平地注水，水流湿；均薪施火，火就燥；山云草莽，水云鱼鳞，旱云烟火，雨云水波，无不皆类其所生以示人。故以龙致雨，以形逐影，师之所处，必生棘楚。"[2]《吕氏春秋》的作者坚信同声相应、同类相求的原理，认为"凡帝王者之将兴也，天必先见祥乎下民"，还是坚守着天人感应的理论核心。

先秦的天人感应理论，有两方面的内容：人事的臧否直接会被天明察，天根据下界人主施政的好坏，来决定对之奖励、佑护还是谴责、惩罚。考虑到当时真正的王道一统局面并没有出现，所以先秦文献中天人感应理论的第一方面即对人主的歌颂是极少出现的，相反，借天意来谴责人主的天人理论的第二方面却多处出现。

到了秦汉时期，政治环境发生了巨大变化，大一统的局面在中国历史上第一次出现。新的时代要求符合自己统治需要的新的统治理论，古老的天人感应理论有继

---

[1] 韦昭注：《国语》，上海古籍出版社 1978 年版，第 559—560 页。
[2] 戴望：《管子校正》，上海书店《诸子集成》本 1986 年版，第 239 页。

续存在的必要和继续利用的价值，但它必须掺入新时代的新成分。公羊学大师董仲舒的"新"天人感应理论，于是应运而生。

董仲舒对自己天人理论最清楚的表述，见载于《汉书·董仲舒传》中所载董仲舒的对策，即著名的"天人三策"。董仲舒"天人三策"的具体时间，研究者有建元元年、建元五年、元光元年二月、元光元年五月、元朔五年五种意见。"天人三策"是董仲舒生平大事，关涉到他理论成熟的时间，学者对此加以关注是很正常的，也是很必要的，在此，笔者认可刘国民先生的结论——"可能是班固的记录有误，董仲舒在建元元年参加对策，但策文不是《天人三策》；对策后，在建元四年出任江都相"。

据《汉书·董仲舒传》载，求贤若渴的汉武帝向董仲舒一连提出了三个问题，董仲舒都依据春秋公羊学大义给以解答，这著名的"天人三策"和董仲舒著作《春秋繁露》一道，构成了西汉春秋公羊学天人合一理论的基础。

在董仲舒的思想中，天人感应理论是核心。其"天"不是自然天，而是具有自己的主观意志。人（主要指君王）的行为的臧否，天在上看得清清楚楚。天根据君王的臧否来做出相应的表示，善则赏之，恶则罚之。天人互动互感，而以人感天为主，即事在人为。

天和人是如何发生感应的呢？董仲舒的解释是：天与人是属性相同的同类，所以可以互相感应。在《春秋繁露》的"人副天数"条，董仲舒说：

> 天地之符，阴阳之副，常设于身——身犹天也。数与之相参，故命与之相连也。天以终岁之数，成人之身：故小节三百六十六，副日数也；大节十二分，副月数也；内有五藏，副五行数也；外有四肢，副四时数也；乍视乍暝，副昼夜也；乍刚乍柔，副冬夏也；乍哀乍乐，副阴阳也；心有计虑，副度数也；行有伦理，副天地也。此皆暗肤着身，与人俱生，比而偶之弇合。于其可数也，副数；不可数者，副类——皆当同而副天一也。是故陈其有形，以著其无形者，拘其可数者。以此言道之，亦宜以类相应，犹其形也，以数相中也。[1]

董仲舒认定人与自然与天是有着神秘的内在关联的。这种想法虽然显得幼稚和机械，显得神秘、牵强，但在西汉时的人看来却很自然很准确，董仲舒的意见，

---

[1] 苏舆：《春秋繁露义证》，中华书局1992年版，第356—357页。

代表着西汉时人对自身对自然的了解程度，它构成了当时人普遍的天人感应信念的理论基础。

需要注意的是，在董仲舒的天人感应理论中，灾异也罢，谴告也罢，传达出的信息，乃是天对皇帝的关爱，而绝非厌憎。全知全能的天是有自己的意志和感情的，它具备着主宰世间万物的超自然能力，在《春秋繁露》的"必仁且智"条，董仲舒说："其大略之类：天地之物，有不常之变者，谓之异；小者，谓之灾。灾常先至，而异乃随之。灾者，天之谴也；异者，天之威也。谴之而不知，乃畏之以威。《诗》云'畏天之威'，殆此谓也。凡灾异之本，尽生于国家之失。国家之失乃始萌芽，而天出灾害，以谴告之；谴告之而不知变，乃见怪异以惊骇之；惊骇之尚不知畏恐，其殃咎乃至——以此见天意之仁而不欲陷人也。"[1]

在具体的操作中，董仲舒以阴阳五行的相生相克理论来解释天人感应。董仲舒认为，阴阳和五行都各自具有道德的性质，阴阳这对范畴，阳属恩德而阴属刑罚；五行中东方木属仁，西方金属义，南方火属礼，北方水属智，中央土属信。正是基于对阴阳五行道德属性的神秘性认识，董仲舒在《春秋繁露》的"五行变救"条，才言之凿凿地奉劝帝王在"五行变至"的紧急时刻，必须以相应的"德"来补救，具体说就是：

> 木有变，春凋秋荣。秋木冰，春多雨，此繇役众，赋敛重，百姓贫穷叛去，道多饥人。救之者，省繇役，薄赋敛，出仓谷，赈困穷矣。
>
> 火有变，冬温夏寒。此王者不明，善者不赏，恶者不绌，不肖在位，贤者伏匿，则寒暑失序，而民疾疫。救之者，举贤良，赏有功，封有德。
>
> 土有变，大风至，五谷伤。此不信仁贤，不敬父兄，淫泆无度，宫室荣。救之者，省宫室，去雕文，举孝悌，恤黎元。
>
> 金有变，毕昴为回，三覆有武，多兵，多盗寇。此弃义贪财，轻民命，重货赂，百姓趣利，多奸轨。救之者，举廉洁，立正直，隐武行文，束甲械。
>
> 水有变，冬湿多雾，春夏雨雹。此法令缓，刑罚不行。救之者，忧囹圄，案奸宄，诛有罪，夐五日。[2]

在董仲舒看来，五行主四时，各有其德，当自然界发生异常，必然是由君王政

---

[1]　苏舆：《春秋繁露义证》，中华书局1992年版，第259页。

[2]　苏舆：《春秋繁露义证》，中华书局1992年版，第385—386页。

教失误所引发的。以五行中的木为例，其德为仁，则当春天草木反常地枯萎或秋天反常地繁茂，都是上天在借此说明自己对君王政治举措的残暴不仁的不满。如此，君王就应当悬崖勒马，及时听从天意，以"省繇役，薄赋敛，出仓谷，赈困穷"的实际行动来对上天表达自己改过的诚意，如此，才会换来上天的原宥，天对人的举措做出相应的回报，就是五行木恢复正常的春荣秋凋状态。天人之间的感应都是如此，皆以道德感应为基础，即君王的道德行为的善恶会直接导致上天产生对应的感应。

董仲舒的天人感应理论，有着多方面的积极意义，而其中最主要的就是鼓励人在服从天这一基本原则的基础上，充分发挥自己的主观能动性的积极精神，这是对人的积极主动的昂扬精神的鼓动。董仲舒认为，人只要秉持天意，再发扬自己的能动精神，就必然会取得最佳的效果。并且，"天"很多时候，是根据"人"的作为来做出相应的奖惩的，这就在客观上削弱了天的主宰作用而增强了人对自己行为、命运的掌控。所以，在回答武帝策问时，他一再强调："事在强勉而已矣！强勉学问，则闻见博而知益明；强勉行道，则德日起而大有功。此皆可使还至而立有效者也。《诗》曰'夙夜匪解'，《书》云'茂哉茂哉'，皆强勉之谓也。"

董仲舒的见解，对西汉公羊学家影响深远，他们的文章都或多或少地带有董仲舒上述理论的痕迹。

三

进入西汉末叶的哀帝、平帝时期，谶纬渐渐弥漫学界并进而全面影响政治思想，它的渗入使得公羊学的天人理论呈现出更加复杂化的态势。

作为一种预言吉凶的神示，谶关注的核心是当时的现实政治。考察《史记》一书会发现，关于政治性谶的记述很早就存在了，最著名的一例见于《赵世家》。该篇记赵简子突然昏迷五日，医者扁鹊告知董安于无需忧虑，并引证秦穆公也曾发病，昏迷七天，清醒后告诉侍者公孙支与子舆："我之帝所，甚乐。吾所以久者，适有学也。帝告我晋国将大乱，五世不安，后将霸，未老而死。霸者之子，且令而国男女无别。"扁鹊接着解释道："献公之乱，文公之霸，而襄公败秦师于殽，而归纵淫。此子之所闻，今主君之疾与之同，不出三日，疾必间，间必有言也。"果然：

居二日半，简子寤，语大夫曰："我之帝所甚乐，与百神游于钧天。广乐九奏、万舞，不类三代之乐，其声动人心。有一熊欲来援我，帝命我射之，中熊，熊死；又有一黑来，我又射之，中黑，黑死。帝甚喜，赐我二笥，皆有副。吾见儿在帝侧，帝属我一翟犬，曰：'及而子之壮也，以赐之。'帝告我晋国且世衰，七世而亡。嬴姓将大败周人于范魁之西，而亦不能有也。今余思虞舜之勋，适余将以其胄女孟姚，配而七世之孙。"[1]

这一段文字充满了神秘的预言。赵简子所射杀的熊、黑，后文借神秘的挡道"野人"之口，释为范氏和中行氏的祖先。"帝赐二笥，皆有副"，野人解释为赵简子之子"将克二国于翟，皆子姓也"。翟犬，野人释为代国的先祖，获翟犬之赐，意味着赵简子之子将攻取代国。天帝预言"晋国且世衰，七世而亡"，张守节《正义》解释道："晋定公、出公、哀公、幽公、烈公、孝公、静公，为七世。静公二年，为三晋所灭。"帝谓"适余将以其胄女孟姚，配而七世之孙"，司马贞《索引》谓："即娃嬴，吴广之女，姚姓，孟字也。七代孙，武灵王也。"[2]

司马迁一向以谨严著称，《史记》一书也极少言虚妄之事，但这一则谶言的记述却实在是令人费解。司马迁在这段文字中，要传达的信息是谶言句句都落在实处，绝非虚妄。我们只能这样解读，司马迁是一位理性的史学家，他的这一段看似非理性的叙述，实际上是理性地传达出先秦时人对神秘的天人关系谶言的非理性迷信的实际情状。

这还仅仅是先秦时期的情状，进入秦汉帝国时期，关涉政治的感应性谶言更加层出不穷，其实际的影响力也日益扩大。如《史记·秦始皇本纪》关于秦始皇末年发生的诸多怪事，就是不折不扣的谶言，大者有"始皇帝死而地分"的天降陨石刻文，"今年祖龙死"的预告，"亡秦者胡也"的警示[3]，等等。这些谶言所预告的，往往是与国家兴衰或帝王生死吉凶相关的内容。

先秦时期的扁鹊预言的非理性本质，与晚周时期谶言集中于国家、帝王之吉凶内容相结合，就是西汉谶言的全部，它们几乎都是反映神秘的天人关系方面的内容。在西汉的前期和中期，政治矛盾尚未激化到不可调和的程度，所以这一类的谶言数

---

[1]　司马迁：《史记》，中华书局 1959 年版，第 1787 页。

[2]　司马迁：《史记》，中华书局 1959 年版，第 1787—1788 页。

[3]　《吕氏春秋》卷十二《有始览》之《应同篇》，上海书店《诸子集成》本 1986 年版，第 126—127 页。按：思想史学研究者多认为，《吕氏春秋·应同篇》所论即为邹衍的"五德终始说"。

量很少，影响也有限。到了哀帝、平帝时期，已是亡国的末世了，刘汉帝国无可挽回地一步步滑向败亡的深渊，班固引用哀帝策免孔光的诏书，对汉末的混乱有这样的描写："阴阳错谬，岁比不登，天下空虚，百姓饥馑，父子分散，流离道路，以十万数。而百官群职旷废，奸轨放纵，盗贼并起，或攻官寺，杀长吏。"在这敏感的易代之际，各类感应性谶言开始以惊人的数量涌现出来，并极其强烈地左右着时人的思想。

至于《春秋》纬，从其产生之初，其思想特征就表现为强烈的天人感应性。

在《春秋》纬书里，作者认为自然界的风、霜、雷、电、雨、露、风、雪甚至彩虹，都不是自然显现的，而是全部具有阴阳属性。所以，上天的星相与地上的人事就有了相应的对应关系："苍精用事，象岁星；赤精用事，象荧惑；黄精用事，象镇星；白精用事，象太白；黑精用事，象辰星。"[1] 所以，如果国家发生大旱灾情，就可以判断为是"冤狱结"所致，因为旱情的出现，乃是"阳气移，精不施，君上失制，奢淫僭差，气乱感天"所致。

就整体而言，西汉的纬书，是以阴阳五行学说为理论基石，从而将天、地、人三者一一对应，用以解释天与人之间的无穷奥秘。阴阳五行与天、人之间的分类对应关系大致如下。

（1）阴阳与万物的对应关系。

阳	阴
日	月
星	辰
昼	夜
晴	晦
风	雨
旱	涝
虹	蜺
温	寒
春夏	秋冬
山岳	河流

---

[1] 冯友兰：《中国哲学史新编》第二册，人民出版社1998年版，第193—194页。

雄	雌
火	水
男	女
君	臣
夫	妇
父	子
德	刑

（2）五行与万物的对应关系。

五行：	木	火	土	金	水
五星：	岁星	荧惑	镇星	太白	晨星
五帝：	苍帝	赤帝	黄帝	白帝	黑帝
五方：	东	南	中央	西	北
五季：	春	夏	长夏	秋	冬
五脏：	肝	心	脾	肺	肾
五色：	苍	赤	黄	白	黑
五常：	仁	礼	信	义	智
五灵：	龙	凤	麟	虎	龟[1]

从以上两组对应关系可以很清楚地看出，在纬书的作者心中，阴阳五行是解释天人关系的万用灵丹，举凡自然与社会的一切现象，都可以被归到相应的位置。这样，当他们解释天象与人事的关系时，就可以很权威而方便地对之加以预言或证明了。需要言明的是，从董仲舒开始的西汉公羊学家，在经世致用的学术追求中，不惜行险求怪，以更为大胆、更为开放的态度，对先秦的阴阳五行学说加以改编、补充，从而大量地造做出了《春秋》纬书。这些迎合新时代新需求的《春秋》纬书，展现着诸如阴阳互动、阴卑阳尊、阳克制阴、阴阳和谐、五行相生相克等核心的理论内涵。

---

[1]　朱玉周：《汉代谶纬天论研究》，山东大学 2007 年博士学位论文，第 117 页。

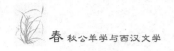

第二节　　西汉文学对天人合一观念的表现

天人合一既然是西汉的时代思想主流，那么它就很自然地对西汉文学的整体产生了深刻的影响。

天与人互相感应、同质同构的思想理论，是西汉诗、文、赋作者共同的认识。在前文我们已经分析了天人理论在先秦时期的发生演变概况，但准确地说，天人理论是在西汉时期才真正地成熟完备；天人理论是在西汉时期才真真正正地对那个时代的文学产生了影响并成为那个时代作者创作时的自觉追求，西汉作者在诗、文、赋的各个领域将这一理论具体化、文学化了。汉初子书的代表之作《淮南子》，在其《要略篇》中，就很清楚地表达出了西汉初期学者、文士对天人思想的推崇。

> 夫作为书论者，所以纪纲道德，经纬人事，上考之天，下揆之地，中通诸理。虽未能抽引元妙之中才，繁然足以观终始矣。总要举凡而语，不剖判纯朴，靡散大宗，惧为人之悁悁然弗能知也，故多为之辞，博为之说。又恐人之离本就末也，故言道而不言事，则无以与世浮沉；言事而不言道，则无以与化游息——故著二十篇。[1]

在这篇可视为全书体例说明的《要略篇》的开头部分，作者就明确提出《淮南子》这部长达二十篇的大部头著作的创作出发点，就是要达到沟通天人的终极目标，正是服务于此宗旨，作者才"多为之辞，博为之说"，且兼顾"言道"与"言事"二者的平衡。细绎全书，《淮南子》也的的确确是从天人结合的理念来创作的，它如实反映了汉初时代思想主旋律，因而在众多的子部书籍中脱颖而出。

提到西汉文学的天人合一特征，就不能忽略董仲舒。作为西汉最伟大的经师，董仲舒的诸多论述虽然着眼点在政治，但却在无意间对文学、文论产生了巨大的影响。董仲舒坚信天具备人的情感，他说："天亦有喜怒之气，哀乐之心，与人相副。以类合之，天人一也：春，喜气也，故生；秋，怒气也，故杀；夏，乐气也，故养；冬，哀气也，故藏。四者，天人同有之，有其理而一用之，与天同者大治，与天异

---

[1]　刘安：《淮南子·要略篇》，上海书店《诸子集成》本 1986 年版，第 369 页。

者大乱。"[1] 基于这种认识，董仲舒认为，天气的变化与人情感的变化是合拍的："夫喜怒哀乐之发，与清暖寒暑，其实一类也。喜气为暖而当春，怒气为清而当秋，乐气为太阳而当夏，哀气为太阴而当冬。四气者，天与人所同有也，非人所能畜也。故可节而不可止也，节之而顺，止之而乱，人生于天，而取化于天，喜气取诸春，乐气取诸夏，怒气取诸秋，哀气取诸冬。四气之心也，四肢之答，各有处，如四时寒暑不可移若肢体。"董仲舒将天的气候变化与人的情感变化一一联系对应，他的论述是西汉最早的天人合一文论。

而作为西汉代表性文体——汉赋成就最为突出的赋家，司马相如的辞赋观同样带有很深的天人合一色彩，这与他所受的公羊学教育是密切相关的。司马相如是蜀郡成都人，在他少年时，蜀郡还是一片文化沙漠。景帝末，通《春秋》的文翁为蜀郡的郡守，他努力推行儒学的教化，并在蜀郡大办学校，传播公羊学，并选派优秀的人才到京城长安去深造，以至于蜀地学于京师者比于齐鲁。司马相如就是承文翁之惠的众多蜀地学子中的一员，他的学问很大程度上是与春秋公羊学相关的，因而，其文章内容带有公羊学特色是很正常的。

据托名刘歆的《西京杂记》记载："司马相如为《上林》、《子虚赋》，意思萧散，不复与外事相关。控引天地，错综古今，忽然如睡，跃然而兴，几百日而后成。其友人盛览字长通，牂牁名士，尝问以作赋。相如曰：'合綦组以成文，列锦绣而为质，一经一纬，一宫一商，此赋之迹也。赋家之心，苞括宇宙，总览人物，斯乃得之于内，不可得而传。'览乃作《合组歌》、《列锦赋》而退，终身不复敢言作赋之心矣。"司马相如回答友人辞赋创作的心得，明确指出应以"控引天地，错综古今"、"苞括宇宙，总览人物"为指归，即是明确了以天人合一的理论来指导辞赋创作的宗旨。

在散文领域，无疑以司马迁的成绩最突出。对于自己毕生心血的结晶——《史记》，司马迁在书成后致朋友任安的信中坦言自己创作的宗旨有三："究天人之际，通古今之变，成一家之言。"可以这样认为："通古今之变"，乃是为了总结历史上的经验教训，从历史的兴衰成败轨迹中去摸索治乱的规律；"成一家之言"，乃是作者以"作"为创作目的而非以"述"为目的，是要通过史书的编纂来表述自己的思想；而在三者中位列第一的"究天人之际"，则是作者要通过对天人理论与事象的记述、探讨，来传达自己的独特理解，以期更好地解释历史发展变化的内在规

---

[1]　顾颉刚：《秦汉的方士与儒生》，东方出版社 1996 年版，第 1 页。

律。司马迁探讨了天人间的关系，并进而打通天人，使二者合而为一。三者的关系是层层递进的，而第一条"究天人之际"是后两条的基础，也是司马迁本人认识论的出发点和创作的出发点。

至于西汉中后期的作者，因为公羊学天人观念的流行和谶纬神学的盛行，对天人合一的理论已经上升到信仰的层面了，甚而是扬雄这样不满今文公羊学的文士，也说："通天地人曰儒，通天地而不通人曰伎。"[1] 还是把能否贯通天人作为区分博学大儒与凡庸俗士的标准，这又何尝不是对天人合一观的自觉运用呢？

可以这样认为：天人合一的理论境界与审美境界，乃是西汉时期作者的普遍追求，它是文士进行创作时自觉遵守的创作准则，也是他们文学创作的终极目标，上至辞赋、诗文，下至日常的书信、奏疏，概莫能外。天人合一理论对西汉文学的影响体现在方方面面，限于篇幅，本节集中来探讨西汉文学的天人合一主题。

一

《汉书·翼奉传》记载，翼奉是西汉宣帝、元帝之间的硕学鸿儒，他与萧望之、匡衡是同学，但志趣却与二人迥异，"惇学不仕，好律历阴阳之占"。元帝时，平昌侯王临依恃自己是宣帝外亲，强行要拜翼奉为师，翼奉于是向元帝上奏疏拒绝，他以这样奇特的句子为开篇：

> 知下之术，在于六情十二律而已。北方之情，好也，好行贪狼，申子主之。东方之情，怒也，怒行阴贼，亥卯主之。贪狼必待阴贼而后动，阴贼必待贪狼而后用，二阴并行，是以王者忌子卯也，《礼经》避之，《春秋》讳焉。南方之情，恶也，恶行廉贞，寅午主之。西方之情，喜也，喜行宽大，己酉主之。二阳并行，是以王者吉午酉也，《诗》曰："吉日庚午。"上方之情，乐也，乐行奸邪，辰未主之。下方之情，哀也，哀行公正，戌丑主之。辰未属阴，戌丑属阳，万物各以其类应。

翼奉的奏疏首先罗列了北方、东方、南方、西方、上方、下方这六方不同的属

---

[1] 孔颖达等：《尚书正义》卷四，中华书局影印阮元校刻《十三经注疏》本1980年版，第139页。

性。颜师古注引李奇等先儒的解释是："北方水，水生于申，盛于子。水性触地而行，触物而润，多所好故；多好则贪而无厌，故为贪狼也。东方木，木生于亥，盛于卯。木性受水气而生，贯地而出，故为怒；以阴气贼害土，故为阴贼也。北方阴也，卯又阴贼，故为二阴，王者忌之，不举乐。《春秋》、《礼记》说皆同。[1]南方火，火生于寅，盛于午，火性炎猛，无所容受，故为恶；其气精专严整，故为廉贞孟。西方金，金生于己，盛于酉。金之为物，喜以利刃加于万物，故为喜；利刃所加，无不宽大，故曰宽大也。上方谓北与东也。阳气所萌生，故为上。辰，穷水也。未，穷木也。翼氏《风角》曰：'木落归本，水流归末。'故木利在亥，水利在辰，盛衰各得其所，故乐也。水穷则无隙不入，木上出，穷则旁行，故为奸邪。下方谓南与西也。阴气所萌生，故为下。戌，穷火也。丑，穷金也。翼氏《风角》曰：'金刚火强，各归其乡。'故火刑于午，金刑于酉。酉午，金火之盛也。盛时而受刑，至穷无所归。故曰哀也。火性无所私，金性方刚，故曰公正。"[2]

翼奉之所以在奏疏的开始部分说了这么多阴阳五行化的天人感应理论，其目的是为了解释自己为何不奉诏传授平昌侯王临经学，因为"正月癸未日加申，有暴风从西南来。未主奸邪，申主贪狼，风以大阴下抵建前，是人主左右邪臣之气也。平昌侯比三来见臣，皆以正辰加邪时。辰为客，时为主人，以律知人情，王者之秘道也"。为了忠于皇帝，不泄漏"王者之秘道"，所以"愚臣诚不敢以语邪人"。

翼奉融干支理论、阴阳理论与天人理论于一炉，以看似客观的推理，将人的六种情绪与天的六个方位对应，并言之凿凿地一一加以配属，是以很艰深的天人感应理论来指导现实人生的一个绝佳范例。引申开去，东汉张衡《思玄赋》中的主人公在厌倦世情、超然高举、遨游四方时，在天地各个方位的感受，亦不外乎"东方之情怒，南方之情恶，西方之情喜，上方之情乐，下方之情哀"的套路，赋作者将空间方位对应人的情绪，这种天人合一的结构方式与行文思路，完全是西汉天人感应理论在东汉文学中的再版。

现在的问题是，西汉文学中这种表述是个案的孤立存在，还是普遍性众多事例中的一则？考察西汉文学的全体，应属于后一种情况，例如，西汉初年的《淮南子》，就一再表达着这样的理解。

---

[1] 孔颖达等：《尚书正义》卷十四，中华书局影印阮元校刻《十三经注疏》本1980年版，第206—207页。

[2] 孔颖达等：《尚书正义》卷十四，中华书局影印阮元校刻《十三经注疏》本1980年版，第207页。

（1）（人）孔窍肢体，皆通于天。天有九重，人亦有九窍；天有四时以制十二月，人亦有四肢以使十二节；天有十二月以制三百六十日，人亦有十二肢以使三百六十节。故举事而不顺天者，逆其生者也。[1]

（2）天地宇宙，一人之身也；六合之内，一人之治也。[2]

（3）头之圆也象天；足之方也象地；天有四时、五行、九解、三百六十六日，人亦有四支、五藏、九窍、三百六十六节；天有风雨寒暑，人亦有取与喜怒。故胆为云，肺为气，肝为风，肾为雨，脾为雷，以与天地相参也，而心为之主。是故耳目者，日月也；血气者，风雨也；日中有踆乌，而月中有蟾蜍，日月失其行，薄蚀无光；风雨非其时，毁折生灾；五星失其行，州国受殃。[3]

（4）是故阳施阴化，天之偏气，怒者为风；地之含气，和者为雨。阴阳相薄，感而为雷，激而为霆，乱而为雾，阳气胜则散而为雨露，阴气胜则凝而为霜雪。[4]

综合而言，《淮南子》要表达的是这样的认识：天地与人无差别，天地与人乃是一体同构，人的形体与天在结构上乃是一一对应的关系。具体而言，就时间而言，四时与四肢对应；就空间而言，中央和八方合称之九解与九窍对应；就构成而言，五星与五脏对应。进一步说，人的各个器官的官能，与天的各种气候现象呈对应关系，如此说来，自然现象不再是无目的、无意义的客观存在，而是与人一样，是由有着精神性倾向性的人格"天"来主宰的。

西汉时期天人合一思想影响西汉文学，首先表现在西汉文学的结构方式上。它对文学的结构的影响，有的表现为影响一部著作的整体结构上，但更多的是表现为影响某一篇作品的单篇结构。

西汉史传文学的代表，无疑是司马迁的《史记》。

司马迁活着为了著书，著书为了活着，他一生唯一的目标就是完成《史记》这部究天人、通古今的一家之书，为此，他从各篇的每个细节到全书的整体布局，都

---

[1] 孔颖达等：《尚书正义》卷十四，中华书局影印阮元校刻《十三经注疏》本1980年版，第207页。

[2] 刘安：《淮南子·本经训》，上海书店《诸子集成》本1986年版，第115页。

[3] 刘安：《淮南子·精神训》，上海书店《诸子集成》本1986年版，第100页。

[4] 刘安：《淮南子·天文训》，上海书店《诸子集成》本1986年版，第35页。

围绕着这三句话来展开。在该书的最后一篇——《太史公自序》中，司马迁这样阐述自己对《史记》全书结构的设想：

> 罔罗天下放失旧闻，王迹所兴，原始察终，见盛观衰，论考之行事，略推三代，录秦汉，上记轩辕，下至于兹，著十二本纪，既科条之矣。并时异世，年差不明，作十表。礼乐损益，律历改易，兵权山川鬼神，天人之际，承敝通变，作八书。二十八宿环北辰，三十辐共一毂，运行无穷，辅拂股肱之臣配焉，忠信行道，以奉主上，作三十世家。扶义俶傥，不令己失时，立功名于天下，作七十列传。[1]

这就是著名的"史记五体"之说。五体分工各不相同：本纪记帝王与王朝，乃是全书的纲领。世家记诸侯，地位略低于本纪，乃是本纪的附庸，裴骃《集解》引《汉书音义》曰："象黄帝已下三十世家，《老子》言车三十辐，运行无穷，以象王者如此也。"列传记世人，书记典制，表记琐事，它们与世家一样，都是本纪的展衍和补充、说明，这样就形成了详略得当、错综复杂的整体叙述模式。司马迁的本意，乃是要将《史记》的结构，模拟天上星相的组成，以本纪当北辰，以世家当拱卫北辰的二十八星宿，以列传当二十八星宿之外的天空中众多的群星。他也确实做到了。《史记》一书，在结构上，很有天人合一、同构的特色，显得气势恢弘。如果联系上引《淮南子》的（1）、（2）、（3）三条，和司马迁的老师董仲舒的《春秋繁露·人副天数》条[2]，就会发现，西汉作者出于对天人合一的信仰，自然而然地习惯于在自己的作品中糅合进这一思想理论。这一文学现象，在西汉时期是一种共性的存在，是思想浸润文学的结果，是那个宏大时代的反映。

相当数量的汉赋，在结构文章时是与司马迁一样，以天人合一的思路来进行的。对此，李炳海教授在其《汉代文学的情理世界》中总结如下。

（1）"汉代有些辞赋继承战国说辞的传统，天地四方的排列依然是随意的，各篇作品没有统一的规则"，比如司马相如的《上林赋》中四方的次序是"东—西—南—北"，扬雄《甘泉赋》中四方的次序是"东—西—北—南"，班固《东都赋》

---

[1]　司马迁：《史记》，中华书局1959年版，第3319页。
[2]　孔颖达等：《尚书正义》卷十五，中华书局影印阮元校刻《十三经注疏》本1980年版，第213页。

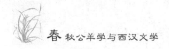

中四方的次序是"西—东—北—南",张衡《东京赋》中四方的次序是"北—南—西—东",冯衍《显志赋》中四方的次序是"东—西—北—南"。这就呈现出无序的混乱状态。

(2)"汉代有些辞赋作品的空间方位排列次序出现另一种格局,即趋同划一,遵循着相同的轨迹",比如司马相如《大人赋》、扬雄《蜀都赋》、张衡《思玄赋》、王逸《荔支赋》中四方的次序,就都是"东—南—西—北"的排列。

李炳海先生意图说明:继承战国说辞的那一小部分汉赋,作品中天地四方的内在结构尚处于无意识组织的阶段;而摆脱了战国说辞影响的真正汉代赋作,其作品中天地四方的内在结构,已经是有意识的组织安排了,"是遵循既定的规则",是"头脑中已经有预设的模型"。[1]是什么原因令司马相如和扬雄这两位西汉最伟大的赋作家以"东—南—西—北"这一固定的模式来排列赋作的空间呢?李炳海先生的解释是"这和五行学说确立的时空框架有直接关系"[2]。

本书在此引用李先生的文章,并且基本认可其对此现象的解说。小有不同的是,本书认为,造成这一文学现象的原因,应该不仅仅是西汉时期五行学说的确立,从更宏观的视角而言,这应该是较五行学说更大的天人合一理论弥漫并且决定性地影响西汉时期作家头脑并进而影响西汉赋作结构方式的结果。李炳海先生虽然仅仅列举了西汉的两位作者司马相如和扬雄的两篇赋作,但笔者认为,考虑到这两位作者在西汉辞赋界举足轻重的地位——他们的写作题材、手法、创作的倾向和创作的模式是其后的西汉辞赋作家效法的典范,他们的作品结构方式标杆式地说明了西汉赋家对天人合一理论的认可、接受,这个文学细节真实地反映了西汉时期天人思想影响当时文士的深广程度。

二

除了文章结构之外,天人合一的理念还影响了西汉文学作品的写作手法,具体地说,就是用隐喻象征的手法来描写主人公出行时所乘坐的车马、衣服、仪仗与抒

---

[1] 孔颖达等:《毛诗正义》,中华书局影印阮元校刻《十三经注疏》本1980年版,第446页。

[2] 孔颖达等:《毛诗正义》,中华书局影印阮元校刻《十三经注疏》本1980年版,第447页。

情主人公的动作、神态。

以时间为序，司马相如的《大人赋》是西汉较早使用这一手法的赋作。刘向的《九叹》、扬雄的《羽猎赋》，则是踵武其后而又成就卓著的名作。

武帝求仙问道，希求长生不老。对武帝的执迷，司马相如是持反对意见的。据《史记·司马相如列传》载，司马相如"以为列仙之传居山泽间，形容甚臞，此非帝王之仙意也，乃遂就《大人赋》"[1]。在赋的开篇，作者写道："世有大人兮，在于中州。宅弥万里兮，曾不足以少留。悲世俗之迫隘兮，朅轻举而远游。"司马相如笔下居于中州的"大人"，是双重意指的集合。第一重意指是圣人，这出自《周易·乾卦》九二爻辞"见龙在田，利见大人"。王弼注谓："出潜离隐，故曰见龙。处于地上，故曰在田。德施周普，居中不偏，虽非君位，君之德也。初则不彰，三则乾乾，四则或跃，上则过亢，利见大人，唯二五焉。"第二重意指是帝王，文中说大人"宅弥万里"，就是此意。圣人与帝王的结合，显然隐指武帝。故司马贞《史记索隐》引张揖云："喻天子。"赋中的这位"大人"，不满足于现实世界的短暂，超然远游，寻求仙境。

《楚辞章句》卷十六收录了西汉刘向的赋作《九叹》一篇，王逸在文前的题解部分认为作者刘向"以博古敏达，典校经书，辩章旧文，追念屈原忠信之节，故作九叹。叹者，伤也，息也。言屈原放在山泽，犹伤念君，叹息无已，所谓赞贤以辅志，骋词以曜德者也"[2]。王逸对《九叹》章旨的解说，明白地道出了作为汉室宗亲的刘向引屈原为同道，念古伤今的主题。该赋名为一篇，实际是九篇小赋的合集，分别是《逢纷》、《灵怀》、《离世》、《怨思》、《远逝》、《惜贤》、《忧苦》、《愍命》、《思古》。

扬雄《羽猎赋》的创作缘起，据《汉书·扬雄传》载，乃是借武帝广开上林、侈靡过度、贻害百姓为反面典型来讽示、警戒成帝。

西汉的这三位辞赋大家，所描写的对象或是圣贤或是帝王，但三人在描写贤人、帝王出行的方方面面，都一律是以天人合一的思路来加以增饰。

（1）对作品中主人公出行时的乘具车的描写，体现着天人合一的思维。

《大人赋》中的"大人"之车，是：

---

[1]　孔颖达等：《尚书正义》卷十四，中华书局影印阮元校刻《十三经注疏》本1980年版，第207页。

[2]　孙诒让：《墨子间诂》，上海书店《诸子集成》本1986年版，第224页。

垂绛幡之素蜺兮，载云气而上浮。建格泽之长竿兮，总光耀之采旄。垂旬始以为惨兮，抴彗星而为髾。掉指桥以偃蹇兮，又旖旎以招摇。揽欃枪以为旌兮，靡屈虹而为绸。红杳渺以眩湣兮，猋风涌而云浮。驾应龙象舆之蠖略逶丽兮，骖赤螭青虬之虬蟉蜿蜒。[1]

这里出现的一系列物象，都是天界独有而非人间正常之物。"建格泽之长竿"，裴骃引《汉书音义》曰："格泽之气，如炎火状，黄白色，起地上至天，以此气为竿旌葆也。"接下来的几句，裴骃引《汉书音义》曰："旬始气如雄鸡，悬于葆下，以为旒也；髾，燕尾也，抴彗星缀着旒以为燕尾。""欃枪"，张守节《正义》引《史记·天官书》云："天欃，长四丈，末锐；天枪，长数丈，两头锐，其形类彗也。""靡屈虹而为绸"，裴骃引《汉书音义》曰："绸，韬也，以断虹为旌杠之韬。旬始，屈虹，气色。红杳渺，眩湣，黯冥无光也。"这位"大人"的车，车幡是以白虹外饰红彩；车上的旗杆，是格泽星的妖气，其长度贯通天地；旌旗下的装饰物，乃是旬始星气；旌旗所垂的羽毛，是彗星的长尾；旗杠之韬，乃是天上的断虹；车的周围，红色的云气弥漫，疾风狂吼。"大人"的车为象舆，这是神话中象征着太平盛世的神车，司马相如《上林赋》也提到了"象舆蜿蝉于西清"。车辕上套的不是人间的凡马，而是天上有翼的应龙，据传大禹治水时，此龙以尾划地而成江河，《天问》所谓的"河海应龙，何画何历，鲧何所营，禹何所成"者即是。而在边上套的骖马，则是赤色的龙子和青色的虬龙。

《九叹》之《远游》篇，写抒情主人公超然远举之车。

回朕车俾西引兮，褰虹旗于玉门。驰六龙于三危兮，朝西灵于九滨……征九神于回极兮，建虹采以招指。驾鸾凤以上游兮，从玄鹤与鹪明。孔鸟飞而送迎兮，腾群鹤于瑶光。[2]

王逸注谓："虹采，旗也。招指，指麾也，旗所以招指语人也，言已乃召九天之神，使舍北极之星，举虹采以指麾四方也。鹪明，俊鸟也，一作庭迎。鹤，灵鸟也，言已乃驾乘鸾凤明智之鸟，从鹪明群鹤洁白之士，过于瑶光之星，质已修行之要也。"赋中主人公的车虽然不如上文中"大人"之车那样眩人眼目，但同样不是凡间俗物，以虹霓为车旗，以六龙鸾凤为骖驾，以孔鸟、群鹤为扈从。

---

[1] 司马迁：《史记·司马相如列传》，中华书局1959年版，第3056—3057页。

[2] 洪兴祖：《楚辞补注》，中华书局1983年版，第310页。

《羽猎赋》（一作《校猎赋》）写天子出猎，所乘之车是：

> 靡日月之朱竿，曳彗星之飞旗。青云为纷，红蜺为缳，属之乎昆仑之虚。涣若天星之罗，浩如涛水之波。淫淫与与，前后要遮。欃枪为闉，明月为候。荧惑司命，天弧发射。[1]

颜师古注谓："朱竿，太常之竿也，日月为太常。《河图》曰：彗星者，天地之旗也。荧惑法使司，不祥；天弧，虚危，上二星也。"天子之车，气派非凡，车以日月为旗杆，以彗星为旗帜，以青云、虹霓为旗上的装饰，从车阵容强大，如天上星星般闪光，如浩浩江水般无边际。

《大人赋》、《九叹》、《羽猎赋》中对车的描写，很典型地体现了汉人从天人合一的理念出发，以想象中的天上神物来比拟人间事物的思维模式。

（2）在西汉赋家的笔下，圣贤、帝王出行时，陪伴在他身边的，不是人间的臣民，而是天界的神灵。

《大人赋》曰：

> 悉征灵圉而选之兮，部乘众神于瑶光。使五帝先导兮，反太一而从陵阳。左玄冥而右含雷兮，前陆离而后潏湟。厮征北侨而役羡门兮，属岐伯使尚方。祝融警而跸御兮，清氛气而后行。屯余车其万乘兮，绰云盖而树华旗。使勾芒其将行兮，吾欲往乎南嬉……奄息总极泛滥水嬉兮，使灵娲鼓瑟而舞冯夷。时若薆薆将混浊兮，召屏翳诛风伯而刑雨师。[2]

这里出现的众多人名，都是西汉时期人所熟知的天地神灵。灵圉，仙人名，司马相如在《上林赋》中说"灵圉燕于闲观"，又刘向《九叹·远逝》也称"登昆仑而北首兮，悉灵圉而来谒"。五帝，张守节《正义》释为："五时帝，太皓之属也。"即东方苍帝，南方赤帝，中央黄帝，西方白帝，北方黑帝。太一，天神之名，《史记·封禅书》谓："天神贵者太一。"司马贞《索隐》引宋均云："天一、太一，北极神之别名。"张守节《正义》引《史记·天官书》云："中宫天极星，其一明者，太一常居也。"陵阳，裴骃引《汉书音义》曰："仙人陵阳子明也。"玄冥，水神，为北方黑帝之辅佐。含雷，裴骃引《汉书音义》曰："含雷，黔嬴也，天上造化神

---

[1]　韦昭注：《国语》，上海古籍出版社1978年版，第559—560页。

[2]　司马迁：《史记·司马相如列传》，中华书局1959年版，第3058—3060页。

名也，或曰水神。"陆离和滴湟，裴骃引《汉书音义》曰："皆神名。"征北侨与羡门，都是仙人，张守节《正义》认为羡门就是碣石山上仙人羡门高。岐伯，为黄帝时的神医。祝融，张守节《正义》谓："南方炎帝之佐也，兽身人面，乘两龙，应火正也。火正祝融警踤清氛气也。"勾芒，张守节《正义》谓："东方青帝之佐也，鸟身人面，乘两龙。"灵娲，裴骃引《汉书音义》曰："灵娲，女娲也。"冯夷，河神之名。屏翳，张守节《正义》谓："天神使也，或云雷师也。"风伯，风神飞廉。雨师，司雨之神。这么多的神灵因为"大人"远游而一起出场，或是做车前的先导，或是做左右的侍从，或是做安全警卫工作，或是作为乐师歌乐鼓舞以愉悦大人的视听……不一而足。而如果这些神灵冒犯了"大人"，还有可能遭受诛杀的刑罚。

《九叹》之《远游》篇曰：

> 登昆仑而北首兮，悉灵圉而来谒。选鬼神于太阴兮，登阊阖于玄阙。
> 回朕车俾西引兮，褰虹旗于玉门。驰六龙于三危兮，朝西灵于九滨……周
> 浏览于四海兮，志升降以高驰。征九神于回极兮，建虹采以招指。凌惊雷
> 以轶骇电兮，缀鬼谷于北辰。鞭风伯使先驱兮，囚灵玄于虞渊。[1]

"悉灵圉而来谒"，即《大人赋》"悉征灵圉而选之"。"缀鬼谷于北辰"，王逸注谓："言遂凌乘惊骇之雷，追逐奔轶之电，以至于天，使北辰系缀百鬼，勿令害贤者也。"抒情主人公登上昆仑神山和九滨，广招神灵来拜见自己，并在太阴评骘其功过而予以奖惩：对于喜欢害人的众鬼，幽系之于北辰之下以免其为害人间；对于失职的风伯和灵玄，则分别判处鞭刑和监禁。抒情主人公完全是以全知全能的天帝形象出场，虽未明言其扈从，其属性也必是神灵，是可以据以推断的。

《羽猎赋》曰：

> 于是天子乃以阳晠始出乎玄宫。撞鸿钟，建九旒。六白虎，载灵舆。
> 蚩尤并毂，蒙公先驱，立历天之旗，曳捎星之旃。辟历列缺，吐火施鞭。
> 萃傱允溶，淋离廓落，戏八镇而开关。飞廉、云师，吸嚊潚率，鳞罗布列，
> 攒以龙翰。[2]

颜师古注谓："蒙公，蒙恬也。孟康曰：神名也。"[3] 扬雄笔下天子的侍从，

[1] 洪兴祖：《楚辞补注》，中华书局 1983 年版，第 309—311 页。
[2] 吕不韦主编：《吕氏春秋》，上海书店《诸子集成》本 1986 年版，第 231 页。
[3] 刘国民：《董仲舒的经学诠释及天的哲学》，中国社会科学出版社 2007 年版，第 80 页。

既有蚩尤这样的勇武而凶恶之神，也有以愚忠死后成神的蒙恬，还有唯有天帝才能够役使的风神飞廉和云神云师。

扈从的神性，说明了主人公的人神合一特征，刘向和扬雄在赋中这样的写法，当然有学习模仿司马相如的原因，但更重要的原因应该是汉代普遍流行的天人合一思想所致。

（3）圣贤与帝王出游的目的地，不再是人间的地理名胜，而是天上的神话的洞天灵府。

《大人赋》曰：

> 邪绝少阳而登大阴兮，与真人乎相求。互折窈窕以右转兮，横厉飞泉以正东。……径入雷室之砰磷郁律兮，洞出鬼谷之崛嵎嵬魁。遍览八纮而观四荒兮，朅渡九江而越五河。经营炎火而浮弱水兮，杭绝浮渚而涉流沙。……西望昆仑之轧沕洸忽兮，直径驰乎三危。排阊阖而入帝宫兮，载玉女而与之归。舒阆风而摇集兮，亢乌腾而一止。[1]

这部分都是写"大人"游历所到的地方。少阳，裴骃引《汉书音义》曰："少阳，东极。太阴，北极。邪度东极而升北极者也。"飞泉，张守节《正义》曰："飞泉谷也，在昆仑山西南。"雷室，雷神所居之处，极其危险，非常人所能达到，《楚辞·招魂》中有"旋入雷渊，爢散而不可止些"的描写。鬼谷，裴骃引《汉书音义》曰："鬼谷在北辰下，众鬼之所聚也。《楚辞》曰'贽鬼谷于北辰'。"炎火，《山海经·大荒西经》云："昆仑之丘，其外有炎火之山，投物辄然。"弱水，汉人相信西方绝远之地，有弱不胜舟之河流，名弱水。此水亦见于《山海经·大荒西经》。昆仑山，《山海经·海内经》云："昆仑去中国五万里，天帝之下都也。其山广袤百里，高八万仞，增城九重，面九井，以玉为槛，旁有五门，开明兽守之。"[2] 三危山，《山海经·西山经》云："三危之山，三青鸟居之。"阊阖，天门，《离骚》"吾令帝阍开关兮，倚阊阖而望予"即是。阆风，昆仑之颠，神仙居之，《离骚》"朝吾将济于白水兮，登阆风而绁马"与之同。司马相如笔下的"大人"，如传说中的周穆王一样，上天入地，游遍天地神府，这其中有东、北天极，有昆仑、三危等神山，有天帝所居之处，有凡人无法忍受的火焰山和舟不得过的弱水，有神灵居

---

[1] 司马迁：《史记》，中华书局1959年版，第259页。

[2] 司马迁：《史记》，中华书局1959年版，第3059页。

所，甚至有可怕的雷神之渊和众鬼聚居的鬼谷，无论是安全逸乐的仙境，还是恐怖恶劣的地府，只要"大人"愿意，可以随时造访，甚而可以闯进帝宫，公然地带走天帝的"玉女"扬长而去！

《九叹》之《远游》篇曰：

> 登昆仑而北首兮，悉灵圉而来谒，选鬼神于太阴兮，登阊阖于玄阙。回朕车俜西引兮，褰虹旗于玉门。驰六龙于三危兮，朝四灵于九滨。结余轸于西山兮，横飞谷以南征。绝都广以直指兮，历祝融于朱冥。枉玉衡于炎火兮，委两馆于咸唐。贯濒蒙以东揭兮，维六龙于扶桑。周浏览于四海兮，志升降以高驰。征九神于回极兮，建虹采以招指。驾鸾凤以上游兮，从玄鹤与鹒明。孔鸟飞而送迎兮，腾群鹤于瑶光。排帝宫与罗圉兮，升县圃以眩灭。结琼枝以杂佩兮，立长庚以继日。凌惊雷以轶骇电兮，缀鬼谷于北辰。鞭风伯使先驱兮，囚灵玄于虞渊。慭高风以低佪兮，览周流于朔方。就颛顼而陈词兮，考玄冥于空桑。旋车逝于崇山兮，奏虞舜于苍梧。[1]

抒情主人公游历天地，先到达众神所居的昆仑山，然后飞升至天门评判神灵，之后降至玉门山、三危山，在大海九曲之涯大会四方之神。飞谷以下地名，王逸注谓："飞谷，日所行道也，言乃旋我车轸，横度飞泉之谷，以南行也。都广，野名也，《山海经》曰：都广在西南，其城方二百里，盖天地之中。言己行乃横绝于都广之野，过祝融之神于朱冥之野也。咸唐，咸池也，言己从炎火，又曲意至于咸池，而再舍止宿也。言遂贯出濒蒙之气，而东去系六龙于扶桑之木也。谓舍北辰之星于天之中也，言己乃召九天之神使舍北极之星，举虹采以指麾四方也。言己乃驾乘鸾凤明智之鸟，从鹒明群鹤洁白之士，过于瑶光之星；罗圉，天苑。言遂排开天帝之宫，入其罗圉，出升县圃之山而望。长庚，星名也。北辰，北极星也，《论语》曰：譬如北辰，居其所而众星拱之。言遂凌乘惊骇之雷，追逐奔轶之电，以至于天，使北辰系缀百鬼，勿令害贤者也。虞渊，日所入也，《淮南》言：日出汤谷入于虞渊。空桑，山名也。崇山，驩兜所放山也。言己从崇山见驩兜以佞见放因，至苍梧慭圣舜。"这所有的地名中，有神界的，也有神话传说中的，这样的杂错并见，使得辞赋光怪陆离，令人目眩神摇。

《羽猎赋》因是重在夸示帝王田猎场面之盛，没有必要描摹其出行游踪，所以

---

[1] 司马迁：《史记》，中华书局1959年版，第3060页。

此类描写付之阙如。

综合这三篇辞赋的三个方面的描写，可以很明显地发现：天神乘坐的车与地上凡人的乘具是混同的；凡人游历的地方杂糅着天界与神话中的地名，同样是混同的；更重要的是，天地间的一切神灵不再是高高在上的，世俗中人尤其是帝王可以像役使自己尘世的臣仆一样来向他们发号施令，天帝和帝王、神灵和民众，不再是互相隔绝的状态，而是混同合一，人神杂糅，天与人之间的界限没有了，人间的帝王成为天界与人界共同的主宰、共同的主人，这正是大一统帝国意识形态的真实反映，是汉代天人合一思想的真实反映。

三

西汉赋作的一个重要题材是描写帝王宫室苑囿的豪华壮丽。而在此类描写中，比附天人是汉赋作家经常使用的手法。

较汉赋更早的作品，就已经开始了对诸侯和帝王宫室的描摹，但因为天人思想在先秦时期并未真正广泛流行，所以，先秦作品中对统治者宫室的描写是看不到天人思想渗入其中的。即以《诗经》为例，它开创了中国文学宫室描写的先河，在周族史诗《绵》里，盛赞古公亶夫率众迁徙到周原二次创业，其功绩之一是带领周人选址定居建屋："乃召司空，乃召司徒，俾立室家。其绳则直，缩版以载，作庙翼翼……乃立皋门，皋门有伉；乃立应门，应门将将；乃立冢土，戎丑攸行。"毛传解释说："王之郭门曰皋门。伉，高貌。王之正门曰应门。将将，严正也，美大王作郭门以致皋门，作正门以致应门焉。"《小雅》的《斯干》篇，毛传释为"宣王考室也"，即赞美周宣王刚刚落成的宫室，诗中描写新落成的宣王寝殿状貌是："如跂斯翼，如矢斯棘，如鸟斯革，如翚斯飞，君子攸跻。殖殖其庭，有觉其楹，哙哙其正，哕哕其冥，君子攸宁。"[1]前五句，苏辙《诗集传》释为："言其堂也。其严正如人之跂而翼翼其恭也，其廉隅如矢之急而直也，其峻起如鸟之惊而革也，其轩翔如翚之飞而矫其翼也，君子于此升而听朝焉。"后五句，苏辙释为："言其室也。殖殖乎其庭庑之高，也有觉乎其楹之直也，哙哙乎其正昼之明也，哕哕乎其夜冥之深广也，君子于此休息而安身焉。"《绵》中的宫室，无论是皋门"有伉"，

---

[1] 司马迁：《史记》，中华书局1959年版，第3061页注。

还是应门"将将",描写简略,且突出了建筑的高大美观;《斯干》篇对宫室的描写明显比《绵》要繁复进步些,多了许多的形象比拟,但也就仅止于此了,还是没有更深层次的哲理性的传达。

进入秦汉时期,天人思想渐渐深入人心,对社会的影响逐渐增强,时人已开始主动接受这一时代的新思潮。例如,秦始皇建造阿房宫,就有意地建了很多的"复道"沟通各个孤立的宫殿,"象天极阁道绝汉抵营室"。很显然,秦始皇建筑阿房宫时,头脑中是以天上的星宿宫垣为比附的,他将复道建在秦国原来的咸阳宫与灭六国后兴建的阿房宫之间,横跨渭河,以象征天极星紫宫附属的十七颗星星跨越银河抵达营室星,始皇把自己比拟为天帝,自然就将自己居住的宫殿建设得如同天帝的宫室一样或是要与天宫完全地对应起来。

西汉代秦,其国都长安其实就是在秦国都咸阳的基础上扩展而成的,汉的宫殿也多是在秦帝国颓败的宫室废墟基础上建成的,比如长乐宫就建在亡秦的兴乐宫故址之上,甘泉宫建在亡秦的林光宫废址上。不仅如此,因为西汉在上至制度下至社会习俗的方方面面都是承接秦制的,所以,承战国而来的秦帝国对天人思想的认知,也被西汉社会各阶层的民众所继承,这样,当汉赋作家描写帝王宫室苑囿时,往往在夸饰铺陈宫室苑囿豪华壮丽的同时,多是一以贯之地以天人合一思想为主导来展开自己的描写。

西汉赋家进行此类描写时,往往是强调帝王宫室苑囿的外形与上天的一一对应甚至是合而为一的紧密关系。在这方面,西汉大赋的最杰出代表司马相如的代表作《天子游猎赋》(即《子虚赋》与《上林赋》的合称)是最早的典范。亡是公在代表天子夸耀上林苑时,这样说:

> 左苍梧,右西极,丹水更其南,紫渊径其北。终始灞产,出入泾渭,酆、镐、潦、潏,纡余委蛇,经营其内……于是周览泛观,缤纷轧芴,芒芒恍忽。视之无端,察之无涯,日出东沼,入乎西陂。其南则隆冬生长,涌水跃波;其兽则庸旄貘牦,沈牛麈麋,赤首圜题,穷奇象犀。其北则盛夏含冻裂地,涉冰揭河,其兽则麒麟角端,騊駼橐驼,蛩蛩驒騱,駃騠驴骡。于是乎离宫别馆,弥山跨谷,高廊四注,重坐曲阁,华榱璧珰,辇道缠属,步橺周流,长途中宿。夷嵕筑堂,累台增成,岩突洞房,頫杳眇而无见,仰攀橑而扪天;奔星更于闺闼,宛虹拖于楯轩。青龙蚴蟉于东箱,象舆婉僤于西清。灵圉

燕于闲馆，偓佺之伦暴于南荣。醴泉涌于清室，通川过于中庭。磐石裖崖，
嵚岩倚倾，嵯峨㠓嶻，刻削峥嵘。玫瑰碧琳，珊瑚丛生。瑉玉旁唐，玢豳文磷，
赤瑕驳荦，杂臿其间。晁采琬琰，和氏出焉。[1]

上林苑本是秦的旧苑，武帝于建元三年对之加以扩建，据《史记》所述，此苑
依傍终南山，顺渭河，迤逦三百里，离宫七十座，里面种植着各种奇异的花卉水果，
充斥着各类珍禽异兽，是武帝最喜爱的游乐之地。现实中的上林苑已经足以眩人眼
目了，但比起亡是公的夸饰，却是小巫见大巫。从面积上说，赋中的上林苑南起今
广西苍梧，北至今陕西旬邑，西至今宁夏、甘肃（"出入泾渭"，泾水源自宁夏六
盘山，渭水源自甘肃渭原鸟鼠山）……这些还只是从实际地理层面言。"日出东沼，
入乎西陂"以下几句，则是作者充分发挥自己的想象，以天界的地理概念来夸饰上
林苑的广大、丰饶：东至日出之处，西至日落之地，北至极北苦寒之地，南达极南
端的酷热之地，这几乎就是汉人理解的整个宇宙。这其中上有星辰点缀，下有广袤
土地和各种丰饶物产，宫殿壮丽，"灵圉燕于闲馆，偓佺之伦暴于南荣"则点明此
处有众神填充、拱卫，更增强了这段夸饰人身混同的迷离印象。司马相如的描写，
很容易令人忘记这是人间帝王的苑囿，而易于使人误会成广阔浩瀚的神界，这正是
作者的用意所在，司马相如就是在努力传达给读者一种人与神、天与人同体同构的
意象。

为了达到这一目的，司马相如在上述描写中使用了文学手法铺排夸张帝王宫室
苑囿在平面上的宏大壮观，为了更加突出动人心魄的效果，作者还以"离宫别馆，
弥山跨谷……夷嵝筑堂，累台增成，岩突洞房，頫杳眇而无见，仰攀橑而扪天；奔
星更于闺闼，宛虹拖于楯轩"这样的句子来从纵向上进行夸饰。在以模仿为能事的
西汉辞赋界，司马相如之后的赋家屡屡以这样的描写为蓝本来进行创作，比如，成
帝时期扬雄的《甘泉赋》就是如此。扬雄笔下的甘泉宫是：

于是大夏云谲波诡，摧嶉而成观。仰挢首以高视兮，目冥眴而亡见。
正浏滥以弘惝兮，指东西之漫漫。徒回回以徨徨兮，魂眇眇而昏乱。据轩
轩而周流兮，忽軮轧而亡垠。翠玉树之青葱兮，璧马犀之瞵峲。金人仡仡
其承钟虡兮，嵌岩岩其龙鳞。扬光曜之燎烛兮，垂景炎之炘炘。配帝居之
县圃兮，象泰壹之威神。洪台崛其独出兮，㮣北极之峻嶒。列宿乃施于上

[1] 司马迁：《史记》，中华书局1959年版，第3062页注。

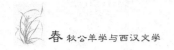

荣兮，日月才经于栋桢。雷郁律于岩突兮，电倏忽于墙藩。[1]

扬雄笔下的甘泉宫与天地同构，它构造精巧、怪异多变（"云谲波诡"）、高大崔嵬，其高直入云霄抵达北极星，日月星辰点缀在宫室的屋角檐头，云间的闪电在宫室外的藩篱间闪耀，观者仰头望到头昏目眩却依然看不到建筑的顶端，站在宫殿高处四望则会因为过高而魂惊魄散，成帝的甘泉宫从横向看也是广袤无垠、楼台众多，从纵向看也是高耸入云、通天贯地，其间同样是充溢着奇珍异宝、鲜花怪兽……这段文字从结构到内容，都是以司马相如的《天子游猎赋》为取法的范本，反映的同样是天人合一同构的思想。

人间帝王的宫殿苑囿既然深深地打上了神界的烙印，则身处其中的帝王自然而然地就同样带有着神界的特性，这样，人间的宫殿苑囿与天界建筑呈一一对应关系，人间帝王与天界领袖呈一一对应的关系，于是，描写人间建筑必然会涉及天界景象，反之，对天界物象的铺陈也就往往是在暗示人间的对应物——天与人的同体同构关系就这样通过苑囿宫室的描摹铺陈而得以显现。

第三节　天人合一思想中的神秘成分与西汉文学

西汉文学就体裁言，有诗、文、赋；就题材言，更是包罗万象。这其中，有醇正的儒者之文，有夸饰的文士之文，也有成分复杂的作者写的带有神秘色彩的奏疏、汉赋、谶言、纬书等。神秘性成分最多的西汉文学样式，是以灾异祥瑞为主题的诗文与谶纬。这些带有神秘成分的文学，与西汉的主流思潮天人合一思想有着密切的关联。

一

天人合一思想中的神秘成分在西汉文学中的一个重要表现形式是灾异与符瑞。所谓灾异与符瑞，今人视为自然现象，平平无奇，但在上古时人看来，这些现象无论好还是坏，都寓含着天意，是严肃重大的事件。

---

[1]　班固：《汉书·扬雄传》，中华书局1962年版，第3526—3527页。

以文学的形式表现灾异符瑞主题，并不是西汉人的独创，早在《左传》、《国语》等先秦史书中就已经开始大量记载这一主题，在这些著作的相关章节中，对自然界的灾异与神异现象的记述绝非偶然，而是为了借此以评论当时政治的清浊，例如《国语·周语上》，记东周惠王时期，莘地有所谓"神"自天而降，引发轰动，惠王就此咨询内史过，内史过引经据典回答道：

> 国之将兴，其君齐明衷正，精洁惠和，其德足以昭其馨香，其惠足以同其民人，神飨而民听，民神无怨，故明神降之，观其政德而均布福焉。国之将亡，其君贪冒辟邪，淫佚荒怠，粗秽暴虐，其政腥臊，馨香不登，其刑矫诬，百姓携贰，明神弗蠲而民有远志，民神怨痛，无所依怀，故神亦往焉，观其苛慝而降之祸。是以或见神以兴，抑或以亡——昔夏之兴也，融降于崇山；其亡也，回禄信于聆隧。商之兴也，梼杌次于丕山；其亡也，夷羊在牧。周之兴也，鸑鷟鸣于岐山；其衰也，杜伯射王于鄗。是皆明神之志者也。[1]

这段话里，"融"指的是祝融，"回禄"为火神，"夷羊"为神兽，"鸑鷟"为鸾凤之别名。杜伯杀宣王事，韦昭《国语注》引《周春秋》曰："宣王杀杜伯而无辜。后二年，宣王会诸侯田于圃，日中，杜伯起于道左，衣朱衣，冠朱冠，操朱弓、朱矢，射宣王，中心折脊而死。"[2] 值得注意的是，内史过在这里以灾异符瑞解释王朝的兴衰，着重强调的是人间政治的清明会令上天满意而带来符瑞，所谓"国之将兴，其君齐明衷正，精洁惠和，其德足以昭其馨香，其惠足以同其民人，神飨而民听，民神无怨，故明神降之，观其政德而均布福焉"，与《尚书·君陈》周公训诫词"至治馨香，感于神明。黍稷非馨，明德惟馨"异曲同工，《孔传》对周公这段话的解释是"所闻上古圣贤之言。政治之至者，芬芳馨气动于神明，所谓芬芳，非黍稷之气，乃明德之馨，励之以德也"，也与内史过的议论相表里。相反地，若是君王胡作非为导致政治混乱、民怨沸腾，那么天将会撤回对人王的佑护，而降下灾异以表明自己的不满。总之，上天时时监察着下界的王，并以或灾异或符瑞的方式来表达自己的看法，这其实已经开了汉代作者言灾异符瑞的先声。

如果说先秦作者言灾异符瑞仅仅是为了解说政治的清浊，还没有太多注意到天

---

[1]　韦昭注：《国语·周语上》，上海古籍出版社 1978 年版，第 30 页。

[2]　洪兴祖：《楚辞补注》，中华书局 1983 年版，第 309—311 页。

人合一、人神合一及借助神明来论证统治的合理合法的话，西汉的作者已经全方位地注意到了并且在自己的作品中努力要融合上述的一切思想。此外，随着时代的变化，大一统帝国专制制度的成型，西汉作者的这种努力就带有更多的远比先秦作者更复杂的动机，大致而言，这种动机有两个，都是针对帝王的，这两个动机，一是"颂"，即颂美；一是"讽"，即批判。

汉初的陆贾是最早以灾异祥瑞理论来评论时政的政论文作家，在受刘邦命令而撰写的《新语》中，一再地出现因人间政治失当而导致天灾发生的议论。例如，在《道基篇》中，陆贾说：

> 《传》曰："天生万物，以地养之，圣人成之，功德参合，而道术生焉。"
> 故曰：张日月，列星辰，序四时，调阴阳，布气治性，次置五行，春生夏长，秋收冬藏，阳生雷电，阴成雪霜，养育群生，一茂一亡，润之以风雨，曝之以日光，温之以节气，降之以殒霜，位之以众星，制之以斗衡，苞之以六合，罗之以纪纲，改之以灾变，告之以祯祥，动之以生杀，悟之以文章。故在天者可见，在地者可量，在物者可纪，在人者可相。故地封五岳，画四渎，规洿泽，通水泉，树物养类，苞殖万根，暴形养精，以立群生，不违天时，不夺物性，不藏其情，不匿其诈。故知天者仰观天文，知地者俯察地理，跂行喘息，蜎飞蠕动之类，水生陆行根着叶长之属，为宁其心而安其性，盖天地相承，气感相应而成者也。[1]

陆贾在此规劝高祖以仁义化治天下，他据以说明此道理的论据，是天人相通、物我同类，在他看来，阴阳、五行、天地、四时，以及包括人在内世间一切的生物，都是"可见"、"可量"、"可纪"、"可相"的，智者"仰观天文"、"俯察地理"，就可以洞悉一切。政治的清浊，完全可以通过灾异符瑞的表征来得以确认，若天现"灾变"，那么就是天通过灾变来警示人主必须"改之"；若天现"祯祥"，则是上天对人主的施政表示（"告之"）满意嘉许。

陆贾是灾异、符瑞并举，以灾异警示皇帝改过，以祥瑞鼓励皇帝从善。他的这种处理方法，是根植于汉初独特的政治环境并针对高祖本人性格特点的。时移世变，后来的作者在文章中很少兼言灾异与符瑞，他们针对现实政治的清浊而放言高论，多是突出强调或颂或讽的一端。

---

[1]　王利器：《新语校注》，中华书局《新编诸子集成》本1986年版，第1—7页。

借助于对自然界反常现象的强调以附会当时政治，重在指出社会的黑暗与不平、帝王举措的失当，是"讽"即批判派的特征，他们很少谈天现符瑞的一端，仅强调天现异象中灾难性的事例。

贾谊是较早的灾异派的时政批评者。在其政论文集《新书》的《耳痹篇》中，他开篇就指出："目见正而口言枉则害，阳言吉错之民而凶则败，倍道则死，障光则晦，诬神而逆人，则天必败其事！"在引证夫差、勾践违天逆行而致天谴的反面例证后，他告诫文帝，身为帝王，诛罚不可凭私而要虑及天理正义——"故天之诛伐，不可为广虚幽间，攸远无人，虽重袭石中而居，其必知之乎！若顺诛伐顺理而当辜，杀三军而无咎；诛杀不当辜，杀一匹夫，其罪闻皇天。故曰：天之处高，其听卑，其目芒，其视察。故凡自行，不可不谨慎也"。

关心民瘼，是才调无伦的贾生一贯的作为，文帝时期，发生了数次遍及全国的严重旱情，贾谊于是作《旱云赋》以讽。赋中对旱情的严重，有这样的描述："阴阳分而不相得兮，更惟贪邪而狼戾。终风解而雾散兮，遂陵迟而堵溃。或深潜而闭藏兮，争离而并逝。廓荡荡其若涤兮，日昭昭而无秽。隆盛暑而无聊兮，煎砂石而烂渭。汤风至而含热兮，群生闷满而愁愦。盼畎枯槁而失泽兮，壤石相聚而为害。农夫垂拱而无事兮，释其耰锄而下泪。忧疆畔之遇害兮，痛皇天之靡惠。惜稚稼之旱夭兮，离天灾而不遂……"[1] 这段文字形象地描写了干旱的肆虐、庄稼的焦枯、农夫的绝望和作者自己的同情。旱灾是极其严重的，但贾谊认为这是上天对人间不满的警示，是人为因素所致，而非纯自然现象。

> 怀怨心而不能已兮，窃托咎于在位。独不闻唐虞之积烈兮，与三代之
> 风气。时俗殊而不还兮，恐功久而坏败。何操行之不得兮，政治失中而违节。
> 阴气辟而留滞兮，厌暴戾而沉没。嗟乎！作孽大剧！何辜于天，恩泽弗宣？
> 嗇夫寡德，群生不福。来何暴也，去何躁也！孳孳望之，其可悼也。憭兮慄兮，
> 以郁怫兮。念思白云，肠如结兮。终怨不雨，甚不仁兮。布而不下，甚不信兮。
> 白云何怨，奈何人兮！[2]

在描写完旱情的严重之后，贾谊探讨的重点终于显现了，那就是造成旱灾的原因何在？不是自然，而是人为。作者根据汉初的阴阳五行理论解释道，是政治不明

---

[1]　洪兴祖：《楚辞补注》，中华书局 1983 年版，第 310—311 页。

[2]　王洲明、徐超：《贾谊集校注》，人民文学出版社 1996 年版，第 424 页。

导致了阴阳失衡，阴阳间的平衡被打破，阴气过重，阳气太少，致使雨水无法形成导致旱灾的发生。而政治不明的主要责任者就是汉文帝，"托咎于在位"由此引出！贾谊大胆地批评朝政、天子，希望人间统治者改弦易辙，承顺天意、民情，以使遭到破坏的阴阳重新平衡，使甘霖普降。据龚克昌先生考证，文帝在位期间共发生了三次大的旱灾，此赋当是描写文帝前元九年（前171）的那次大旱，"那时他历经封建统治集团的排挤迫害，又倍尝四年以上的谪居生活，对封建王朝的黑暗已有一定的认识，但他雄心未泯，仍想竭力加以救治"。在古代帝王中，汉文帝一向被视作是仁慈明智的君主，其开创的"文景之治"被无数后代儒生津津乐道，但在与其同时的贾谊看来，他仍未达到尽善尽美的境界，他统治时期内的三次大旱就是上天对他行为不当的警示。贾谊在这篇赋中通过对灾异的列举、对灾情的夸饰性描写，来达到批评现实、警告皇帝的政治目的，可以说是开创了汉代文士此类创作的先河。

贾谊之后，借言天灾来论时政的文士是董仲舒。武帝建元六年四月，高园便殿发生火灾，六月，辽东高庙又发生火灾，董仲舒于是上疏；武帝元光元年七月，京师雨雹，董仲舒就鲍敞的疑问而详加解释。《庙殿火灾对》与《雨雹对》，分别载于《汉书·五行志上》与《古文苑》卷十一，关于董仲舒的天人理论，前文已详加论述，兹不具述。

董仲舒以阴阳学说掺入儒家公羊学理论中，为儒者宗，其影响所及，武帝之后的西汉文士动辄在奏议中言天灾以警人君，这已经成为西汉一朝的风气。在众多的以灾异理论批评朝政的汉代文士中，刘向是最为突出的。

据《汉书》本传载，刘向本是汉初受封的楚元王刘交的后代，他与西汉王室同气连枝。强烈的宗亲意识，使得刘向面对元帝、成帝以来的朝政混乱、外戚横行等政治黑暗现象，放言无惮，对于皇帝的昏庸懦弱，他简直是以同族长者的身份自命，而加以耳提面命的训斥。在刘向的奏议或文章中，用得最多的谏净理论，就是被董仲舒发扬光大的灾异学说，以此为武器，刘向怀着剀切忠忱，写下了诸如《九叹》、《使外亲上变事》、《条灾异封事》、《极谏用外戚封事》、《谏营昌陵疏》、《复上奏灾异》、《日食对》等文章。

刘向的奏疏，饱含着怒其不争的忠忱，以前所未有的激烈言辞，对日渐昏乱的朝政进行全方位的批判，其代表性作品为《条灾异封事》、《谏营昌陵疏》与《极谏用外戚封事》。

《条灾异封事》，收录于《汉书》卷三十六。当时，元帝庸懦，亲信宦官弘恭、石显，疏远众臣，并间接导致了御史大夫萧望之的自杀。萧望之的自杀，令元帝悔恨觉悟，于是擢升萧望之生前曾力荐的周堪为光禄勋、张猛为光禄大夫给事中。弘恭、石显对周堪、张猛非常忌惮，屡屡谮毁，刘向担心周堪、张猛会落得和萧望之一样的下场，于是上封事谏元帝，"推《春秋》灾异，以救今事一二，条其所以"。奏疏开篇就点明："臣窃见灾异并起，天地失常，征表为国！"接着，历数前朝正反两方面例子。

> 诸侯和于下，天应报于上。故《周颂》曰："降福穰穰。"又曰："饴我厘麰。""厘麰"，麦也，始自天降。此皆以和致和，获天助也。下至幽、厉之际，朝廷不和，转相非怨……天变见于上，地变动于下，水泉沸腾，山谷易处。其《诗》曰："百川沸腾，山冢卒崩，高岸为谷，深谷为陵，哀今之人，胡憯莫惩。"霜降失节，不以其时，其《诗》曰："正月繁霜，我心忧伤，民之讹言，亦孔之将。"言民以是为非，甚众大也。此皆不和，贤不肖易位之所致也。……诸侯背畔而不朝，周室卑微，二百四十二年之间，日食三十六，地震五，山陵崩阤二，彗星三见，夜常星不见，夜中星陨如雨一，火灾十四。长狄入三国，五石陨坠，六鹢退飞，多麋，有蜮、蜚，鹳鹆来巢者皆一见。昼冥晦。雨木冰。李梅冬实。七月霜降，草木不死。八月杀菽。大雨雹。雨雪雷霆失序相乘。水、旱、饥、蝝、螽、螟螽午并起。当是时，祸乱辄应，弒君三十六，亡国五十二，诸侯奔走，不得保其社稷者，不可胜数也。……由此观之，和气致祥，乖气致异；祥多者其国安，异众者其国危；天地之常经，古今之通义也。[1]

刘向不厌其烦地征引《诗经》、《春秋》的诗句、事例，努力要从正反两方面向元帝灌输政通人和则天现符瑞、朝政昏暗则灾异频仍的公羊学天人理论。在刘向看来，人祸与天灾间是互相关联的，这篇奏疏在征引大量有力证据的基础上，终于水到渠成地引出了对汉政的尖锐批评。

> 今贤不肖浑殽，白黑不分，邪正杂糅，忠谗并进，章交公车，人满北军。
>
> 朝臣舛午，胶戾乖刺，更相谗愬，转相是非，传授增加，文书纷纠，前后错缪，

---

[1] 孔颖达等：《毛诗正义》，中华书局影印阮元校刻《十三经注疏》本1980年版，第510—511页。

毁誉浑乱，所以营惑耳目，感移心意，不可胜载。分曹为党，往往群朋，将同心以陷正臣。正臣进者，治之表也；正臣陷者，乱之机也。乘治乱之机，未知孰任，而灾异数见，此臣所以寒心者也。夫乘权藉势之人，子弟鳞集于朝，羽翼阴附者众，辐凑于前，毁誉将必用，以终乖离之咎。是以日月无光，雪霜夏陨，海水沸出，陵谷易处，列星失行，皆怨气之所致也。夫遵衰周之轨迹，循诗人之所刺，而欲以成太平，致雅颂，犹却行而求及前人也。

初元以来，六年矣，案《春秋》六年之中，灾异未有稠如今者也！ [1]

刘向兼治《公羊传》与《谷梁传》，但以公羊学为主，他曾将古书中所载的灾异、符瑞事件加以排比分析，成《洪范五行传》，以探究人事的吉凶与上天的关系。他生活在江河日下的元帝、成帝之际，眼看着朝政日非，自己身为高祖直系后裔的责任感使他挺身而出，以一己微薄之力，徒劳地想挽回颓败的汉政，这种有心无力之感使得刘向的奏疏言辞特别激烈，完全没有文臣中庸谦和的态度。他痛恨弘恭、石显等权奸误国，但又对元帝宠信权奸的昏庸行为无可奈何，他拥有的唯一的有力而正当的利器，就是天人感应的灾异学说。他大胆地将自然中的"灾"（即自然界中的灾难性事件）、"异"（即自然界中的反常现象）与人事——尤其是朝政的昏乱——对应上，他以公羊学的这一理论武器来审视现实、评骘政治。他的方法是先列举自然界的种种反常现象，然后是列举人事的反常——众臣遭排斥、奸佞获宠信、是非黑白标准的完全颠倒等，最后在两者之间找联系点：反常与失序！这样，天与人就建立起对应性的关系：灾异不是随机的、人力不可控制的，而是由下界人事的失常、混乱所引起的，上天通过灾与异的出现，来显示自己对人事的看法。人可以借助于灾异的严重程度与发生频率，来了解天的态度。对于天肯定的——其表现为符瑞，要继续发扬；对天所否定的——其表现为灾异，要立即改弦易辙，重归正道，以获得天的原谅并重新获得天的佑助。

《谏营昌陵疏》，作于成帝时期。古代帝王基本上是登基伊始就开工营造自己的陵墓，这在时人看来本是很正常的，但成帝先是耗费了巨大的人力财力营造延陵，然后放弃建造一半的延陵去选新址营建昌陵，开工几年没有建成，又再次放弃，而重新回头营建延陵。不仅如此，两个陵墓的营建都超过了礼规，极其奢靡，刘向于是奋起上疏，批评成帝。

---

[1] 班固：《汉书》，中华书局 1962 年版，第 1933—1941 页。

奏疏先从汉朝的开国皇帝高祖安不忘危，"以德为效"说起，然后称引文帝营建霸陵，躬自薄葬，不起山坟。再远述黄帝、尧、舜、禹、汤、文王、武王、周公、秦穆公、孔子、延陵季子等圣帝明王、贤君智士皆以薄葬为高。这些是从正面树立典范，接着，刘向列举了吴王阖闾，秦代的惠文王、武王、昭王、庄襄王等厚葬而死后遭盗掘的可悲结局，尤其是秦始皇，"葬于骊山之阿，下锢三泉，上崇山坟，其高五十余丈，周回五里有余；石椁为游馆，人膏为灯烛，水银为江海，黄金为凫雁。珍宝之臧，机械之变，棺椁之丽，宫馆之盛，不可胜原。又多杀宫人，生埋工匠，计以万数。天下苦其役而反之，骊山之作未成，而周章百万之师至其下矣。项籍燔其宫室营宇，往者咸见发掘。其后牧儿亡羊，羊入其凿，牧者持火照求羊，失火烧其臧椁。自古至今，葬未有盛如始皇者也，数年之间，外被项籍之灾，内离牧竖之祸，岂不哀哉！"所以，刘向做出了这样掷地有声的判断："德弥厚者葬弥薄，知愈深者葬愈微，无德寡知，其葬愈厚，丘陇弥高，宫庙甚丽，发掘必速！"这简直就如同当面咒骂成帝一般。最后，奏疏落实到了成帝的胡作非为上面。

> 及徙昌陵，增埠为高，积土为山，发民坟墓，积以万数，营起邑居，
> 期日迫卒，功费大万百余。死者恨于下，生者愁于上，怨气感动阴阳，因
> 之以饥馑，物故流离以十万数，臣甚愍焉。以死者为有知，发人之墓，其
> 害多矣；若其无知，又安用大？！谋之贤知则不说，以示众庶则苦之；若
> 苟以说愚夫淫侈之人，又何为哉？！陛下……而顾与暴秦乱君竞为奢侈，
> 比方丘陇，说愚夫之目，隆一时之观，违贤知之心，亡万世之安，臣窃为
> 陛下羞之！[1]

刘向将全国大面积的庄稼歉收及数十万农夫流离失所甚至饥饿死去，完全归咎于成帝营建陵墓无度。刘向认为，皇帝的奢靡无度、轻视民众，导致了生者与死者共同的怨恨，而这怨恨又直接感动了天地间阴阳二气，阴阳二气的紊乱导致了庄稼的歉收与饿殍遍地。

《极谏用外戚封事》，针对的是成帝时期外戚王氏的渐渐坐大以至于威胁到刘氏的统治权威这一重大政治问题。为了更有效地警示成帝，在奏疏的末尾，刘向有这样一段文字：

---

[1]　孔颖达等：《毛诗正义》，中华书局影印阮元校刻《十三经注疏》本1980年版，第437页。

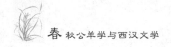

物盛必有非常之变先见，为其人微象。孝昭帝时，冠石立于泰山，仆柳起于上林，而孝宣帝即位。今王氏先祖坟墓在济南者，其梓柱生枝叶，扶疏上出屋，根垂地中，虽立石起柳，无以过此之明也。事势不两大，王氏与刘氏亦且不并立，如下有泰山之安，则上有累卵之危。陛下为人子孙，守持宗庙，而令国祚移于外亲，降为皂隶，纵不为身，奈宗庙何？！[1]

昭帝时泰山之石无故自立、上林苑中倒伏柳树神奇地重新立起，这双重的"异"象，隐喻着当时身处民间的宣帝的即将上台。刘向以此非常之异象，结合民间沸沸扬扬的王氏祖坟屋柱自生枝叶、自生树根，来预言王氏也将像宣帝一样崛起于民间而登上帝王宝座。

《条灾异封事》与《谏营昌陵疏》都是重在谈"灾"变，而《极谏用外戚封事》则重在论"异"象。在汉代公羊学家看来，灾是天警示帝王的，而异则是天对帝王绝望之后最后的显灵，之后就将彻底地放弃怙恶不悛的旧王朝，而重新选择应天心承民意的新王朝，所以，异远比灾严重、可怕。在今人看来，无论是谈灾还是论异，刘向的解释都流于虚妄、迷信，但也应该正视的是，身为汉代学者的刘向，秉持忠心，关心民瘼，他对汉政的批判是客观的，完全是基于现实而发的，因而有着很强的现实针对性，他对灾异的解说，是汉代公羊学经世致用的最好体现，是古代儒生对自己社会良心作用的最积极体认。

刘向之后，汉政完全不可为了，汉代儒生或归隐，或追随王莽，很少有人再如刘向般悲剧性地挑战这历史的必然走向。

二

西汉文士从天人感应出发谈灾异符瑞的另一派，是所谓的颂美一派。批评一派是专谈灾异以求警动君王，而颂美一派则走向另一个极端，只谈祥瑞以歌颂王朝、帝王，他们以汉政权的鼓吹者自命，他们的文章随着汉政的兴衰也经历了一个演变的过程。

最早从理论上对符瑞说加以论证的是董仲舒。在《春秋繁露》的《同类相动》

[1] 班固：《汉书》，中华书局1962年版，第1961页。

章，董仲舒开宗明义地指出：

> 今平地注水，去燥就湿；均薪施火，去湿就燥。百物其去所与异，而从其所与同。故气同则会，声比则应，其验皦然也。试调琴瑟而错之，鼓其宫则他宫应之，鼓其商而他商应之，五音比而自鸣，非有神其数然也。美事召美类，恶事召恶类，类之相应而起也，如马鸣则马应之。帝王之将兴也，其美祥亦先见。[1]

董仲舒以先秦以来流行的同气相应理论与社会的清平繁盛对应起来，于是便很自然地导引出政治祥瑞理论。在董仲舒的祥瑞理论中，核心是天人感应之说，基于这一学说，董仲舒相信祥瑞是上天传达给人间自己态度的神秘信息，是上天对帝王在人间出色管理的肯定与褒扬。董仲舒的理论梳理，为西汉文士经由对祥瑞的颂美来歌颂汉政，指出了一条可行的路径。

董仲舒在学理上阐明了祥瑞理论的内涵，班固《白虎通义》则具体解释了各种祥瑞物象的政治寓意。

> 天下太平，符瑞所以来至者，以为王者承统理，调和阴阳，阴阳和，万物序，休气充塞，故符瑞并臻，皆应德而至。德至天，则斗极明，日月光，甘露降；德至地，则嘉禾生，蓂荚起，秬鬯出，太平感；德至文表，则景星见，五纬顺轨；德至草木，朱草生，木连理；德至鸟兽，则凤凰翔，鸾鸟舞，骐骥臻，白虎到，狐九尾，白雉降，白鹿见，白乌下；德至山陵，则景云出，芝实茂，陵出异丹，阜出萐莆，山出器车，泽出神鼎；德至渊泉，则黄龙见，醴泉通，河出龙图，洛出龟书，江出大贝，海出明珠；德至八方，则祥风至，佳气时喜，锺律调，音度施，四夷化，越裳贡。[2]

所以，在西汉文士的心目中，祥瑞就是上天对下界井井有条的秩序、繁荣昌盛的世道、仁慈的帝王、上升的帝国的一种认可。祥瑞是文士、帝王、全体民众最热切盼望的盛世来临的明证。细绎西汉文学，可以发现，文学中祥瑞主题的大量出现，是与当时政治紧密关联的。汉初，百废待兴，统治者与民休息，帝国处于休整期，还谈不上盛世，因而汉初文学中几乎见不到祥瑞主题。到了武帝时期，文治武功都

---

[1] 苏舆：《春秋繁露义证》，中华书局1992年版，第358页。

[2] 苏辙：《诗集传》卷十一，书目文献出版社2003年版，第168页。

达到了封建社会的最顶峰，于是，文士们以真诚的热情，无保留地歌颂帝国的繁荣昌盛与帝王的文治武功，这是当时文士自觉参与政治活动的一个主要途径。但宣帝之后，随着汉政的渐趋衰败，文士以祥瑞为题材的作品渐渐变少，而灾异题材却渐渐增多，即便有少数作者仍以祥瑞为题材，也多是借此谋求个人利益而与真诚颂美无缘了。西汉文学中的祥瑞主题，大略如此。

在整个西汉一代文学中，祥瑞主题出现频率最高的、文士创作最真诚的，无疑是武帝时期。就整体而言，西汉文学中的祥瑞主题，基本上集中在祭祀与符命这两个领域。

西汉最初的颂美性质的祭祀类庙堂之作，是高祖的唐山夫人谱曲的《房中祠乐》，即今存之十七章《安世房中歌》，但这十七篇颂美之作基本上是略带增饰地赞美高祖政治，其中无一字一句谈到祥瑞。七十年之后，到了武帝时期的十九章《郊祀歌》，祥瑞开始出现。

关于十九章《郊祀歌》，《汉书·礼乐志》解说道："武帝定郊祀之礼，祠太一于甘泉，就乾位也，祭后土于汾阴，泽中方丘也。乃立乐府，采诗夜诵，有赵、代、秦、楚之讴。以李延年为协律都尉，多举司马相如等数十人造为诗赋，略论律吕以合八音之调，作十九章之歌。以正月上辛，用事甘泉圜丘，使童男女七十人俱歌，昏祠至明，夜常有神光如流星，止集于祠坛。天子自竹宫而望拜，百官侍祠者数百人，皆肃然动心焉。"由此看来，武帝之命人作十九章《郊祀歌》，乃是为了沟通人神，而这十九章的作者，乃是包括司马相如在内的武帝时期的一流文人，但具体某篇作者为谁已无法考辨。

十九章的《郊祀歌》中，明显以祥瑞为主旨者，是《天马》、《景星》、《齐房》、《朝陇首》、《象载瑜》、《赤蛟》六篇。

《天马》（《诗纪》云"一作《天马歌》"），《汉书·礼乐志》曰："元狩三年，马生渥洼水中作。"诗曰：

> 太一况，天马下。沾赤汗，沫流赭。志俶傥，精权奇。籋浮云，晻上驰。
> 体容与，迣万里。今安匹，龙为友。[1]

又，《汉书·礼乐志》曰："太初四年，诛宛王，获宛马作。"诗曰：

> 天马徕，从西极。涉流沙，九夷服。天马徕，出泉水。虎脊两，化若鬼。

---

[1] 班固：《汉书》，中华书局 1962 年版，第 1060 页。

天马徕，历无草。径千里，循东道。天马徕，执徐时。将摇举，谁与期。
天马徕，开远门。竦予身，逝昆仑。天马徕，龙之媒。游阊阖，观玉台。[1]

《景星》（《诗纪》云"一作《宝鼎歌》"），《汉书·礼乐志》曰："元鼎
五年，得鼎汾阴作。"[2] 诗曰：

> 景星显见，信星彪列。象载昭庭，日亲以察。参侔开阖，爰推本纪。
> 汾脽出鼎，皇佑元始。五音六律，依韦缫昭。杂变并会。雅声远姚，空桑
> 琴瑟结信成，四兴递代八风生。殷殷钟石羽钥鸣，河龙供鲤醇牺牲。百末
> 旨酒布兰生，泰尊柘浆析朝酲。微感心攸通修名，周流常羊思所并。穰穰
> 复正直往宁，冯蠵切和疏写平。上天布施后土成，穰穰丰年四时荣。[3]

《齐房》（《诗纪》云"一作《芝房歌》"），《汉书·礼乐志》曰："元封
二年，芝生甘泉齐房作。"诗曰：

> 齐房产草，九茎连叶。宫童效异，披图案谍。玄气之精，回复此都。
> 蔓蔓日茂，芝成灵华。[4]

《朝陇首》（《诗纪》云"一作《白麟歌》"），《汉书·礼乐志》曰："元
狩元年，行幸雍，获白麟作。"诗曰：

> 朝陇首，览西垠。雷电燎，获白麟。爰五止，显黄德。图匈虐，熏鬻殛。
> 辟流离，抑不详。宾百僚，山河飨。掩回辕，嚚长驰。腾雨师，洒路陂。
> 流星陨，感惟风。籋归云，抚怀心。[5]

《象载瑜》（《诗纪》云"一作《赤雁歌》"），《汉书·礼乐志》曰："太
始三年，行幸东海，获赤雁。"诗曰：

> 象载瑜，白集西。食甘露，饮荣泉。赤雁集，六纷员。殊翁杂，五采文。
> 神所见，施祉福。登蓬莱，结无极。[6]

---

[1] 班固：《汉书》，中华书局 1962 年版，第 1060—1061 页。
[2] 司马迁：《史记·秦始皇本纪》，中华书局 1959 年版，第 256 页。
[3] 班固：《汉书》，中华书局 1962 年版，第 1063 页。
[4] 班固：《汉书》，中华书局 1962 年版，第 1065 页。
[5] 班固：《汉书》，中华书局 1962 年版，第 1066 页。
[6] 班固：《汉书》，中华书局 1962 年版，第 1065 页。

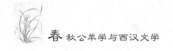

《赤蛟》，亦见载于《汉书·礼乐志》，其诗曰：

> 赤蛟绥，黄华盖。露夜零，书晻薆。百君礼，六龙位。勺椒浆，灵已醉。
> 灵既享，锡吉祥。芒芒极，降嘉觞。灵殷殷，烂扬光。延寿命，永未央。
> 沓冥冥，塞六合。泽汪濊，辑万国。灵禔禔，象舆轙。票然逝，旗逶蛇。
> 礼乐成，灵将归。托玄德，长无衰。[1]

天马，即汗血宝马，可以日行千里；宝鼎，在古代中国是具有统治权力的象征物；灵芝，是可以使人长生不老的灵异植物；麟，自从孔子“绝笔于获麟”以来，已被儒家学者视为太平盛世的象征物；赤雁与赤蛟，都是红色，汉初学者以五行终始理论解释汉的得天授，认为汉属火德，尚红色。这六种动物、植物都具备一个共同之处，那就是其非凡的神异性，它们都是汉人心目中具备灵异属性的神物，是太平盛世的象征。对这六种神物的歌颂，也就是委婉地颂美武帝统治的合法、合理与出色。推究这六篇祭祀诗歌的创作缘起，可以发现，都是以天现祥瑞为主题，来赞美武帝的义治武功与汉帝国的煊赫声势。西汉时期，除了这六篇之外，还有一些也是以符瑞为中心的颂美诗歌，可惜，既不被乐府收录，渐渐地也就湮灭失传了。《汉书·礼乐志》在介绍完十九篇《郊祀歌》后，说：“其余巡狩福应之事，不序郊庙，故弗论。”[2]透露出的正是这一信息。

三

西汉文章中符瑞事象出现最多最密的，当属“符命”类的大家大手笔巨制。所谓“符命”，意即帝王受命于上天开国垂统的符瑞，这是当时人认为的对帝国存在合理合法性的最权威论证，其典范之作是司马相如的《封禅文》和扬雄的《剧秦美新》。

封禅是古代学者心目中一件极其重大的政治礼仪，公羊学家关于封禅的理解，集中见载于《白虎通义》卷六的“封禅”条。

> 王者易姓而起，必升封泰山何？教告之义也。始受命之时，改制应天。

---

[1] 班固：《汉书》，中华书局1962年版，第1065页。

[2] 班固：《汉书·司马相如传》，中华书局1962年版，第2547—2557页。

天下太平，功成封禅，以告太平也。所以必于泰山何？万物所交代之处也。必于其上何？因高告高，顺其类也。故升封者，增高也；下禅梁甫之山基，广厚也；刻石纪号者，着己之功迹也，以自效仿也。天以高为尊，地以厚为德，故增泰山之高以放天，附梁甫之基以报地，明天地之所命，功成事遂，有益于天地，若高者加高，厚者加厚矣。[1]

在汉代儒生看来，封禅乃是伟大帝王向上天汇报自己工作成就突出的仪式，行封禅大礼的充分必要条件，是在明哲帝王治理下的太平盛世，即"天下太平，功成封禅，以告太平"。在上引文字之后，班固逐条列出了盛世来临的种种祥瑞——灵芝、白麟、宝鼎等的性状、意义等，简直就是祥瑞事物大全。可以这样理解，班固对这些祥瑞之物的描述，乃是对整个西汉一代学者、文人对祥瑞理解的归纳。

司马相如的《封禅文》，是西汉"符命"类巨制中的顶峰与典范。

据《汉书·司马相如传》记载，他平时生所作别的文章，都是随作随弃，但对《封禅文》这篇绝笔之作，却视作珍宝，临终前嘱托妻子"有使来求书，奏之"，他对此文的看重不言而喻。这篇文章虽名为文，其实却是赋体，文章开篇即回顾历史，对当前大汉的威德加以颂美："大汉之德，逢涌原泉，沕潏曼羡，旁魄四塞，云布雾散，上畅九垓，下泝八埏。怀生之类，沾濡浸润，协气横流，武节飙逝，迩陕游原，迥阔泳末，首恶郁没，闇昧昭晰，昆虫闿怿，回首面内。"[2] 在大汉威德的感召之下，各种符瑞纷纷涌现。

然后囿驺虞之珍群，徼麋鹿之怪兽，导一茎六穗于庖，牺双觡共抵之兽，获周余放龟于岐，招翠黄乘龙于沼。鬼神接灵圉，宾于闲馆。奇物谲诡，俶傥穷变。钦哉，符瑞臻兹！[3]

野兽本性爱自由，但它们却自愿入天子的苑囿，接受圣明天子的豢养，颜师古注谓："言驺虞自扰而充苑囿，怪兽自来若入徼塞，言符瑞之盛也！"而另几种祥瑞之物，颜注引前代学者一一解释为："郑氏曰：一茎六穗，谓嘉禾之米于庖厨，以供祭祀也；服虔曰：武帝获白麟，两角共一本，因以为牲也；文颖曰：周放畜余

---

[1]　陈立：《白虎通疏证》，中华书局 1994 年版，第 278—279 页。

[2]　班固：《汉书·司马相如传》，中华书局 1962 年版，第 2557 页。

[3]　刘安：《淮南子·精神训》，上海书店《诸子集成》本 1986 年版，第 100 页。

龟于池沼之中，至汉得之于岐山之旁，龟能吐故纳新，千岁不死也。"[1]在文章末尾，皇帝"乃迁思回虑，总公卿之议，询封禅之事，诗大泽之博，广符瑞之富[2]，遂作《颂》"五章，其中有四章皆与符瑞有关。

　　自我天覆，云之油油。甘露时雨，厥壤可游。滋液渗漉，何生不育。

嘉谷六穗，我穑曷蓄。（一章）[3]

　　般般之兽，乐我君圃；白质黑章，其仪可喜；旼旼穆穆，君子之态。盖闻其声，今视其来。厥涂靡从，天瑞之征。兹尔于舜，虞氏以兴。（三章）[4]

　　濯濯之麟，游彼灵畤。孟冬十月，君徂郊祀。驰我君舆，帝用享祉。三代之前，盖未尝有。（四章）[5]

　　宛宛黄龙，兴德而升；采色玄耀，炳炳辉煌。正阳显见，觉寤黎烝。于传载之，云受命所乘。（五章）[6]

　　四章分别咏四种祥瑞之物：一章言甘露、嘉谷，三章言驺虞，四章言白麟，五章言黄龙，这些"符瑞臻兹"，乃是上天的褒奖，是帝王可以封禅的最有力证据，下文的"大司马"在劝进时，也以"符瑞众变，期应绍至"为主要根据，整篇《封禅文》完全就是以符瑞为根基展开的。

　　扬雄的《剧秦美新》，在诸多方面是以司马相如的《封禅文》为取法对象的。在文章前的序言中，扬雄坦承："往时司马相如作《封禅》一篇，以彰汉氏之休。臣尝有颠眴病，恐一旦先犬马填沟壑，所怀不章，长恨黄泉。敢竭肝胆，写腹心，作《剧秦美新》一篇。虽未究万分之一，亦臣之极思也。"司马相如是临终前写好《封禅文》，扬雄则担心自己像司马相如一样死去却不能像司马相如一样完成颂美

---

　　[1]　班固：《汉书·扬雄传》，中华书局1962年版，第3526—3527页。

　　[2]　颜师古《汉书注》（下同）引孟康曰："广符瑞之富，谓班班之兽以下三章，言符应广大富饶也。"（班固：《汉书》，中华书局1962年版，第2606—2607页。）

　　[3]　颜注引刘奉世曰："嘉谷，亦符瑞之一也，此但包举作颂之意不必别之。"（班固：《汉书》，中华书局1962年版，第2607页。）

　　[4]　师古曰："谓驺虞也。"颜注引孟康曰："旼旼，和也；穆穆，敬也。言容态和且敬，有似君子也。"颜注引文颖曰："其来之道何从乎？此乃天瑞之应也。"颜注引文颖曰："百兽舞，则驺虞在其中也。"（班固：《汉书》，中华书局1962年版，第2607—2608页。）

　　[5]　颜注引文颖曰："武帝冬幸雍，祠五畤，获白麟也。"（班固：《汉书》，中华书局1962年版，第2608页。）

　　[6]　颜注引文颖曰："天之所命，表以符瑞，章明其德。"（班固：《汉书》，中华书局1962年版，第2608页。）

当朝的大文章。扬雄是以相如自比，以《剧秦美新》比拟《封禅文》，所以，与《封禅文》一样，符瑞也成为《剧秦美新》中极其重要的部分。

该文先"剧秦"，批评秦无道，以至于"来仪之鸟，肉角之兽，狙犷而不臻。甘露嘉醴，景曜浸潭之瑞潜，大菲经賈，巨狄鬼信之妖发。神歇灵绎，海水群飞，二世而亡，何其剧与！"扬雄认为"能贞而明之者穷祥瑞，回而昧之者极妖痾"，秦无道暴虐招致天怒人怨，妖痾屡见；相反地，王莽的新朝则代表了天意的归属，于是：

> 逮至大新受命，上帝还资，后土顾怀，玄符灵契，黄瑞涌出。潒淳沕潏，川流海渟，云动风偃，雾集雨散，诞弥八圻，上陈天庭。震声日景，炎光飞响，盈塞天渊之间，必有不可辞让云尔。于是乃奉若天命，穷宠极崇，与天剖神符，地合灵契，创亿兆，规万世，奇伟倜傥，谲诡天祭地事，其异物殊怪，存乎五威将帅，班乎天下者，四十有八章。登假皇穹，铺衍下土，非新室其畴离之。卓哉！煌煌真天子之表也。若夫白鸠、丹乌、素鱼、断蛇，方斯蔑矣。受命甚易，格来甚勤。[1]

文中出现的一系列符瑞，李善《文选注》谓："玄符，天符也。灵契，地契也。黄瑞，谓王莽承黄虞之后，黄气之瑞也。《汉书》王莽曰：'予前在摄，黄气熏蒸，以着黄虞之烈焉。'涌出而瑞之，言众瑞之多也。炎光，日景也。飞响，震声也，塞乎天渊。众瑞所以咸臻者，由能祭天事地。"除了引当前的诸多符瑞之外，扬雄还列举了古代成大事者受命于上天的诸种符瑞——白鸠、丹乌、素鱼、断蛇。李善《文选注》谓："《吴录》曰孙策使张纮与袁绍书曰：殷汤有白鸠之祥。然古有此事，未详其本。《尚书·帝验》曰：太子发渡河，中流，火流为乌，其色赤。素鱼，白鱼也，已见《封禅书》。《汉书》曰：高祖夜经泽中，有大蛇当道，高祖杖剑斩蛇，分为两道。"扬雄一一列举王莽新朝建立，上天以种种符瑞来表明自己的赞赏态度，为了使这一切听起来更真实，扬雄甚至煞有其事地征引历史上商、周、汉的开国帝王皆受符瑞，来说明王莽新朝受命的真实性和合理性。

司马相如和扬雄的两篇符命类作品，以颂美当代政权为主题，而以符瑞为颂美的媒介。以两位大家为代表的西汉文士普遍相信祥瑞降临乃是受到美德的感应所致，是帝王盛德感动天人的必然结果，这样，当文士在创作类似的颂美类作品时，就很

---

[1]　韦昭注：《国语·周语上》，上海古籍出版社 1978 年版，第 30 页。

自然地将各种祥瑞之物铺陈、渲染一番。司马相如和扬雄都以这些神异的祥瑞之物来印证汉、新政权的德行周洽，充塞宇宙，使得天地间的一切生物，都受到该政权盛德的沾概，天与人合德，则行盛大的封禅礼自然就是水到渠成毋庸置疑的了。

除了祭祀、符命类诗文，西汉辞赋中也存在着符瑞的痕迹，例如，郊祀题材的辞赋《甘泉赋》。因为郊祀是皇帝祭祀天地的盛大典礼，赋家在赋作中为突出帝王与上天的沟通理解，必然会挖空心思，而符瑞天降就很自然地被应用在这一主题上。在《甘泉赋》中，扬雄写道："蛟龙连蜷于东厓兮，白虎敦圉乎昆仑。……炎感黄龙兮，熛讹硕麟。"[1] 祥瑞之物不但有蛟龙、白虎、黄龙、硕麟，下文还列举了诸如薜荔、兰蕙、若木等神奇的花木。

还比如写建筑的辞赋，如王褒《甘泉宫颂》写帝王的宫殿，在极度夸张渲染了甘泉宫的豪华壮丽之后，悬想住在这宫殿中的皇帝的行为："窃想圣主之优游，时娱神而款纵。坐凤皇之堂，听和鸾之弄，临麒麟之域，验符瑞之贡，咏中和之歌，读太平之颂。"皇帝身边，永远有仁德善良的凤凰、麒麟等祥瑞仁兽陪伴，这样，皇帝每天耳濡目染，就会渐渐归向爱民仁政的正大道路上去。

在论施政理想的汉赋作品《四子讲德论》中，王褒幻想着明君贤臣和睦相处、戮力同心的理想结果，是："海内乐业，朝廷淑清。天符既章，人瑞又明。品物咸亨，山川降灵。神光耀晖，洪洞朗天。凤凰来仪，翼翼邕邕。群鸟并从，舞德垂容。神雀仍集，麒麟自至。甘露滋液，嘉禾栉比。大化隆洽，男女条畅。家给年丰，咸则三壤。"百姓家给人足，上天降下种种祥瑞，大同世界到来，王道政治理想得以实现。

---

[1] 韦昭注：《国语·周语上》，上海古籍出版社1978年版，第32页。

第三章　公羊学大一统理论与西汉文学表现

关于春秋公羊学微言大义细目的分类，杨树达《春秋大义述》分为二十九目[1]，段熙仲《春秋公羊学讲疏》分为三十目[2]，康有为《春秋董氏学》卷一《春秋旨》分为三十二目。各家划分虽然不尽相同，但对于大一统理论为公羊学最核心的政治"大义"这一点却没有异议。可以说，汉代公羊学家对政治的理解，多是基于大一统理论，他们诸多的政治主张、政治批判都是从大一统理论的角度出发而得出的。考虑到西汉时期还没有真正独立的文学与文学家——这是魏晋以后才出现的，西汉时期的文学基本上仍是政治的附庸，文学创作也多为士大夫附带的工作，那么就很容易理解这一核心政治命题会对当时的文学创作产生巨大的影响。

第一节　公羊学的大一统学说

首先需要厘清的是"大一统"这个概念。

"大一统"一词最早出现于《春秋公羊传》，在解释《春秋》隐公元年经文："元年，春，王，正月"时，《公羊传》谓："何言乎王正月？大一统也。"

仔细玩味，汉初的《公羊传》中"大一统"的本义乃是指"以一统为大"，即推重国家之一统，这是对"一统"的态度、立场。到了汉代中期之后，"大一统"被理解为"高度的统一"之意，即"描绘、形容统一的程度或规模"，内涵已经有了微妙的变化。蒋庆教授认为，它同时具备形而上与形而下两个方面的含义：在形而上的意义上，它体现为以元统天，为宇宙万物确立一种超越形上的本体的"元"；

[1]　孔颖达等：《尚书正义》，中华书局影印阮元校刻《十三经注疏》本1980年版，第237页。

[2]　孔颖达等：《尚书正义》，中华书局影印阮元校刻《十三经注疏》本1980年版，第237页。

在形而下的意义上，它体现为在具体现实政治中的"尊王"与建立"一统的王道政治"。总之，汉以后，"大一统"这个概念兼具如下两个层面的意思：它既被认为是一种最正确的政治态度，同时又被理解为最高级的政治境界。这是一个内涵非常复杂的概念，它"既包括了自然，又包括了社会；既包括了现实，又包括了历史；既包括了形上，又包括了形下。这一概念试图将天地万物、古往今来的一切现象均囊括于其中，建立一个贯穿一切的、宇宙间普遍适用的绝对真理和最高法则。大一统既是时间法则，又是空间法则。它是一个将汉代公羊学者的自然观、历史观和政治观混合在一起的概念，具有贯通性、混杂性和整体性的特征"[1]。作为一个极其重要的政治哲学范畴，"大一统"具有极为丰富的内涵与外延，但作为一种价值观念，"它有着强烈的意识形态色彩，其基本原则是尊君、集权、专制、统一、王道，它一方面需要为新王朝存在的合法性进行充分的论证，另一方面又要求消灭思想学术上的百家争鸣，实现思想统一"。梳理西汉的文献材料，可以发现，公羊学极力鼓吹的这一政治思想在这样几个领域内是起到决定性的影响作用的："君主加强自身统治能力的方法；臣下尽忠事君应该具备的素质和条件；处理君臣关系的方法；处理天子与诸侯关系的方法；处理华夷关系的办法；实现国家富强、赢得人民支持、维护社会稳定的方法等。"[2]

一

大一统理论并非是公羊学独创的学说，它是西周以来华夏族群一个永恒的政治梦想。

西周以前的史事，相对茫昧，可搁置勿论。西周建国后，大肆分封同姓亲属与异姓功臣，目的是通过众建诸侯的方式来拱卫成周。西周初期，周王实际统治的区域很小，黄河中下游大部分的土地都掌握在各地部族与蛮夷手中，周王通过众建诸侯，就很巧妙地将一个个效忠于自己的臣民布置在这一广大地区。诸侯奉王命去拓荒、殖民，他们生存下来，发展起来，就逐渐将效忠于周王的领土扩大并最终连成一片。这些诸侯国距离成周很远，他们向周王效忠的方式是朝聘和进贡。据《礼

---

[1] 唐眉江：《汉代公羊学"大一统"概念辨析》，载《学术研究》2006年第1期。

[2] 王利器：《新语校注》，中华书局《新编诸子集成》本1986年版，第1—7页。

记·王制》载，诸侯每年都要派自己的臣子去成周向王汇报工作，每五年诸侯要亲自去一趟成周汇报，而周王显示自己共主地位的方法，是每五年去各诸侯国巡视一遍。《礼记·王制》虽然可能是汉文帝时期博士所作，它的表述也许有理想化的成分在内，但就大体而言，王与各诸侯国的主从关系是无疑问的。除了朝聘之外，诸侯的另一项臣属义务是将自己封国内的特产进献给周王，此谓进贡。《尚书·禹贡》中关于九州向王进贡各种特产，是最早的文献佐证。汉人伪作的《尚书大传》更是夸大其词、言之凿凿地指称："古者诸侯之于天子，三年一贡士。一适谓之好德，再适谓之贤贤，三适谓之有功。有功者，天子赐之车服弓矢，号曰命。诸侯有不贡士，谓之不率正。一不适谓之过，再不适谓之傲，三不适谓之诬。诬者，天子绌之。一绌以爵，再绌以地，三绌而爵地毕。"《尚书大传》的这段文字，可与《诗经·小雅·北山》"普天之下，莫非王土；率土之滨，莫非王臣"四句与《礼记·坊记》"天无二日，土无二王"两条文献相印证。[1] 当然，西周时期的王与诸侯的关系是相对松散的君臣关系，它与秦汉以后专制帝国时期的君臣关系有很大不同，所以，对《尚书大传》、《诗经·小雅·北山》与《礼记·坊记》中的这几句也不应该作过度的阐释。尽管如此，这些文献皆可视为大一统观念的萌芽。

　　西周覆灭，平王东迁，王室声望渐渐跌落，五霸先后兴起。从齐桓公开始的五霸，都将"尊王"与由"尊王"而产生的"攘夷"作为称霸的口号以招徕人心，有的霸主还亲自朝拜周王。东周已然衰败，但名义上的"共主"地位还在，春秋时期的实际掌权者——霸主还是要在表面上对有名无实的周王毕恭毕敬以换来自己统治合法的法理根据。这说明，大一统观念即便在衰乱时世依旧保持着旺盛的生命力、影响力。

　　五霸还只是借王的名号来达到个人的政治目的，战国七雄的君主们则是公开地要吞并他国，以自己为新的天子而重新统一中国。如果说春秋时期"大一统"还仅仅是观念层面的一个影响力有限的概念的话，则战国时期"大一统"已经成为一个各国努力奋斗的终极政治目标。秦最终统一了中国，书同文，车同轨，秦始皇将"大一统"从理念转为现实，而大一统理论也反过来成为专制帝国最重要的理论武器。中国专制社会延续了两千年，不能不说大一统理论在其中起到了关键的黏合作用。

　　通过对汉以前大一统理论发展概况的梳理，可以发现中国古代政治一个迥别于西方政治的独特之处，即东方君主专制制度始终不变的合理合法性与顽强旺盛的生命力。在古代中国社会结构中，君主处于独尊的地位，在金字塔形的权力结构中，

---

　　[1]　王洲明、徐超：《贾谊集校注》，人民文学出版社1996年版，第273页。

君主处在塔顶。君主特殊的地位决定了其特殊的作用，路易王"朕即国家"的论断最切合中国古代社会的政治实际，国家与君主是无分别的，忠君与爱国是无分别的。因此，先秦的政治家和思想家们尽管对于治国的意见并不一致，但却一致地将君主作为国家政治生活的中心，他们以空前的热情探讨如何使君主明哲而神圣，以达到理想的盛世，相应地，就人臣如何服务君主，他们也做了全面而详尽的规定。[1] 先秦诸子的著作与西汉的陆贾、贾谊、晁错、刘安、刘向、扬雄等人的作品与最主要的公羊学家董仲舒等人的著作，多是围绕着这一点而生发的。

西汉初期，陆贾、贾谊、晁错最早认识到了大一统理论对于汉帝国的重要意义而加以大力提倡，他们基本上都是中央集权与大一统主张的拥护者，他们的这些政治主张多是针对汉初诸侯王势力的过度膨胀与漠北匈奴的势力南扩而发的。越是时世艰险、国家多难，大一统理论就越焕发出勃勃生机，成为一代代士大夫坚定的信仰。

二

公羊学出现在战国时期，正是古代中国最混乱的天下无"共主"时代。失去了王这个政治核心，导致群雄并起、战祸连年、经济萧条、道德沦丧，这些都是公羊学家最不愿意看到的乱世惨景。秦始皇统一了中国，但却不是通过德行感化，而是一味凭恃暴力，这还是公羊学家所反对的。直到刘邦平定战乱，建立新帝国，公羊学家才看到了太平盛世到来的希望，汉初的公羊学者们终于找到了理想化为现实的可能。

但汉初的政治却是危机四伏的。境外，匈奴时时扣边，严重威胁到了中原衣冠之国的安全，刘邦率数万大军北征，却被困白登；吕后受单于侮辱，却只能听之任之；文帝时，匈奴南侵，甚至到了汉帝国的京城附近。在帝国境内，刘邦在世时虽然将异姓王国一一讨平，但他封建的众多同姓王国实力更强大，汉初国土有三分之二掌控在诸侯王手中，而汉天子仅仅掌握以关中为主的全国三分之一的领土。以齐、吴、楚为代表的刘姓王国幅员辽阔，动辄跨州兼郡，连城数十，侯王在自己的封国内任命官员、征收赋税，有的侯国如吴还即山铸钱，煮海为盐，牟取暴利，甚至依

---

[1]　在先秦思想家中，超然于这一模式之外的，仅有庄子、杨朱等少数的几个人，其余法家、道家、儒家等九流十家，概莫能外。

恃强大的经济实力而招纳亡命之徒，阴谋作乱。汉初中央在与地方诸侯的实力对比中，全面处于下风，"末大必折，尾大不掉"的政治噩梦开始变为政治现实，"削之，亦反；不削之，亦反。削之，其反亟，祸小；不削，反迟，祸大"是当时的实情。加强中央集权，削弱地方势力，抵御外敌入侵，已经成为汉初政治的最紧迫任务，而加强中央集权则是削弱割据势力、抵抗外敌入侵的最重要前提。以"经世致用"为终极追求的公羊学家在这个关键的时刻站了出来，他们学以致用，以自己学派独有的理论支持朝廷集权，这就是"大一统"的理论。

公羊学派"大一统"理论的基本出发点是尊重、维护君权。在对《春秋》经文的阐释中，公羊学家一再地重复着维护君权这一主题。

《春秋》隐公五年，"考仲子之宫，初献六羽"。隐公为桓公亡母仲子建庙成，要以万舞庆祝，鲁隐公在向大臣咨询之后采用六行舞蹈。对此，《公羊传》批评道：

> 初者何？始也。疏六羽者何？舞也。初献六羽何以书？讥。何讥尔？
> 讥始僭诸公也。六羽之为僭，奈何？天子八佾，诸公六，诸侯四。诸公者何？
> 天子三公称公，王者之后称公，其余大国称侯，小国称伯子男。[1]

礼的作用是"决嫌疑，别同异，明是非"，即将社会的人分为各个等级以利于统治。所以，人就只能行自己所在级别的礼、享受自己所在级别所允许的享受。"羽"即"佾"，八名舞者列一行为一羽。根据周礼规定，王可享受八羽，三公与先王后代可享受六羽，大国国君最多可享受四羽，以此类推。鲁隐公按照周礼的规定，只能享受四羽，但却享受了六羽，这就是僭越。僭越就是对秩序的破坏，就是对王的规定的否定、蔑视。公羊学家抓住这个看似琐屑的违礼小事不放而对鲁隐公加以抨击，原因就在于鲁隐公不尊重周王的权威，是以下犯上。

第二个例子是季友鸩兄。鲁庄公临终前，问弟弟叔牙谁可以做继任国君，叔牙推荐庄公的弟弟庆父而不是庄公的长子般，庄公的幼弟季友听说之后，胁迫叔牙自杀。对此，《公羊传》有一篇较为冗长的解释：

> 何以不称弟？杀也。杀则曷为不言刺？为季子讳杀也。曷为为季子讳
> 杀？季子之过恶也，不以为国狱，缘季子之心而为之讳。季子之过恶奈何？
> 庄公病，将死，以病召季子。季子至而授之以国政，曰："寡人即不起此病，

---

[1]　在先秦思想家中，超然于这一模式之外的，仅有庄子、杨朱等少数的几个人，其余法家、道家、儒家等九流十家，概莫能外。

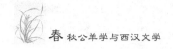

吾将焉致乎鲁国？"季子曰："般也存，君何忧焉？"公曰："庸得若是乎？
牙谓我曰：'鲁一生一及，君已知之矣。'"季子曰："夫何敢？是将为乱乎！
夫何敢！"俄而牙弑械成，季子和药而饮之，曰："公子从吾言而饮此，
则必可以无为天下戮笑，必有后乎鲁国；不从吾言而不饮此，则必为天下
戮笑，必无后乎鲁国。"于是从其言而饮之，至乎王堤而死。季子杀母兄，
何善尔？诛不得辟兄，君臣之义也。[1]

与《左传》平直的叙述相比，《公羊传》重在阐发尊君权的微言大义。在公羊
学家看来，父死子继乃是天经地义的真理，鲁庄公去世，世子般继位是正常的；而
叔牙"一生一及"论则是大逆不道，是对君权的公然挑战，所以季友惊呼这种言论
"是将为乱"，并以两个"夫何敢"来加强语气。季友鸩杀自己的亲兄弟，但《公
羊传》却对他的行为表示赞赏，关键就在于季友是"大义灭亲"，是在张大君权。

《公羊传》批评鲁隐公是为了尊重王权，赞美季友是为了维护君权。这两个例
证，很典型地说明了公羊学派对于王权的态度。

三

董仲舒的出现，张大了春秋公羊学，同时也将公羊学的大一统理论推向了极
致。董仲舒将大一统理论作为他政治思想的核心，将之推到"天地之常经，古今之
通谊"的高度。董仲舒这位公羊学宗师极力维护王权，他为了论证王权的合理合法
性，炮制出一个理论前提——王乃是天子，是代表天来统治人间，这就是"君权神
授"说。在《春秋繁露》的"顺命"条，他说："德侔天地者，皇天右而子之，号
称'天子'。"在董仲舒的理论体系中，最高统治者同时兼有"天子"、"人主"、
"皇帝"、"王"、"君"等名号，每个名号都各有独特意义。"总之，作为最高
统治者的君主，下通地，中连人，阴阳、五行、四时、日月、星辰、山川无所不知
的明王圣帝。"董仲舒竭其所能，将自己的所有知识都运用到维护君权的理论阐释
中去，他将阴阳、五行、三纲、五常等理论拿来加强君王的神圣性，"就阴阳来说，
阳尊阴卑，君为阳，臣为阴，故君尊而臣卑。就五行来说，土为五行之主，而'土

---

[1] 《春秋公羊传注疏》卷九，中华书局影印阮元校刻《十三经注疏》本1980年版，第2242页。

者君之官也'，故君子最高贵。至于三纲五常，他认为'君为臣纲'是三纲的核心；以仁义为基本思想的五常，也只有君主才能完全具备。这样，君主的神圣性不可侵犯，得到了进一步的肯定"。

既然君王是政权的核心，是权威，那么，很自然地，任何与君王权力向牴牾的势力都是罪恶的，应该予以消灭。在董仲舒的时代，反君王、反大一统的势力除了外敌匈奴，主要就是各地的诸侯王。所以，董仲舒提出，要加强中央集权，要加强皇帝的权威，即"强干"、"大本"，相应地，就要削弱诸侯国力量，要防止朝廷的大臣擅权，即"弱枝"、"小末"。

在论述自己的这一套政治主张时，董仲舒充分利用了他公羊学经师的身份，利用时人对经典的迷信，以《春秋》的议论来为自己代言。

> 观乎许田，知诸侯不得专封；观乎齐桓、晋文、宋襄、楚庄，知任贤奉上之功；观乎鲁隐、祭仲、叔武、孔父、荀息、仇牧、吴；季子、公子目夷，知忠臣之效；观乎楚公子比，知臣子之道，效死之义；观乎公在楚，知臣子之恩；观乎漏言，知忠道之绝；观乎献六羽，知上下之差。观乎执凡伯，知犯上之法；观乎晋郤缺之伐邾娄，知臣下作福之诛；观乎公子翚，知臣窥君之意；观乎世卿，知移权之败。故明王视于冥冥，听于无声，天覆地载，天下万国，莫敢不悉靖共职受命者，不示臣下以知之至也。故道同则不能相先，情同则不能相使，此其教也。由此观之，未有去人君之权，能制其势者也；未有贵贱无差，能全其位者也。故君子慎之。[1]

又：

> 诸侯来朝者得褒，邾娄仪父称字，滕、薛称侯，荆得人，介葛卢得名。内出言，如诸侯来曰朝，大夫来曰聘，王道之意也。诛恶而不得遗细大，诸侯不得为匹夫兴师，不得执天子之大夫，执天子之大夫，与伐国同罪，执凡伯言伐。献八佾，讳八言六。郑鲁易地，讳易言假。晋文再致天子，讳致言狩。桓公存邢、卫、杞，不见《春秋》，内心予之，行法绝而不予，止乱之道也，非诸侯所当为也。《春秋》之义，臣不讨贼，非臣也；子不复仇，非子也。故诛赵盾贼不讨者，不书葬，臣子之诛也。许世子止不尝药，而

---

[1]　苏舆：《春秋繁露义证·王道》，中华书局 1992 年版，第 130—132 页。

诛为弑父，楚公子比胁而立，而不免于死。齐桓、晋文擅封，致天子，诛乱、继绝、存亡、侵伐、会同，常为本主。曰：桓公救中国，攘夷狄，卒服楚，至为王者事。晋文再致天子，皆止不诛，善其牧诸侯，奉献天子而复周室，《春秋》予之为伯，诛意不诛辞之谓也。[1]

董仲舒通过大量的《春秋》褒贬事例，来佐证自己的大一统理论。在他看来，祭仲、叔武、孔父、荀息、仇牧、吴季子、公子目夷这些人是忠臣的典范，尊重君权，所以值得褒扬；而郤缺、公子翚、世卿等与君主争权，是贬斥的对象；即便是齐桓公、晋文公这样的尊王有功之臣，因为对周王不够尊重，所以还是要受到《春秋》笔法的微妙讥刺。在他看来，《春秋》褒贬的标准最重要的一条，就是当事人是否尊重王权。以古例今，董仲舒以《春秋》褒贬为自己的标准审视汉代的君臣关系现状，以此来传达自己维护大汉王朝一统的决心与信念。

董仲舒认为，要想达到政治上的一统，就必须先达成思想上的一统。而自汉初以来，思想界还是承战国余绪，呈百家争鸣的状态，其中最有影响力的是黄老道术和法家，而儒家仅仅是少数学者在研究的冷僻学问。对此，董仲舒深致不满，在上奏给汉武帝的《天人三策》中，他就重点谈到了思想界混乱不利于大一统的问题。

《春秋》大一统者，天地之常经，古今之通谊也。今师异道，人异论，百家殊方，指意不同，是以上亡以持一统，法制数变，下不知所守。臣愚以为：诸不在六艺之科，孔子之术者，皆绝其道，勿使并进。邪辟之说灭息，然后统纪可一，而法度可明，民知所从矣。[2]

在这段著名的对策中，董仲舒强调思想的一统对于政治一统的重要意义，他认为，思想统一不仅是政治一统的前提，而且还直接决定了国家各项政策的制定。而思想的统一，是统一于孔子的学说，是儒家的六艺。六艺到底有怎样的教化作用，董仲舒的意见，其入室弟子司马迁在《史记》中有较为详尽的转述。

周道衰废，孔子为司寇，诸侯害之，大夫壅之。孔子知言之不用，道之不行也，是非二百四十二年之中，以为天下仪表，贬天子，退诸侯，讨大夫，以达王事而已矣。子曰："我欲载之空言，不如见之于行事之深切

---

[1] 苏舆：《春秋繁露义证·王道》，中华书局1992年版，第116—118页。

[2] 司马迁：《史记·吴王濞列传》，中华书局1959年版，第2825页。

著明也。"夫《春秋》，上明三王之道，下辨人事之纪，别嫌疑，明是非，定是非，定犹豫，善善恶恶，贤贤贱不肖，存亡国，继绝世，补敝起废，王道之大者也。《易》著天地、阴阳、四时、五行，故长于变；《礼》经纪人伦，故长于行；《书》记先王之事，故长于政；《诗》记山川、溪谷、禽兽、草木、牝牡、雌雄，故长于风；《乐》乐所以立，故长于和；《春秋》辨是非，故长于治人。是故《礼》以节人，《乐》以发和，《书》以道事，《诗》以达意，《易》以道化，《春秋》以道义。拨乱世反之正，莫近于《春秋》。《春秋》文成数万，其指数千，万物之散聚，皆在《春秋》。《春秋》之中，弒君三十六，亡国五十二，诸侯奔走不得保其社稷者，不可胜数。察其所以，皆失其本已。故《易》曰："失之毫厘，差以千里。"故曰：臣弒君，子弒父，非一旦一夕之故也，其渐久矣。故有国者不可以不知《春秋》，前有谗而弗见，后有贼而不知；为人臣者不可以不知《春秋》，守经事而不知其宜，遭变事而不知其权。为人君父而不通于《春秋》之义者，必蒙首恶之名；为人臣子而不通于《春秋》之义者，必陷篡弒之诛，死罪之名。其实皆以为善，为之不知其义，被之空言而不敢辞。夫不通礼义之旨，至于君不君，臣不臣，父不父，子不子。夫君不君则犯，臣不臣则诛，父不父则无道，子不子则不孝。此四行者，天下之大过也。以天下之大过，予之则受而弗敢辞，故《春秋》者，礼义之大宗也。[1]

董仲舒认为，儒家的六经可以解决社会的一切问题。反过来说，一切社会问题都是因六经被忽视而引发的。在六经之中，董仲舒最看重《春秋》的作用，除了董仲舒专治《春秋》的因素之外，也必须承认，在六经之中，《春秋》是与现实政治关联最密切、对现实政治最具指导意义的一部经书。董仲舒等公羊学家坚信，《春秋》是解决所有政治问题的钥匙，它是大一统学说的理论源泉，是帝国长治久安的根本保证。

历代研究者在谈到董仲舒的大一统理论时，往往停留在上述的政治尊王、整齐思想方面，其实，董仲舒的大一统理论还有其他更丰富的内涵。

为什么要尊王？是为了王道一统、天下太平。在董仲舒的理想中，尊王不是目的，是达到目的的手段，王道理想与太平盛世是董仲舒追求的政治目标。在董仲舒

---

[1]　司马迁：《史记·吴王濞列传》，中华书局1959年版，第2825页。

的政治设计中，身为王道盛世核心的君王，必然是贤明仁慈、爱民如子的，而不是暴戾恣睢、残民以逞的。董仲舒认为，上天将芸芸众生交付给君王，不是为了君王将这些众生当作人肉宴席的材料，相反地，君王要以服务民众之心为民众做事，应“同民所欲”、“爱民而好士”，就像伟大的君王典范尧、舜、禹一样。

> 承周文而反之质，则化所务立矣；亲近来远，同民所欲，则仁恩达矣；木生火，火为夏，则阴阳四时之理相受而次矣；切刺讥之所罚，考异变之所加，则天所欲为行矣。统此而举之，仁往而义来，德泽广大，衍溢于四海，阴阳和调，万物靡不得其理矣。[1]

所以，董仲舒对君王也有要求：君王应该是贤明的，有高尚的德行，能够以身作则，成为天下人模仿学习的典范。因此，“王者爱及四夷，霸者爱及诸侯，安者爱及封内，危者爱及旁侧，亡者爱及独身。独身者，虽立天子、诸侯之位，一夫之人耳，无臣民之用矣，如此者莫之亡而自亡也”。就《春秋·隐公元年》经文“春，王，正月”，在他之前的学者已经指出：“王者孰谓？谓文王也。”[2] 董仲舒的贡献是进一步阐明了此“王”即典范式的“先王”：“《春秋》曰：王正月。《传》曰：王者孰谓？谓文王也。曷为先言王而后言正月，王正月也。何以谓之王正月？曰：王者必受命而后王。王者必改正朔、易服色、制礼乐、一统于天下，所以明易姓，非继仁，通以己受之于天也。王者受命而王，制此月以应变，故作科以奉天地，故谓之王正月也。”在其《春秋繁露》中，董仲舒再三致意于此。董仲舒理想中的明王，应该是“立义以明尊卑之分，强干弱枝以明大小之职，别嫌疑之行以明正世之义，采摭托意以矫失礼。善无小而不举，恶无小而不去，以纯其美，别贤不肖以明其尊，亲近以来远，因其国而容天下，名伦等物不失其理，公心以是非，赏善诛恶而王泽洽，始于除患正一而万物备矣”[3]。董仲舒理想的“王”，不仅仅是文王，而是受命的新王，其实是儒家理想中“王道”的化身。大一统要一统于新王，新王要以改正朔、易服色等方式来回报天的信任，于是，董仲舒的大一统因打通了天人，而带有不同于《公羊传》的新的内蕴。董仲舒对《公羊传》加以改造和发挥，将这一种“王”作为模范树立给汉帝国的皇帝，其实是努力要以自己的公羊学说来干预

[1] 《春秋公羊传注疏》卷三，中华书局影印阮元校刻《十三经注疏》本1980年版，第2207页。
[2] 《春秋公羊传注疏》卷三，中华书局影印阮元校刻《十三经注疏》本1980年版，第2207页。
[3] 事详《左传·庄公三十三年》，载杨伯峻：《春秋左传注》，中华书局1981年版，第254页。

现实政治。董仲舒没有神化皇帝，相反地，他以皇帝导师的身份给皇帝们做出了规定：儒家之王道高于君权，在王道面前，任何的世俗权威都必须低头，君王必须尊奉儒家王道，才会带来真正的盛世的一统。

以王道的标准衡量，大多数的皇帝都是不合格的。对于这些君王，董仲舒的对策是挽救，执行挽救任务的是所有的臣子。臣下要尽一切可能帮助君王远离恶习，改过从善，以臻于治世。但一个难题因此而出现了：对那些不可救药的残民以逞的暴君又该如何应对？这个问题又可以表述为：杀死桀纣这样的暴君，是否为以下犯上的"弑君"行为？

这个问题其实是困扰一个时代学者的重大难题，当董仲舒在景帝朝为博士时，就真实地发生过一次振动朝野的关于汤武革命是否合法合理的争论，争论的双方都是当时的学界名宿，他们代表的是两种完全不同的理解方向。

> 清河王太傅辕固生者，齐人也，以治《诗》，孝景时为博士，与黄生争论景帝前。黄生曰："汤、武非受命，乃弑也。"辕固生曰："不然。夫桀、纣虐乱，天下之心皆归汤、武，汤、武与天下之心而诛桀、纣，桀、纣之民不为之使而归汤、武，汤、武不得已而立，非受命为何？"黄生曰："冠虽敝，必加于首；履虽新，必关于足。何者？上下之分也。今桀、纣虽失道，然君上也；汤、武虽圣，臣下也。夫主有失行，臣下不能正言匡过以尊天子，反因过而诛之，代立，践南面，非弑而何也？"辕固生曰："必若所云，是高帝代秦，即天子之位，非邪？"于是景帝曰："食肉不食马肝，不为不知味；言学者无言汤、武受命，不为愚也。"遂罢。是后，学者莫敢明受命放杀者。[1]

黄生愚陋地坚持君臣名分，坚持上下的关系永远不可以改变；辕固生则相对大胆而理性，他的议论明显受到孟子"民贵君轻"见解的影响，他评判君王的标准，不在于其地位，而是君王的作为是否值得尊重。如果君王是合格的领袖，那么杀害这样的君王就是篡弑；反之，如果君王为非作歹，那么他就没有资格坐在君王的宝座上，民众可以像除掉独夫民贼一样杀死他，这种情况下的杀害君王就合理合法，不能视作是篡弑。当二人就历史上的汤武革命而争论时，景帝可以听得津津有味，但一旦景帝意识到这不仅仅是个历史问题，而是个现实问题时，他立即以最高统治

---

[1]　司马迁：《史记·儒林列传》，中华书局1959年版，第3122—3123页。

者的身份为这一争论划上了句号。这是个不能讨论的命题，对这一命题的深入探讨，必然会动摇汉帝国创立的法理依据。

董仲舒在这一问题上的看法颇近似于辕固生，他在更广泛的层面上，大胆地提出"君命顺，则民有顺命；君命逆，则民有逆命"的口号。他认为民众可以根据自己的标准来判断皇帝是否合格，他们有权杀死桀纣一类的独夫民贼，他的这种议论，比辕固生更大胆，在思想的新异性方面也走得更远。这样，董仲舒的大一统理论就不仅仅是为君王谋划，而更是为了天下苍生谋福祉，其理论具有多维的指向。

董仲舒的大一统思想，因为武帝的采纳而成为西汉的政治指导理论，对于汉代一统政局的形成起到了积极的作用。作为汉代的公羊学宗师，董仲舒的这些理论成为汉人维护君权的指针，同时也成为士大夫批评汉政与帝王的最有力的工具，在西汉的政治层面与西汉的文学领域，都产生了极为深远的影响。

第二节　汉赋对大一统理念的表现

从高祖开始，西汉皇帝对以公羊学为代表的儒学的态度，经历了一个逐渐变化的过程。高祖以无赖子的身份起家，没有文化素养，所以对儒学持根本的厌憎态度。但在夺得天下后，意识到"儒者难与进取，可与守成"，因而逐渐归向儒学。此后的吕后及文、景诸帝，在采纳黄老道术为治国方针的同时，也都能兼顾到儒学，武帝之前，大多数的儒学经典都被立博士，就很说明问题。对比此前混乱的战国与秦帝国时期，儒者感恩于汉是不难理解的。到了武帝统治时期，更是采择了董仲舒的意见，罢黜百家而独尊儒术，以公羊学为主体的西汉儒学被奉为统治学说。尽管汉的"家法"是以"霸王道杂之"为特征的外儒内法，儒学仅只是起着缘饰的作用，但毕竟在名义上被确立为统治地位的学说，因而，儒者对汉帝国感恩戴德，他们对汉政权有着其他王朝士人不曾有的高度的认同感，儒士们不遗余力地参与汉政、歌颂汉政。而在西汉时期，作为最有代表性的主流文体，汉赋就很自然地成为儒生参与汉政、歌颂汉政的主要文学载体。

西汉为数众多的汉赋作家，同时也是饱读诗书的经生。比如，《士不遇赋》的作者董仲舒，是汉代儒学宗师；倪宽是董仲舒弟子褚大的弟子，与董仲舒有着很深的学术渊源；刘向杂治《公羊传》与《谷梁传》。即便是那些文学侍从如司马相如，也有很深的经学造诣。而一向被视作杂家的东方朔，其实也是一位学有专攻的经生，他在给武帝的上疏中就直言自己"曾受《易》"，"服子路之言"。而那些被视为倡优的赋家，如枚乘之子枚皋，在总结自己终生未被大用的原因时，也都是归咎于自己的不通经术。可见，西汉的赋家，无论他是杂家也罢，倡优见视也罢，都将儒学经典作为自己创作的内在理论支撑，将是否熟读儒学经典作为自我评判的一个重要标准。

一

　　西汉赋家在自己的赋作中最常写的内容，是歌颂汉帝国的强盛、恢弘的大一统主题。在具体的表现形式上，因为赋家普遍对公羊学大一统理念持认同态度，所以，赋家常常在作品中赞美汉帝国皇帝的独尊地位与政治一统，司马相如和他的代表作《天子游猎赋》就是一个典范。

　　《天子游猎赋》向来被分为《子虚赋》与《上林赋》两篇，但通观两篇的内容，作一篇来理解更为妥当。据《史记·司马相如列传》载，相如先是写就了《子虚赋》流传在外，武帝读后极其中意，于是由狗监杨得意推荐，相如得以面见武帝，相如以"然此乃诸侯之事，未足观也"，再进《上林赋》，二者合而为《天子游猎赋》。

　　在赋中，司马相如假设子虚、乌有与亡是公三个人物，以主客问答的形式展开辩难。先是代表地方藩国楚的子虚先生登场，他借着回答齐王问话的机会，夸耀楚地的广袤、富庶以及楚王的威势："臣闻楚有七泽，尝见其一，未睹其余也。臣之所见，盖特其小小者耳，名曰云梦。云梦者，方九百里，其中有山焉。"接着，子虚详尽地描摹此云梦泽"其山"、"其土"、"其石"与云梦"其东"、"其南"、"其西"、"其北"的广袤，以及骖乘的勇武、姬妾的美丽、排场的盛大，最后以这样的文字收尾："于是楚王乃登阳云之台，泊乎无为，澹乎自持，勺药之和具，而后御之，不若大王终日驰骋，而不下舆。膢割轮淬，自以为娱。臣窃观之，齐殆不如！"子虚先生的一番话，令齐王默然，无以应对，藩国楚暂时性地压倒了同为藩国的齐国。

　　接着是代表齐的乌有先生上场，他先是批评子虚"言之过"，不能理解齐王尊礼来客的美意，然后说："今足下不称楚王之德厚，而盛推云梦以为高，奢言淫乐而显侈靡，窃为足下不取也。必若所言，固非楚国之美也。有而言之，是章君之恶；无而言之，是害足下之信。章君之恶而伤私义，二者无一可，而先生行之，必且轻于齐而累于楚矣。"[1]

　　且齐，东有巨海，南有琅邪，观乎成山，射乎之罘，浮渤澥，游孟诸。邪与肃慎为邻，右以汤谷为界，秋田乎青邱，傍偟乎海外。若吞云梦者八九其于胸中，曾不蒂芥。若乃俶傥瑰伟，异方殊类，珍怪鸟兽，万端鳞萃，充仞其中者，不可胜记。禹不能名，契不能计，然在诸侯之位，不敢言游戏之乐，苑囿之大，先生又见客，是以王辞而不能复。何为无以应哉？[2]

乌有先生站在道德高地上将子虚与楚王加以贬斥，然后又以更加夸张的口吻宣扬齐地的广大，解释齐王因为"在诸侯之位"，谨守人臣之礼，所以才"不敢言游戏之乐，苑囿之大"。在乌有先生看来，在各项物质条件的比拼中，齐王都不落下风；而在道德方面，齐王谦逊待客、谨守臣子本分，更是超越楚王。

子虚口中的楚王一味地夸耀富庶而不知礼，乌有先生口中的齐土富庶而知礼，但亡是公却"听然而笑"，在亡是公看来，齐与楚同属一丘之貉："楚则失矣，齐亦未为得也！"因为，"夫使诸侯纳贡者，非为财币，所以述职也；封疆画界者，非为守御，所以禁淫也"[3]。以此为标准来衡量，"今齐列为东藩，而外私肃慎，捐国踰限，越海而田，其于义故未可也！且二君之论，不务明君臣之义，而正诸侯之礼，徒事争游猎之乐、苑囿之大，欲以奢侈相胜，荒淫相越，此不可以扬名发誉，而适足以贬君自损也"。站在道德高地上的亡是公，是代天子发言，所以语气自然与子虚、乌有两位不同。在批评完齐王、楚王之后，亡是公却循着子虚、乌有的论证逻辑，以压倒性的描摹来夸耀天子的富庶和排场："且夫齐楚之事，又焉足道邪！君未睹夫巨丽也！独不闻天子之上林乎？"在亡是公的口中，天子的上林苑无论在规模上还是物产上，都是齐的苑囿与楚的云梦所无法比拟的。司马相如用了一系列的"于是乎"、"于是"来引起各章，极力夸饰上林苑的无比广大与自然奇景、丰饶物产和壮丽宫殿，但这些还不是亡是公夸饰的重点，重点是接下来的这一段：

　　于是酒中乐酣，天子芒然而思，似若有亡，曰："嗟乎！此泰奢侈！

---

[1]　《春秋公羊传注疏》卷九，中华书局影印阮元校刻《十三经注疏》本1980年版，第2242页。

[2]　司马迁：《史记·司马相如列传》，中华书局1959年版，第3015页。

[3]　苏舆：《春秋繁露义证》，中华书局1992年版，第410页。

朕以览听余间，无事弃日，顺天道以杀伐，时休息于此，恐后世靡丽，遂往而不反，非所以为继嗣创业垂统也。"于是乃解酒罢猎，而命有司，曰："地可以垦辟，悉为农郊，以赡萌隶，隤墙填堑，使山泽之民得至焉。实陂池而勿禁，虚宫观而勿仞，发仓廪以振贫穷，补不足，恤鳏寡，存孤独。出德号，省刑罚，改制度，易服色，更正朔，与天下为始。"于是，历吉日以斋戒，袭朝衣，乘法驾，建华旗，鸣玉鸾，游乎六艺之圃，驰乎仁义之涂，览观《春秋》之林，射《狸首》，兼《驺虞》，弋玄鹤，建干戚，载云罕，揜群雅，悲《伐檀》，乐乐胥，修容乎《礼》园，翱翔乎《书》圃。述《易》道，放怪兽，登明堂，坐清庙，次群臣，奏得失。四海之内，靡不受获。于斯之时，天下大说，向风而听，随流而化，喟然兴道而迁义，刑错而不用，德隆乎三皇，功羡于五帝，若此，故猎乃可喜也。[1]

天子在道德认知的水准上，还是高于两位地方诸侯。在极度的逸乐之后，圣明天子反躬自省，自责过度奢侈与耗费光阴，并亲下诏令，改弦易辙，以"独乐乐，不如与众同乐"的态度，与民休息、与民共利，并且能够亲近儒士，归向儒家礼乐教化，使得"天下大说，向风而听，随流而化，喟然兴道而迁义，刑错而不用"，在治绩与道德上，双双丰收，"德隆乎三皇，功羡于五帝"，太平盛世顺理成章地到来。只有这样，"猎乃可喜"，否则，"若夫终日暴露驰骋，劳神苦形，罢车马之用，抏士卒之精，费府库之财，而无德厚之恩。务在独乐，不顾众庶，忘国家之政，而贪雉兔之获，则仁者不由也。从此观之，齐楚之事，岂不哀哉！"间接地批评了子虚、乌有所夸赞的齐、楚二王的不务正业，而齐与楚"地方不过千里，而囿居九百，是草木不得垦辟，而民无所食也。夫以诸侯之细，而乐万乘之所侈"，则是更为严重的违礼僭越，而当受口诛笔伐。亡是公的雄辩，效果明显："于是二子愀然改容，超若自失，逡巡辟席，曰：'鄙人固陋，不知忌讳，乃今日见教，谨闻命矣。'"[2]

《天子游猎赋》的内容是设为主客，以三人辩难的形式，来写强大的地方藩王与王朝天子的关系这一重大的政治问题。相如通过三个代言人（实质上是两个，即代表强藩的一方与代表天子的一方）极度夸饰各自主人的享乐生活与政治选择，在

---

[1] 汤志均等：《西汉经学与政治》，上海古籍出版社1994年版，第35页。

[2] 汤志均等：《西汉经学与政治》，上海古籍出版社1994年版，第36页。

优劣对比中显现自己的褒贬。质言之，司马相如就是要以赋的文学形式，来表达自己批评割据势力、颂扬天子一统、加强中央王权的政治意见。

司马相如的这一文学化的政治宣言，是有其时代背景的。

汉初高祖广封刘姓侯王，造成了严重的政治问题，即地方藩国对抗中央朝廷，并且在双方的实力对比中，中央朝廷处于下风。景帝时的吴楚七国之乱是这一政治危机的顶峰，虽然七国失败，但藩国余威仍在，危险并未根除。武帝亲政之后，采纳主父偃的建议，行推恩令，众建诸侯而少其力，逐渐削弱藩国实力，藩国的危险才渐渐消除。司马相如的这篇赋作，作于前134年，即推恩令实行的七年前，由此可见，司马相如的政治嗅觉是很敏锐的，他对当时重大的政治问题是很关注的。司马相如在他生前和身后，多被视作是侍从文臣，这应该是一个误解。通观《史记》、《汉书》中司马相如的本传，可以发现他其实是以文臣为耻而竭力要参赞国务的，《天子游猎赋》是如此，临终的《封禅文》同样是如此，司马相如是古代中国积极入世士人的典范，他以自己的文学创作印证了自己作为士人典范的意义：以参政为最大追求，以文学参政为不得已的权变选择，无论是直接的参政，还是通过文学间接参政，政治始终是他们关注的焦点所在。

司马相如在自己这篇苦心孤诣的代表作中，寄托了自己全部的政治理想，除了削平藩国独立势力以实现政治一统之外，还有经生的圣王理想。在所引天子幡然悔悟的段落中，很明显地可以看出，作者理想中的圣明天子——当然是以当时的汉武帝为原型塑造的，不应该是一个只知道游乐、享受的凡人，如果那样，那就与齐王、楚王这些藩王没有区别了，他应该是一位知错能改、勇于为善的伟人，这也是有着极强的现实针对性的。众所周知，汉武帝以其外立武功、内兴建制、好大喜功为特征，武帝时的臣子汲黯就直言武帝"多欲"。这是一位既有着非凡天分，同时又有着过多缺陷的君王，生逢其时的司马相如希望以自己的创作来襄助盛世，他怀着理想，希望以自己的讽示，帮助武帝改正失误，回归王道正轨，从而间接地实现自己的参政愿望。当然，实际的效果是与赋家初衷背道而驰的，武帝仅仅将司马相如看作一个略高于枚皋的文学弄臣罢了，相如上此赋，武帝也只是封他为郎，并没有理解他的苦心，也没有采纳他改弦更张的建议。因为该作品为汉赋的代表性成果，其文辞的优美与劝谏的无效，成为一对鲜明的对比，因而以"劝百讽一"而为人所诟病，但这并非作者的本意，作者的创作出发点，还是以大一统的理想来颂美盛世、规范天子。

司马相如之后，扬雄的《长扬赋》也仿效司马相如的《天子游猎赋》来赞美大汉的一统，不过，扬雄的赞美大汉一统，并非侧重内平藩国，而是侧重于对外的武功与怀来远人。在这篇赋作中，扬雄在颂美大汉一统以至于外夷宾服时，强调的不是汉的武功压迫，而是德行感化。

> 夫天兵四临，幽都先加，回戈邪指，南越相夷，靡节西征，羌僰东驰。是以辽方疏俗、殊邻绝党之域，自上仁所不化，茂德所不绥，莫不蹻足抗手，请献厥珍，使海内澹然，永无边城之灾，金革之患。今朝廷纯仁，遵道显义，并包书林，圣风云靡，英华沈浮，洋溢八区，普天所覆，莫不沾濡。士有不谈王道者，则樵夫笑之。故意者以为事罔隆而不杀，物靡盛而不亏。故平不肆险，安不忘危，乃时以有年出兵，整舆竦戎，振师五柞，习马长杨，简力狡兽，校武票禽。乃萃然登南山，瞰乌弋，西厌月窟，东震日域。又恐后世迷于一时之事，常以此取国家之大务，淫荒田猎，陵夷而不御也。是以车不安轫，日未靡旃，从者仿佛，骩属而还。亦所以奉太宗之烈，遵文武之度，复三王之田，反五帝之虞。[1]

这段描写就是作者在《羽猎赋》中所写的"仁声惠于北狄，武义动于南邻"的意思。大一统帝国少不了周边蛮夷的归附，而蛮夷的归附应以仁义怀来为主，以武力征讨为辅，这就是扬雄等赋家在颂美汉帝国一统声威时对四夷宾服的儒学化理解。

歌颂汉帝国强盛、恢弘的大一统主题的第二种表现形式，是歌颂汉帝国天子的仁政。在这个方面，司马相如的《天子游猎赋》已有所涉及，但对此表现更充分的是扬雄的《长扬赋》。扬雄创作《长扬赋》的动机，完全是从政治大一统的理念出发。成帝元延二年，蛮夷来朝，成帝为了夸示帝国的富有，命农夫捕捉野兽放入长杨宫的射熊馆，然后请蛮夷使者入馆射熊。为了成帝一己私念，大量的农夫流离失所，于是扬雄献《长扬赋》以讽。这篇赋还是以主客问答的形式展开，子墨客卿质疑皇帝的这种行为是残民以逞，翰林主人就此为成帝的行为辩解，批评子墨客卿只知其一而不知其二："客徒爱胡人之获我禽兽，曾不知我亦已获其王侯。"在为成帝曲解辩护的时候，扬雄回顾了西汉帝国自高祖立国以来代代皇帝的仁德。

---

[1]　苏舆：《春秋繁露义证·王道》，中华书局1992年版，第130—132页。

> 昔有强秦，封豕其士，窦窳其民，凿齿之徒，相与摩牙而争之。豪俊麋沸云扰，群黎为之不康。于是，上帝眷顾高祖，高祖奉命，顺斗极，运天关，横巨海，票昆仑，提剑而叱之，所麾城撅邑，下将降旗，一日之战，不可殚记。当此之勤，头蓬不暇疏，饥不及餐。鞼鍪生虮虱，介胄被沾汗，以为万姓请命乎皇天。乃展民之所诎，振民之所乏，规亿载，恢帝业，七年之间，而天下密如也。
>
> 逮至圣文，随风乘流，方垂意于至宁，躬服节俭，绨衣不敝，革鞜不穿，大夏不居，木器无文。于是后宫贱玑瑁而疏珠玑，却翡翠之饰，除雕琢之巧，恶丽靡而不近，斥芬芳而不御，抑止丝竹晏衍之乐，憎闻郑卫幼眇之声，是以玉衡正而太阶平也。[1]

扬雄重点选取两位汉帝来说明自己的大一统观：汉帝国的君王都是靠仁德而获得天与人的认可，所以，这种一统是最有生命力、最有权威的，这些仁德的先君也是所有皇帝应该取法的对象。作为高祖、文帝的后代，成帝更加有义务、有责任肩负起先人的优良传统，处处为民，先人后己。这样，扬雄抬出汉帝国的仁圣君王，成帝就不得不意识到自己奢靡的错误，以先人为榜样来改变错误做法，也就是顺理成章、水到渠成的了。

扬雄通过赞美本朝仁德先王来讽谏成帝是很巧妙的，他可以做到"言之者无罪而闻之者足以戒"。更重要的是扬雄以此来表达自己对于大一统的理想世界的理解：在上者仁政爱民，才会近者心悦而远者宾服。

扬雄的这种理解不是他的会心独创，而是有其学理渊源。公羊学大师董仲舒在《春秋繁露》的"王道通"章中，就表述过天与人的情感相通的理论。在董仲舒看来，四时之中，春天温暖，夏天炎热，秋天清爽，冬天寒凉。天的知觉是通过四时来表现出来的，更是通过人的情感、知觉表现出来的。董仲舒认为，仁德就是四时之中的春天，是上天的最爱，君王行仁政，就是在体现上天的意志。所以，关心民生疾苦如文帝是仁德的，解民倒悬如高祖也是仁德的，这些仁政的表现是与儒生信仰的公羊学经说相表里的。正因为如此，西汉的赋家才会在自己的赋作中不厌其烦地对此加以渲染，以此来颂美汉政，美化汉帝国的大一统。

但同是颂美汉的一统，以司马相如为代表的西汉前期赋家与以扬雄为代表的西

---

[1] 班固：《汉书》，中华书局1962年版，第3560页。

汉后期赋家相比，在赋作的侧重点上又有明显的差异。李桂荣、郑明璋对此解说为："以司马相如为代表的前期作家，更注意强调'定一尊'、'大一统'，更注意维护国家政权的统一和权威；而扬雄以后的作家，更强调君权神授以及天人合一的法定性和神秘性。"[1] 这种解释，大致符合汉赋创作的实际情况，西汉辞赋中大一统主题的演变大致如此。

二

汉赋以"劝百讽一"而获讥于后代评论家，所谓"劝百讽一"，即赋作鼓励君王奢靡的成分占大多数，而仅仅在赋作的结尾蜻蜓点水地唱一点儒家明君圣王的高调来引导君王走向仁政。后世批评者的意见有道理，但对于这个问题也不可以一概而论地加以否定。联系当时的实际情状，我们可以发现大多数的赋家因为种种原因，或是为了保全自身，或是希望以这种温婉的方式来达到劝谏目的，而不得不如此。因此，更应该看到汉赋"讽"的积极意义。

前文已经论及西汉赋多与大一统主题相关，这些赋作基本上是颂美汉政的，但赋家因为受到公羊学学以致用学说的鼓舞，在颂美为主体的此类赋作中，仍不忘自己为民请命的天职，而尽可能地讽谏帝王向善。司马相如和扬雄是西汉赋家的代表，而他们的赋作又以《天子游猎赋》、《长扬赋》、《羽猎赋》等为代表的游猎赋为主[2]，所以，下文将主要探讨西汉游猎赋所体现的大一统主题的另一面：为民请命，限制君权。

如前所述，董仲舒的大一统理论有两个维度：尊重王权与屈君伸民。尊重王权的理论表述可以毫无遮拦，因为这有利于君王的统治；但屈君伸民的主张却因为在君与民的关系上偏向民而受到君王的反感。所以，在表述这一理论时，董仲舒将自己的这一民本思想借着对儒家最权威的经典《春秋》的归纳，而委曲地表达出来。

> 秦穆侮蹇叔而大败，郑文轻众而丧师，《春秋》之敬贤重民如是……
> 《春秋》之法，"凶年不修旧"，意在无苦民尔。苦民尚恶之，况伤民乎？

---

[1] 苏舆：《春秋繁露义证·王道》，中华书局1992年版，第116—118页。

[2] 按："游猎"，一作"狩猎"，但在古代文学中，"游猎"一词的出现频率更高，故下文统一表述为"游猎"。

伤民尚痛之，况杀民乎？故曰：凶年修旧则讥，造邑则讳，是害民之小者，恶之小也；害民之大者，恶之大也。今战伐之于民，其为害几何？考意而观指，则《春秋》之所恶者，不任德而任力，驱民而残贼之；其所好者，设而勿用，仁义以服之也。[1]

董仲舒的这段话，原本是论《春秋》对战争的态度，但他却六经注我，借题发挥，阐发了自己民贵君轻的意见。统而言之，董仲舒的政治理论核心是大一统，是贤明君王的大一统，是有利于民众生活状态的大一统，在这个一统格局中，民的重要性要高于君，明君要实践仁德的政治法则，要"泛爱群生，不以喜怒赏罚"，以大公之心对待天下民众。

以这样的标准来衡量天子的游猎，就会发现其残民害民的性质。根据儒家的理论，君王游猎的目的，一是为百姓除掉为害的猛兽，二是将捕获物供应宗庙祭祀，三是借机检阅民众抵御外侮的能力。总之，它应是一种公共行为，而非满足个人欲望的自私行为。先秦诗中很早就有游猎题材的作品了，《诗经》的《兔罝》篇，较为详尽地描写了捕兔工具及由此而联想到文武双全的人才可为公侯的"腹心"、"干城"，而《车攻》篇则是周天子"会诸侯于东都，因田猎而选车徒"，已初具汉赋游猎题材的规模了，类似的《诗经》篇目，还有《驺虞》、《吉日》、《灵台》等。

进入西汉，帝王对游猎的兴趣不减，但汉初的几任帝王都躬行与民休息政策，所以还很少有大规模的游猎举动。以"多欲"著称的武帝的上台，彻底改变了这种状况。武帝最大的个人爱好就是田猎，据《汉书》记载：

> 建元三年，微行始出。北至池阳，西至黄山，南猎长杨，东游宜春。微行常用饮酎已八九月中，与侍中、常侍、武骑，及待诏陇西、北地良家子能骑射者，期诸殿门，故有"期门"之号。自此始微行，以夜漏下十刻乃出，常称"平阳侯"，旦明入山，下骑，射鹿豕狐兔，手格熊黑，驰骛禾稼稻秔之地，民皆号呼骂詈，相聚会，自言"鄠杜令"。令往欲谒平阳侯，诸骑欲击鞭之，令大怒，使吏呵止，猎者数骑见留，乃示以乘舆物，久之，乃得去。时夜出夕还，后赍五日粮，会朝长信宫，上大欢乐之。是后，南山下乃知微行数出也。[2]

---

[1] 苏舆：《春秋繁露义证·竹林》，中华书局1992年版，第47—48页。

[2] 班固：《汉书·东方朔传》，中华书局1962年版，第2847页。

　　这段描述记述的是武帝刚刚继位时的表现，彼时尚有皇太后约束，所以还不敢过度游猎，但微服夜出，诡称平阳侯以肆其欲望，这在古代帝王中是极为罕见的非常规举动。武帝能射猎普通的猎物，也敢于搏击熊罴等猛兽，表现出超人的胆识。明了这一段文字中武帝的个性和爱好，就不难理解为什么那么多的赋家会不约而同地去创作游猎题材的作品。

　　在武帝朝创作游猎题材的众多赋家中，司马相如的成绩和影响是最大的。前文已经论及司马相如的政治见解，即主张圣明天子统治下的一统，他屡次用自己的笔来进谏讽喻，前文所引《天子游猎赋》的结尾，当天子游猎归来，"酒中乐酣"的极乐瞬间，猛然警醒："此泰奢侈！"并且意识到自己对游猎的过度喜好恐怕会成为恶劣的先例，而对帝国长治久安产生负面影响，于是"解酒罢猎"。不仅如此，这个圣明的知错能改的天子还下诏说："地可以垦辟，悉为农郊，以赡萌隶，隤墙填堑，使山泽之民得至焉。实陂池而勿禁，虚宫观而勿仞，发仓廪以振贫穷，补不足，恤鳏寡，存孤独。出德号，省刑罚，改制度，易服色，更正朔，与天下为始。"这位天子进而皈依儒学："游乎六艺之囿，骛乎仁义之涂，览观《春秋》之林，射《狸首》，兼《驺虞》，弋玄鹤，建干戚，载云䍐，揜群雅，悲《伐檀》，乐乐胥，修容乎《礼》园，翱翔乎《书》圃。述《易》道，放怪兽，登明堂，坐清庙，恣群臣，奏得失。"于是，太平盛世到来，"天下大说，向风而听，随流而化，喟然兴道而迁义，刑错而不用，德隆乎三皇，功羡于五帝"。在作者看来，帝王应该放弃对游猎的热衷，改而追求礼乐文化的建设，"若此，故猎乃可喜也"。

　　在这里，司马相如显然是借着赋中"天子"——其实就是作者理想中的武帝之口，让他自己领悟到过度游猎的错误，这是文人利用自己的专长，以文学的虚拟手法来表达自己对武帝的批评。"此泰奢侈"，当理解作相如的批评；天子的诏书也是作者一厢情愿的政治想法，也是批评。

　　司马相如以公羊学的大一统仁政理想来审视武帝，批判现实，并不仅限于《天子游猎赋》，在其《上书谏猎》与《哀二世赋》中也有所表现。

　　这两篇作品其实都是作者针对武帝喜好游猎而创作的，两者在写作的时间上也是紧紧相连的。据《史记·司马相如列传》载，"是时天子方好自击熊羆，驰逐野兽"，于是"相如上疏谏之"。

　　　　臣闻物有同类而殊能者，故力称乌获，捷言庆忌，勇期贲育。臣之愚，窃以为人诚有之，兽亦宜然。今陛下好陵阻险，射猛兽，卒然遇轶材之兽，骇不存之地，犯属车之清尘，舆不及还辕，人不暇施巧，虽有乌获逢蒙之伎，力不得用，枯木朽株，尽为害矣。是胡越起于毂下，而羌夷接轸也，岂不殆哉！虽万全无患，然本非天子之所宜近也。且夫清道而后行，中路而后驰，犹时有衔橛之变，而况涉乎蓬蒿，驰乎丘坟，前有利兽之乐，而内无存变之意，其为祸也，不亦难矣！夫轻万乘之重，不以为安，而乐出于万有一危之涂以为娱，臣窃为陛下不取也。盖明者远见于未萌，而智者避危于无形，祸固多藏于隐微，而发于人之所忽者也。故鄙谚曰："家累千金，坐不垂堂。"此言虽小，可以喻大。臣愿陛下之留意幸察。[1]

相如以关心武帝的生命安全为由，向武帝上疏，看似仅此而已，但联系他一贯的思想和创作宗旨，这篇奏疏还是该理解作反对游猎无度，主张仁政爱民的作品，其含义是很隐晦的。

而《哀二世赋》，据《史记》的本传，是在作者写就《上书谏猎》之后，他跟随武帝游猎归来，"还过宜春宫，相如奏赋，以哀二世行失也"[2]，这篇作品具有更为明显的批判性。作者历览二世宫观旧址，思古忧今。

弥节容与兮，历吊二世。持身不谨兮，亡国失势。信谗不寤兮，宗庙灭绝。呜呼哀哉！操行之不得兮，坟墓芜秽而不修兮，魂无归而不食。夐邈绝而不齐兮，弥久远而愈休。精罔阆而飞扬兮，涉九天而永逝。呜呼哀哉！[3]

表面看来，这篇赋作并没有写游猎，也没有写亡国之君二世胡亥与当今的武帝之间的关联。但究其实质，作者咏叹的正是这两个问题。赋虽以"哀二世"为名，实际上是哀始皇与二世两人。始皇与二世以无道着称，其恶行之一就是盘游无度，不体恤百姓。《史记·滑稽列传》记载：

秦始皇时，置酒而天雨，陛楯者皆沾寒。优旃见而哀之，谓之曰："汝欲休乎？"陛楯者皆曰："幸甚！"优旃曰："我即呼汝，汝疾应曰诺。"居有顷，殿上上寿，呼万岁，优旃临槛大呼曰："陛楯郎。"郎曰："诺。"

[1] 班固：《汉书·董仲舒传》，中华书局1962年版，第2523页。
[2] 司马迁：《史记·司马相如列传》，中华书局1959年版，第3054页。
[3] 司马迁：《史记·司马相如列传》，中华书局1959年版，第3055页。

优旃曰："汝虽长，何益幸？雨立；我虽短也，幸，休居于是。"始皇使
陛楯者得半相代。始皇尝议欲大苑囿，东至函谷关，西至雍陈仓，优旃曰：
"善！多纵禽兽于其中，寇从东方来，令麋鹿触之，足矣！"始皇以故辍止。
二世立又欲漆其城，优旃曰："善。主上虽无言，臣固将请之。漆城虽于
百姓愁费，然佳哉，漆城荡荡，寇来不能上，即欲就之，易为漆耳，顾难
为阴室。"于是，二世笑之，以其故止。[1]

优旃的三次劝谏，尤其是谏始皇扩大苑囿，都是针对始皇、二世不恤民力。了
解了始皇、二世在西汉人心目中的固定形象，再来看司马相如《哀二世赋》，就能
很清楚地了解到作者的苦心：他将游猎无度、不恤民力的汉武帝比作臭名昭著的秦
始皇、二世皇帝，显然是在批评武帝的错误。一方面，他忧心武帝若不改正错误，
也可能像始皇、二世一样因为"持身不谨"与"信谗不寤"，而导致"亡国失势"
与"宗庙灭绝"的可悲下场；另一方面，他又是和优旃一样，是在借题发挥，为一
统帝国的劳苦民众道出心声，渴盼理想治世的到来。

为了理想、道义，在创作中表现屈君伸民主题的另一位汉赋大家，是成帝时的
扬雄。在扬雄最为人所称道、最能代表其创作成就的《长扬赋》与《羽猎赋》中，
都可以清楚地看到这一主张。

《长扬赋》前有一篇较长的序言，清楚地说明了作者创作的缘由："明年，上
将大夸胡人以多禽兽。秋，命右扶风，发民入南山，西自褒斜，东至弘农，南驱汉
中，张罗罔罝罘，捕熊、罴、豪猪、虎、豹、狖、玃、狐、兔、麋鹿，载以槛车，
输长杨射熊馆。以罔为周阹，纵禽兽其中，令胡人手搏之，自取其获，上亲临观焉。
是时，农民不得收敛。雄从至射熊馆，还，上《长扬赋》，聊因笔墨之成文章，故
藉翰林以为主人，子墨为客卿，以风。"[2] 扬雄虽然在赋中夸饰汉帝国的威德，但
那是称引高祖、文帝、武帝，而非当时的成帝。事实上，对于成帝这种浅薄的行为，
扬雄是很反感的，但最令他不能坐视的是无辜农夫的付出和牺牲。为了捕捉野兽，
他们不得不放弃工作，进入终南山，以至于一年的生机无着。扬雄对成帝的这种夺
民时的不德行为深加挞伐。他的这篇赋作，以游猎为名，但赋作的正文却几乎都是
公羊学者的仁政议论：作者先回顾高祖的为民除暴，解民倒悬；文帝的躬行仁政，

---

[1]　司马迁：《史记·司马相如列传》，中华书局 1959 年版，第 3202—3203 页。

[2]　班固：《汉书》，中华书局 1962 年版，第 3557 页。

节俭克制；武帝的拓土开疆，击退蛮族入侵……这三位汉帝国圣明天子的文治武功，都是为了解除民众的痛苦，他们是后代子孙的道德楷模。赋作虽然没有直接批评成帝，但对先王赞美得越多，对成帝的批判也就越强烈。

《羽猎赋》作于成帝元延二年，写作缘起与《长扬赋》类似：这年的十二月，成帝大肆游猎，扬雄作为侍从陪驾，亲眼看到成帝的奢侈、苑囿的宽广给附近百姓造成的灾难，于是作赋以讽。赋前的序言写道：

> 昔在二帝、三王，宫馆台榭，沼池苑囿，林麓薮泽，财足以奉郊庙、御宾客、充庖厨而已，不夺百姓膏腴谷土桑柘之地。女有余布，男有余粟，国家殷富，上下交足，故甘露零其庭，醴泉流其唐，凤凰巢其树，黄龙游其沼，麒麟臻其囿，神爵栖其林。昔者，禹任益虞而上下和，草木茂；成汤好田，而天下用足；文王圉百里，民以为尚小；齐宣王圉四十里，民以为大——裕民之与夺民也。武帝广开上林，南至宜春、鼎湖、御宿、昆吾，旁南山而西，至长杨、五柞。北绕黄山，濒渭而东，周袤数百里。穿昆明池，象滇河，营建章、凤阙、神明、馺娑、渐台、泰液，象海水周流方丈、瀛洲、蓬莱。游观侈靡，穷妙极丽。虽颇割其三垂，以赡齐民，然至羽猎，田车戎马，器械储偫，禁御所营，尚泰奢丽夸诩，非尧、舜、成汤、文王三驱之意也。又恐后世复修前好，不折中以泉台，故聊因《校猎赋》以风。[1]

这是最能体现扬雄仁德大一统观的一篇大赋。他目睹成帝沉迷于游猎，耗民财、夺民时，帝国江河日下，内心中充满了愤怒，于是在赋作中援引尧舜二帝与夏殷周三代贤王等为道德标杆，赞美他们的田猎不妨碍农事以至于农夫家给人足的仁政爱民行为；批评汉武帝残民以逞，广开苑囿，不爱惜民力。树立一正一反两种典型，来要成帝做出选择。扬雄的目光不仅仅限于成帝一朝，他担心的是后代的帝王会变本加厉地纵情游猎，在此用来泉台之讥的典故。"不折中以泉台"，据《文选》李注："鲁庄公筑台，非礼也。至文公而毁之。《公羊》讥云：'先祖为之而毁之！勿居而已。'"作者担心的是成帝会像鲁庄公一样为自己的国家开一个奢靡的、害民的坏先例，于是不遗余力地正面引导、反面劝诫，希望成帝能够毅然改过，以二帝三王为榜样，做一个仁德的圣明之君。

总之，无论是司马相如还是扬雄，他们都代表了西汉时期一大批既欣欣鼓舞于

---

[1] 班固：《汉书》，中华书局 1962 年版，第 3540—3541 页。

帝国大一统，同时更关注民生疾苦问题的赋家的态度。他们在自己的作品中提出了一个个美好的政治设想，比如：帝王应节制欲望，不可动辄靡费钱财去田猎；帝王应开放皇家苑囿，允许普通民众进入以裕民；鼓励农民发展生产，以稳定帝国的统治的根本，等等。这些设想，都可以看出春秋公羊学学以致用、关注现实问题的精神在起作用。

第三节　《史记》与大一统思想

司马迁写作《史记》时，武帝正在帝国范围内推广今文经学，以春秋公羊学为代表的今文经学是司马迁的时代最有势力的学问，是当时的统治思想学说。他又曾问学于董仲舒，所以对今文的公羊学有较为深刻的理解。司马迁的《史记》对于公羊学说既有继承又有批判，对于公羊学大一统理论，司马迁基本是赞同的，钱大昕评论《史记》的三大"微旨"："一曰抑秦，二曰尊汉，三曰纪实。"三者之中，纪实是他作为史官处理史料的根本态度，尊汉是其写作的核心命题，抑秦其实也就是为了尊汉。钱大昕很中肯地道出了司马迁对大一统的衷心拥护之意，但不同于一般经生的是，司马迁又以其天才卓识和无畏勇气审视公羊学大一统理论，并对这一理论作了新的发展。司马迁对大一统理论的新理解，是通过对历史的叙述来展现的，因而充盈在《史记》的字里行间。

一

司马迁对于大一统的衷心认可，在《史记》中随处可见。在自述写作缘起时，司马迁着重谈到了父亲司马谈临终嘱托的一幕。

> 是岁，天子始建汉家之封，而太史公留滞周南，不得与从事，故发愤且卒。而子迁适使反，见父于河洛之间。太史公执迁手而泣，曰："余先，周室之太史也。自上世常显功名于虞、夏，典天官事。后世中衰，绝于予乎？汝复为太史，则续吾祖矣。今天子接千岁之统，封泰山，而余不得从行，是命也夫！命也夫！余死，汝必为太史，为太史，无忘吾所欲论著矣！

且夫孝，始于事亲，中于事君，终于立身。扬名于后世，以显父母，此孝之大者。夫天下称颂周公，言其能论歌文、武之德，宣周、召之风，达太王、王季之思虑，爰及公刘，以尊后稷也。幽、厉之后，王道缺，礼乐衰，孔子修旧起废，论《诗》、《书》，作《春秋》，学者至今则之。自获麟以来，四百有余岁，而诸侯相兼，史记放绝。今汉兴，海内一统，明主贤君忠臣死义之士，余为太史而弗论载，废天下之史文，余甚惧焉，汝其念哉！"

迁俯首流涕，曰："小子不敏，请悉论先人所次旧闻，弗敢阙！"[1]

对于司马氏父子而言，撰写史书不仅仅是自己太史令职责范围内的本分，还是自己家族代代相传的神圣使命，更是总结历史以资借鉴、歌颂大汉一统的丰功伟业的要事。歌颂汉帝国大一统即"尊汉"，是服务于现实政治的学术事业。

司马迁的大一统理念，首先表现在《史记》五体的安排上。前人多以"体大思精"来评价《史记》。所谓"体大"，是指《史记》设计完美的五体结构，它包括十二篇本纪、三十篇世家、七十篇列传，以及八书、十表。刘知几虽然不满意五体"朴略犹存，区分未尽"，但也不得不承认"夫纪传之兴肇于《史》、《汉》。盖纪者，编年也；传者，列事也。编年者，历帝王之岁月，犹《春秋》之经；列事者，录人臣之行状，犹《春秋》之传。《春秋》则传以解经，《史》、《汉》则传以释纪。寻兹例草创，始自子长"。[2] 五体的设计是司马迁的天才独创[3]，司马迁广收博取，参考各书体例之长，以自己的天才将之熔铸为一套新的体系。五体分开来看，则各体独自成一系统，每种体例都有自己首尾贯通的线索，都有自己的侧重点；而综合看，五体又互相配合，成为组织严密的一个整体。在五体之中，表是简约综合本纪、世家、列传的人与事，书是交代典章制度等文化内容，两者在五体中处于相对次要的位置，本纪、世家、列传三者则构成了以记人为核心的《史记》最重要的部分，而以本纪、世家、列传为核心的《史记》五体，其设计的根本出发点则是大一统理念。

五体之中，最能体现司马迁大一统理念的是本纪。《太史公自序》称："罔罗天下放失旧闻，王迹所兴，原始察终，见盛观衰，论考之行事。略推三代，录秦汉，上记轩辕，下至于兹，著十二本纪。"张守节《史记正义》在《五帝本纪》篇名下

---

[1] 司马迁：《史记·太史公自序》，中华书局1959年版，第3297—3298页。

[2] 刘知几：《史通·列传》，载浦起龙：《史通通释》，上海古籍出版社1978年版，第41—42页。

[3] 《春秋公羊传注疏》卷一，中华书局影印阮元校刻《十三经注疏》本1980年版，第2196页。

解释说："本者，系其本系，故曰本。纪者，理也。统理众事，系之年月，名之曰纪。"[1] 刘知几《史通》进一步发挥道："盖纪者，纲纪庶品，网罗万物。论篇目之大者，其莫过于此乎！……盖纪之为体也，犹《春秋》之经，系日月以成岁时，书君上以显国统。"司马迁认为，十二本纪是历史发展的主干，是天下治乱之所系。司马迁在十二本纪中，主要记述了自传说中的黄帝，经夏、商、周三代，历秦迄汉的各朝代、各位天子治下的大事，重在"王迹所兴"。司马迁曾深有感慨地对秦汉之际的变幻局势议论道：

> 太史公读秦楚之际，曰："初作难，发于陈涉。虐戾灭秦，自项氏。拨乱诛暴，平定海内，卒践帝祚，成于汉家。五年之间，号令三嬗，自生民以来，未始有受命若斯之亟也。昔虞、夏之兴，积善累功数十年，德洽百姓，摄行政事，考之于天，然后在位。汤、武之王，乃由契、后稷修仁行义，十余世，不期而会孟津八百诸侯，犹以为未可，其后乃放、弑。秦起襄公，章于文、缪，献、孝之后，稍以蚕食六国，百有余载，至始皇，乃能并冠带之伦，以德若彼，用力如此，盖一统若斯之难也。秦既称帝，患兵革不休，以有诸侯也，于是无尺土之封，堕坏名城，销锋镝，锄豪杰，维万世之安。然王迹之兴，起于闾巷，合从讨伐，轶于三代。向秦之禁，适足以资贤者为驱除难耳。故愤发其所，为天下雄，安在无土不王？此乃《传》之所谓大圣乎？岂非天哉！岂非天哉！非大圣，孰能当此受命而帝者乎！"[2]

司马迁慨叹历史上的圣王不再，以至于近代以来兵革不休，民众蒙难，并由此而感慨一统之难。他赞赏秦的一统，但又反对秦的暴力统一，相对而言，他更认同高祖吊民伐罪的统一。通过对秦、汉一统的赞美，司马迁表达着自己对圣王大一统的憧憬。

本纪之下是世家。《太史公自序》称："二十八宿环北辰，三十辐共一毂，运行无穷，辅拂股肱之臣配焉，忠信行道以奉主上，作三十世家。"司马迁以北辰、车毂比拟君王和记君王的本纪，而以二十八宿、三十辐比拟拱卫君王的诸侯和记诸侯事迹的世家，其政治指向是很明确的。司马迁学习《春秋》笔法，在世家中对人和事的称谓、评价上体现着褒贬，褒贬的依据往往是大一统理念，最能体现这一点

---

[1] 司马迁：《史记》，中华书局1959年版，第3319页。

[2] 司马迁：《史记》，中华书局1959年版，第1页。

的是司马迁对汉初功臣的评价。萧何、曹参、张良、陈平、周勃等人是帝国建立的功臣，时异世变，他们虽然受高祖封赏为侯，但与世家中那些西周的受封诸侯比，内涵绝对不同。西周的诸侯在自己的国内，是独立的最高统治者，而汉初的诸侯们除了收自己封国的赋税之外，几乎没有任何实际的权力。司马迁给这些人作传记，实事求是地说，放入列传是更合适的，但司马迁为了褒扬他们对大一统的汉帝国建立所立下的不朽功勋，而将他们升入世家。司马迁以是否为"忠信行道以奉主上"的"辅拂股肱之臣"，为入选世家的前提条件，鲜明地表达了他的大一统政治观点。刘知几《史通》谓："司马迁之记诸国也，其编次之体与本纪不殊，盖欲抑彼诸侯，异乎天子，故假以他称，名为世家。"

世家之下是列传。司马迁自己说："扶义俶傥，不令己失时，立功名于天下，作七十列传。"[1] 在这些人物传记中，可以很清楚地发现，正面的入选者，多有着扶助天子安定天下、维护一统的业绩；而反面入选者，多有着危及天子正常统治与进行分裂活动的事迹。后者的代表是《吴王濞列传》与《淮南衡山王列传》。吴王濞是高祖的兄子，淮南厉王刘长是文帝的兄弟，他们与刘安以及衡山王刘赐都是汉室宗亲，本应该是捍卫帝国一统的最坚强的分子，但却为了个人恩怨而对抗中央政权，企图分裂国家，犯上作乱，司马迁为他们作传记，没有因为他们曾受封为王就简单地将之列入世家，而是将之贬入列传，以示惩戒。司马迁如此处理，不是以成败论英雄的落井下石，而是依据大一统的政治理念而做出的合理安排。大体而言，司马迁以列传记载人物生平，着力点是记载功臣贤人的言行，贬斥分裂者，以此来充实本纪的简约。另外，列传与世家一道是记载臣下的，它们是专记帝王的本纪的从属部分，司马迁将世家、列传置于本纪之后，还有人臣依附、拱卫君王的用意。

张大可对于本纪、世家、列传三体，有一段较为精到的阐释："本纪编年，广载军国大事，摘载诏令制诰，以象征历史发展的统绪。世家述开国承家的诸侯。列传叙人臣事迹，辅弼君上，如众星之拱卫北辰。这种不同的题名及载述笔法，是一种等级序列。所以纪传史是以帝王将相为中心的历史，形象地映照了封建政体的等级秩序，适应了封建统治者的思想体制。"[2]

---

[1] 刘知几：《史通·本纪》，载浦起龙：《史通通释》，上海古籍出版社1978年版，第33—34页。

[2] 张大可：《司马迁评传》，南京大学出版社1994年版，第166页。

二

除了体例设计方面之外，《史记》的大一统观具体体现在三个方面：对于汉以前大一统历史的追思与虚构，对于秦、汉一统的赞美，对于汉帝国削藩政策的支持。

客观地说，司马迁对于先秦历史的记述，并非完全中立的客观描述，而是带有强烈的主观爱憎因素，他对历史发展规律的理解，决定了他历史描述的内容与方式。总的来看，《史记》虽然有"实录"的美名，但司马迁很多时候还是理念先行地来看待历史、处理历史。在描述先秦历史时，司马迁显然是以大一统的理念出发，力求通过自己的史笔来告诉读者这样的信息：我中华民族自有史以来就一直以统一为最高的政治诉求，先秦历史虽然分分合合，但"合"即一统是主流，分裂仅仅是几个短暂的不和谐的插曲罢了。

《史记》以本纪为骨干，本纪以《五帝本纪》为开始，这种安排是有其深意的。《五帝本纪》记载了众多的先公先王，而以黄帝为中心。据《五帝本纪》载，黄帝"生而神灵，弱而能言，幼而徇齐，长而敦敏，成而聪明"。《索隐》谓："弱，谓幼弱时也。盖未合能言之时，而黄帝即言，所以为神异也。"这是一个道德、能力都很杰出的人，最适合做一个民族的始祖。当天下失去秩序、一统被打破时，黄帝站出来讨平了炎帝和蚩尤，"天下有不顺者，黄帝从而征之，平者去之，披山通道，未尝宁居。东至于海，登丸山，及岱宗；西至于空桐，登鸡头；南至于江，登熊、湘；北逐荤粥，合符釜山"。司马迁笔下的黄帝，完全是替天行道者，而"东至于海"以下几句，读来极有大一统政权帝王出巡的味道。历史上的黄帝，其本身就介于人神之间，难以确指，而司马迁为了表述先秦历史的大一统主线，在这里不惜借用自己的想象来虚构黄帝。除了对黄帝的江山的描写颇有一统帝国的声势之外，《五帝本纪》中帝颛顼的天下是："北至于幽陵，南至于交址，西至于流沙，东至于蟠木，动静之物，小大之神，日月所照，莫不砥属。"[1]帝喾的天下是："帝喾溉执中，而遍天下，日月所照，风雨所至，莫不从服。"这些描写，显然不可能是文明初始阶段的上古社会所可能有的，这只有在大一统帝国存在之后才有可能出现。

在司马迁笔下，《五帝本纪》里其他的圣王都是黄帝的直系后代。《五帝本纪》

[1] 司马迁：《史记·秦楚之际月表序》，中华书局1959年版，第759—760页。

以下分别是《夏本纪》、《殷本纪》、《周本纪》、《秦本纪》，据司马迁所述，《夏本纪》中夏的始祖大禹，为黄帝的玄孙；《殷本纪》中殷的始祖契，为昌意之孙，而昌意为黄帝之孙；《周本纪》中周的始祖后稷，与契同父；《秦本纪》中秦的始祖女修，是颛顼的"苗裔孙"。这样，先秦的历史就一脉贯通下来了，每个王朝都是黄帝的直系后裔，王朝虽然有兴废，但黄帝一系的"一统"始终没有发生改变。司马迁通过虚构历代帝系血缘的关联，来论证政治大一统的合理性，为此甚至不惜重塑历史，以传达给读者一统政局自古已然的印象。司马迁的描述是幻象，但幻象的内核是真实的，那就是，大一统的理念深入人心，它已然成为中华民族的集体心理、集体记忆了。

对于秦，司马迁的感情很复杂。一方面，他从儒家仁德政治视角看待这个短命的帝国，批评秦始皇与二世皇帝的暴虐。为此，他对反秦的领袖格外看重，比如，他一一为反秦的英雄张耳、陈余、田儋等人作传，并打破体例的规定，将揭竿而起的陈涉从列传提升入世家，更是将灭秦的项羽升入与高祖同列的本纪。另一方面，司马迁对"暴秦"的否定是有限度的，他没有如一般儒生那样将秦说得一无是处，而是在谴责其残暴的同时，更赞美其结束分裂一统天下的历史功绩。在前引《秦楚之际月表序》中，司马迁站在大一统的立场上，回顾黄帝以来的历史，解释统一的困难，对秦的重新一统大力地予以表彰。虽然司马迁也承认秦是以最不得人心的暴力手段实现的一统，但却对此表示理解，因为"世异变"而不得不如此。在《秦始皇本纪》的论赞部分，司马迁虽然谴责秦王"怀贪鄙之心，行自奋之智，不信功臣，不亲士民，废王道，立私权，禁文书，而酷刑法，先诈力而后仁义，以暴虐为天下始"，但也肯定秦的历史地位。

> 秦并海内，兼诸侯，南面称帝，以养四海。天下之士，斐然乡风，若是者何也？曰：近古之无王者久矣！周室卑微，五霸既殁，令不行于天下。是以诸侯力政，强侵弱，众暴寡，兵革不休，士民罢敝。今秦南面而王天下，是上有天子也。既元元之民，冀得安其性命，莫不虚心而仰上，当此之时，守威定功，安危之本在于此矣。

对于秦没有把握好历史机遇，执行了错误的暴力路线以至于二世而亡，司马迁表达了自己深切的惋惜之情。

一切古代史都是当代史。司马迁对远古历史的追溯与对亡秦的评价，目的都是服务于当代政治。而在司马迁的时代，最紧迫的内政危机，就是藩国坐大以至于危及汉中央政权的大一统。

高祖立国，郡县制与封建制相杂。在帝国境内，中央政权直接控制的郡县与藩王控制的封国的面积，大致在一比三左右。关东最肥美的土地都由藩王掌控，比如，齐地是高祖庶长子刘肥，吴地是高祖的兄子刘濞，楚地是高祖的弟弟刘交。这些藩王当高祖在世时，尚能够安分守己，高祖去世后，这些掌握强大经济、军事力量的藩王，开始渐渐地与中央离心离德，比如，吴王濞自恃是文帝兄长辈而不肯朝拜。贾谊向文帝上《陈政事疏》，谈到当时政治危机，已经到了"可为痛哭""流涕""长叹息"的地步。贾谊在诸多的政治危机中，最关注藩国问题，他说："臣请试言其亲者：假令悼惠王王齐，元王王楚，中子王赵，幽王王淮阳，共王王梁，灵王王燕，厉王王淮南，六七贵人皆亡恙，当是时，陛下即位，能为治乎？臣又知陛下之不能也。若此诸王，虽名为臣，实皆有布衣昆弟之心，虑亡不帝制而天子自为者。擅爵人，赦死罪，甚者或戴黄屋，汉法令非行也。虽行不轨如厉王者，令之不肯听，召之安可致乎？幸而来至，法安可得加？动一亲戚，天下圜视而起，陛下之臣虽有悍如冯敬者，适启其口，匕首已陷其匈矣。陛下虽贤，谁与领此？故疏者必危，亲者必乱，已然之效也。其异姓负强而动者，汉已幸胜之矣，又不易其所以然。同姓袭是迹而动，既有征矣，其势尽又复然。殃祸之变，未知所移，明帝处之，尚不能以安，后世将如之何？！"[1]贾谊的奏疏虽然有危言耸听的成分，但他对文帝时政局的分析大致是准确的。

到了景帝时期，情况更加严重，中央与藩国势同水火，已经很难共存下去，藩国开始备战，汉的大一统遭到严重挑战。晁错协助景帝削藩，立即激起了七国的叛乱，汉景帝迅速平定了这些叛乱，并借机收回了原来属于藩王的诸多权力。对此，司马迁是无保留地拥护。前文已论到他将叛乱者降入列传的春秋笔法，此外，司马迁还一再地通过史文中的论赞来申明自己支持大一统与对分裂的态度。

在《吴王濞列传》文后的赞语中，司马迁批评吴王濞"薄赋敛使其众，以擅山海利"，收买人心，他虽然对吴王世子被景帝击杀有一定的同情，但对吴王因此衔恨，"亡其本亲，越谋宗"的行为给予无情的批判，因为这有违大一统。司马迁还以《春秋》笔法说"古者诸侯地不过百里，山海不以封"，来影射高祖大规模封同姓亲属为藩王的不理智举动不合乎传统，原因还是这不利于大一统。而在《淮南衡

---

[1]　司马迁：《史记》，中华书局1959年版，第3319页。

山列传》的赞语中，司马迁对于这些刘姓的叛臣贼子更直接地予以口诛笔伐："淮南、衡山，亲为骨肉，疆土千里，列为诸侯。不务遵蕃臣职，以承辅天子，而专挟邪僻之计，谋为畔逆，仍父子再亡国，各不终其身，为天下笑。"[1]

对于不守藩国臣子礼、妄图分裂的侯王，司马迁用各种方式予以贬斥。而对汉的各种削藩举措如左官律、推恩令、酎金法等，司马迁则是无条件地认同。

对于景帝平定七国之乱，司马迁认为是景帝在位期间最有作为也是最大的历史功绩，在《太史公自序》中，司马迁解释作《景帝本纪》的原因时说："诸侯骄恣，吴首为乱。京师行诛，七国伏辜。天下翕然，大安殷富。作《孝景本纪》第十一。"[2]景帝一生有作为的事很多，但司马迁单单拈出平叛一事来概括，因为司马迁站在历史的高度认识到，景帝的迅速果断平叛，对于维护汉帝国大一统，保证汉祚的绵长，居功至伟。对于武帝使用各种办法削藩的举措，司马迁更是衷心颂扬。《建元以来王子侯者年表》前的序言非常简短，司马迁先是摘引汉武帝的一道诏令："制诏御史：诸侯王或欲推私恩分子弟邑者，令各条上，朕且临定其号名。"然后，司马迁以太史公的名义评论道："盛哉！天子之德！一人有庆，天下赖之。"[3]司马迁认为，武帝德行的盛大，主要表现在高瞻远瞩，颁布推恩令削弱藩国，使得汉初以来"末"大于"本"的反常政治格局被扭转，中央政权重新君临藩国之上，金字塔形的大一统帝国权力体系正确地树立起来，有利于国家的长治久安，有利于芸芸众生的民生福祉。同样地，在《汉兴以来诸侯王者年表序》中，司马迁对武帝的平叛功业给予高度评价。

> 汉定百年之间，亲属益疏，诸侯或骄奢，习邪臣计谋为淫乱。大者叛逆，小者不轨于法，以危其命，殒身亡国。天子观于上古，然后加惠，使诸侯得推恩分子弟国邑。故齐分为七，赵分为六，梁分为五，淮南分三，及天子支庶子为王，王子支庶为侯，百有余焉。吴、楚时，前后诸侯或以适削地，是以燕、代无北边郡，吴、淮南、长沙无南边郡，齐、赵、梁、楚支郡名山陂海，咸纳于汉。诸侯稍微，大国不过十余城，小侯不过数十里，上足以奉贡职，下足以供养祭祀，以蕃辅京师，而汉郡八九十，形错诸侯间，犬牙相临，

---

[1] 刘知几：《史通·世家》，载浦起龙：《史通通释》，上海古籍出版社1978年版，第37页。

[2] 司马迁：《史记》，中华书局1959年版，第3303页。

[3] 司马迁：《史记》，中华书局1959年版，第3319页。

秉其阸塞地利，强本干、弱枝叶之势也。尊卑明而万事各得其所矣。[1]

在这里，司马迁重点表彰了武帝采纳主父偃的建议而行推恩令，既保全了皇帝与藩侯的血缘亲情，又解除了藩国坐大的弊病，兵不血刃地解决了困扰汉初四代皇帝的一个严重政治危机。司马迁歌颂汉武帝的政治智慧，是因为汉武帝解决了大一统的潜在威胁，为二百年汉祚的延续打下了坚实的基础。

三

司马迁所理解的西汉大一统，对内要削平藩国割据势力，对外则要全力稳定边疆，击退异族的侵扰。

异族的侵扰是个由来已久的问题，是中原华夏民族的噩梦。早在商周时期，中原的华夏就开始了与周边蛮族的无休止的战争。春秋时期，异族的侵扰更加严重，孔子于是针对性地提出了严华夷之别与尊王大一统的理论主张。公羊学在孔子理论的基础上将天下分为京师（国）、诸夏、夷狄三个层次，更加强调"异内外"即华夷之别。[2]

西汉初期，因为中原连年战乱，实力大减，北方的匈奴乘势崛起，屡次南下，对中原汉政权造成了极大的威胁。高祖亲征，结果被围在白登山，几乎不免；吕后受单于书信侮辱，却只有缄默，因为没有实力反抗；文帝时，匈奴大入边，京师附近出现敌方骑兵，首都成为边地。总之，武帝大举反攻之前，面对匈奴的进攻，汉不得不被动防守。以匈奴为主的异族的入侵，成为危及帝国生存的一个大问题。司马迁站在汉民族的立场上，将异族的入侵视作危及汉帝国大一统的严重事件。所以，对于武帝的反击，司马迁虽然同情民众遭受的战争苦难，但大体上是持赞同态度的，原因之一就是这能够挽救大一统。

同样的原因，对于那些勾结外族的谋反者，司马迁基本上是持贬斥态度的。淮阴侯韩信，曾佐助刘邦建立汉王朝，但他与勾结匈奴的叛国分子联系，有潜在谋反的可能，所以司马迁在同情其遭遇的同时，也斥责其反大一统的分裂行为："天下

---

[1]　司马迁：《史记》，中华书局 1959 年版，第 802—803 页。

[2]　详康宇凤：《浅谈史记对春秋公羊学"大一统"思想的继承与发展》，载《内蒙古师范大学学报》（哲学社会科学版）2007 年第 6 期。

已集，乃谋畔逆，夷灭宗族，不亦宜乎！"魏豹也曾为建立大一统的汉帝国建立了功勋，但勾结匈奴，所以落得个可悲下场，司马迁对此讥讽道："怀畔逆之意，及败，不死而虏囚，身被刑戮，何哉？中材已上，且羞其行，况王者乎！"[1]

司马迁为了大一统汉政权的生存，而赞同抗击异族入侵。但站在更高的文化大一统的立场上，他有着更为博大的各族共存的民族大一统的理想。这种理想是武帝时期见识高远的文士所共有的，比如司马相如在其《难蜀父老》中说：

> 《诗》不云乎："普天之下，莫非王土。率土之滨，莫非王臣。"是以六合之内，八方之外，浸淫衍溢，怀生之物，有不浸润于泽者，贤君耻之。今封疆之内，冠带之伦，咸获嘉祉，靡有阙遗矣，而夷狄殊俗之国，辽绝异党之域，舟车不通，人迹罕至，政教未加，流风犹微。内之则犯义侵礼于边境，外之则邪行横作，放杀其上。君臣易位，尊卑失序，父老不辜，幼孤为奴虏，系缧号泣，内向而怨，曰：盖闻中国有至仁焉，德洋恩普，物靡不得其所。今独曷为遗己？举踵思慕，若枯旱之望雨，戾夫为之垂涕，况乎上圣，又焉能已？故北出师以讨强胡，南驰使以诮劲越，四面风德，二方之君，鳞集仰流，愿得受号者以亿计。故乃关沫若徼，群柯镂灵，山梁孙原，创道德之涂，垂仁义之统，将博恩广施，远抚长驾，使疏逖不闭，昧暗得耀乎光明，以偃甲兵，于此而息。讨伐于彼，遐迩一体，中外禔福，不亦康乎。夫拯民于沈溺，奉至尊之休德，反衰世之陵夷，继周氏之绝业，天子之亟务也。[2]

司马相如为武帝开边辩解，但他也道出了当时一些怀着博爱之心的儒者的心声：中原已经受惠于仁德天子的统治，而周边民族却仍在野蛮文化中挣扎，当此之时，真正的大一统仁君应该以四海为一家，蛮夷也是他的子民，他有义务将这些不幸的臣民从"沈溺"中拯救出来。从《史记》对异族历史的叙述来看，司马迁与司马相如是持同样的悲悯态度的。

前文已经论到，司马迁为了构筑自己的大一统历史，而虚构了黄帝以来的历史，在《五帝本纪》、《夏本纪》等篇章中，他将每一位伟大的先公先王都叙述成是黄帝的某一个后裔。在讲述周边异族的起源时，司马迁使用了同样的手段：

---

[1] 司马迁：《史记·魏豹彭越列传》，中华书局1959年版，第2595页。

[2] 张大可：《司马迁评传》，南京大学出版社1994年版，第166页。

楚国，"先祖出自帝颛顼高阳"。（《楚世家》）

同属"荆蛮"的吴国，第一个国君是周王季历的兄长太伯。（《吴太伯世家》）

越国，"其先禹之苗裔，而夏后帝少康之庶子"。（《越王勾践世家》）

闽越与东海越，其王之先祖"皆越王勾践之后也，姓邹氏"。（《东越列传》）

朝鲜，第一个君主是商纣王的叔叔箕子。（《朝鲜列传》）

匈奴，"其先祖，夏后氏之苗裔也，曰淳维"。（《匈奴列传》）

南越，其王尉佗"真定人也，姓赵氏"。（《南越列传》）

司马迁笔下的华夏周边的蛮族，都可以从族源上追溯到华夏的始祖黄帝，这样，就可以为华夷的文化一统找到有利的佐证，就可以为汉帝国统治下的"世界"范围内的各族和谐统一提供血缘上的证据，从而间接论证了西汉政治大一统的合法性。

既然在族源上找到了各族为兄弟的"证据"，司马迁就很可以打破正统公羊学家严华夷之别的偏见，在叙述各族历史时，将它们都纳入到大一统的汉帝国的国土版图之内，并一视同仁地将各族民众都视作是与华夏人民一样的汉朝天子的子民。

正是基于这样的理解，司马迁才将吴、楚、越的历史列入世家，因为三者与其他华夏诸侯一样是"三十辐共一毂"地拱卫天子的，例如，司马迁自言"嘉勾践夷蛮能修德，灭强吴以尊周室，作《越王勾践世家》"；司马迁将朝鲜、东越、南越、匈奴列入列传，是希望四者能恪尽职守，扶助天子安定天下、维护一统，司马迁赞赏南越"保南藩，纳贡职"而作《南越列传》即是一例。[1]

对于各族积极参与华夏的正义事业，司马迁是持肯定态度的。秦末，东越、闽越等南方族群呼应中原各路反秦义师，奋起反抗秦的暴虐统治，对汉的一统帝国的建立起到了积极的作用；东越的无诸和摇率领族人归附吴芮反秦，之后又协助高祖攻击项羽，为汉帝国立下了汗马功劳。对于这些，司马迁详尽地记述，并给予充分的肯定，因为他是站在各族平等的文化大一统的立场上来看待各族参与中原事物的，所以他能够摒弃狭隘的华夷内外概念，能在更高的层次上观察历史，思索规律。

"余读《春秋》古文，乃知中国之虞与荆蛮、句吴，兄弟也。"[2] 这就是司马

---

[1]　司马迁：《史记·太史公自序》，中华书局 1959 年版，第 3317 页。

[2]　司马迁：《史记·吴太伯世家》，中华书局 1959 年版，第 1475 页。

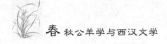

迁对于华夏与周边蛮夷关系的总的见解：大家都是沐浴在汉的大一统阳光下的兄弟。因为是兄弟，所以各族应当是地位平等的，应当和平相处，应当互惠互补。以司马迁为代表的汉代的大一统民族观对后代各民族的交流、融合，对于汉族最终的形成，产生了有益的影响。

第四章　公羊学与西汉文士的人生追求

在古代中国，几乎所有的学术都要仰仗皇权的认可与庇护，才有可能流传、壮大。战国诸子之学看似自由，实际上除了庄子、杨朱等少数例外，也都在看似分歧的表象下隐含着共同的追求：认同君主专制的合理性，力求为王侯解决现实政治问题，从而间接地达到自己学派独尊的目的。可以说，对王权的依附，在战国诸子那里就已经如此了。

进入专制帝国时期，学术思想的一统成为刻不容缓的政治急务。作为第一个专制帝国的秦，在没有前例可资借鉴的情况下，确立"以吏为师"为帝国思想文化的主干，施行对思想、文化的专制。秦的夭亡，证明了"以吏为师"的错误，这是陆贾、贾谊等汉初有识之士的共同理解。继秦而隆兴的汉，必须找到新的正确的思想统一道路，在合适的时机，在适当的场合，董仲舒的春秋公羊学适时地出现了。汉武帝显然意识到了以公羊学为主体的今文经学的巨大利用价值，他的"罢黜百家，独尊儒术"政策成功地统一了帝国臣民的思想，为从秦始皇开始的找寻，划上了一个完美的句号。

当然，就汉武帝的本意而言，他对儒家的重视绝非简单地提倡周孔之学，相反地，他是与秦始皇一样，要将思想置于皇权的控制之下，使之变成皇权的附庸。检阅西汉思想史，我们确实不得不承认，在被"独尊"的同时，儒学已经失去了孔孟原初儒学的精髓，它在被收编的同时，也就放弃了自己曾经的自由，而接受自己成为皇权从属物的地位。有所失但也有所得。依靠政治的力量，儒学迅速风靡全社会，成为主流思想、官方意识形态，从而成为左右西汉文士头脑的主流思想。刘泽华先生指出："儒学既是官学，也就是官方意识形态。这种官方意识形态借助帝王的政治力量推向全社会，从而使整个社会观念儒家化。儒家的社会化无疑有自身的濡化因素，但更主要的是政治推动的结果。特别是以经取士，把士人的多数吸引到儒家的轨道，并成为维护帝王体系的学人或政治工具。"[1] 儒学依附汉政的得与失，是思想史与政治哲学研究者甚感兴趣的问题，因为本书的文学性质，对这些问题只能点到为止地探讨到这里。本章探讨的重点，是公羊学这一时代主流思想对西汉文士人生观的影响，对西汉文学作品情理趋向的影响，即在"独尊"的儒学中处于"独尊"地位的春秋公羊学对西汉文士的心理产生的正面的和负面的影响，而这些影响又是如何转化为他们作品的内涵与风貌的。

第一节 儒学理想与个体追求的矛盾

武帝的"罢黜百家，独尊儒术"政策将儒学（确切地讲是今文经学）置于帝国统治思想的高度，同时，武帝施行儒学为入仕唯一途径的政策受此政策的鼓动，儒学成为帝国范围内几乎所有学者共同研究的唯一学问，从而对西汉士人的思想、行为产生了难以估量的影响。在这场自上而下的儒学推广运动中，士人的接受是第一波，全体民众的接受是最后、最重要的第二波，儒学成为规范社会人伦的最高准则，在西汉，儒家思想第一次真实地转变为社会中人的言行标准，知识真正地转化为行动。在以公羊学为主体的儒学思想弥漫整个武帝之后的西汉社会，文学的创作者基本上是全体接受这一思想学说的。但是，在实践操作中，神圣的公羊学理想与自身的个体追求并不总是和谐共存的，二者时时的龃龉冲突，成为武帝之后西汉文士心理与人格矛盾的主要根源。

一

武帝对公羊学的提倡并非真诚的倡导，而是有限度的利用。自武帝开始，所谓的"汉家制度"，就是以"霸、王道杂之"为基本特征的。《汉书·元帝纪》记载，元帝为太子时，"柔仁好儒，见宣帝所用多文法吏，以刑名绳下，大臣杨恽、盖宽饶等坐刺讥辞语为罪而诛"，于是：

　　尝侍燕，从容言："陛下持刑太深，宜用儒生。"宣帝作色曰："汉

[1] 司马迁：《史记·吴太伯世家》，中华书局1959年版，第1475页。

家自有制度，本以霸王道杂之，奈何纯任德教用周政乎？且俗儒不达时宜，好是古非今，使人眩于名实不知所守，何足委任！"乃叹曰："乱我家者，太子也！"[1]

元帝以为既然"独尊"儒术，就要落实到实践中去，认真地执行儒学理论。但宣帝反对"纯任德教"，反对迂腐"俗儒"进入政治中枢，他提出的"霸王道杂之"的"汉家制度"，其实就是武帝所开创的外儒内法治国方略。在武帝、宣帝看来，以公羊学为主体的儒学仅只是表面的招牌，治国的真正精髓还是要在秦始皇、李斯的法家那里寻找才对。《汉书》中的这段材料，透露出的信息是儒学昌盛时期的武、宣二帝对儒学的隐秘见解。所以，虽然武帝提倡公羊学，提拔公羊学家公孙弘等儒生为卿相，但在这一时期，公羊学只是表面的光鲜，并未得到实际的重用。情况的改变，是在元帝上台之后。虽然元帝也远没有真正地奖掖公羊学，但从他开始，公羊学渐渐地深入到社会的方方面面，成为上至帝王下至百姓，一致认可的权威。

这种权威性，首先表现为对公羊学说的母本——《春秋》经的神化。以《春秋》为首的"五经"，被武帝确立为官方认可的教材，体现了官方的意识形态，成为钦定的国家指导思想和社会、人伦准则。与皇权结盟的《春秋》，不再仅只是一种思想文化载体，而变为权威的政治力量与法律，对《春秋》经的背叛，被认为是等同于对皇帝的背叛，因为它是孔子预言性地为汉家立法，是孔子秉承天意而作。对公羊学所凭依的《春秋》经的神化，导致了该经书的地位的神化，即《春秋》经成为终极真理，全社会士子唯有先验地相信它、崇拜它，而不可以有第二种认知。今文经学家认定，"五经"都是经过"素王"孔子的手才最后成型的，而在编纂"五经"的过程中，其余四经，孔子都是与子夏等高足平等协商后定稿的，唯独《春秋》经，孔子"笔则笔，削则削，子夏之徒不能赞一辞"，其原因，据司马迁解释是此书为孔子生平理想的结晶，代表了孔子的最高政治追求，孔子相信，若"春秋之义行，则天下乱臣贼子惧"，他甚至说："后世知丘者以《春秋》，而罪丘者亦以《春秋》！"公羊学家则推演为"《春秋》当新王"理论。[2]

其次，这种权威性还间接地表现为对孔子的圣化。孔子生前仅官至鲁国的大司寇，但在他去世之后，随着时间的推移，他的地位渐渐升高。先是他的弟子们刻意地圣化，然后是帝王的强力介入。西汉的开国君主高祖，开了帝王祭孔的先河，武

---

[1] 班固：《汉书·元帝纪》，中华书局1962年版，第277页。

[2] 司马迁：《史记》，中华书局1959年版，第1—2页。

帝尊崇儒学之后，对孔子的崇拜变本加厉，除了祭孔之外，还添加了诸如追赠封号、封其后人等。帝王的推崇是一方面，另外的一方面是学者的推崇。公羊学家们将孔子神秘化、圣人化，尊为"素王"；司马迁作《史记》，更是打破常规，将布衣孔子升格写入世家，与另一位文化圣人周公并列。既然孔子有着与周公并肩的崇高地位，那么，孔子倾尽心血而著的《春秋》自然也就是神圣的，而解释《春秋》经的公羊学说也就相应地是神圣的真理。在两汉学者中，除了东汉的王充在《论衡》中稍加质疑之外，没有第二个人敢于怀疑。

总之，公羊学是与《春秋》经、孔子捆绑在一起的，《春秋》经和孔子地位的尊崇，也就意味着公羊学地位的尊崇。在武帝之后的西汉，几乎所有的学者、文士都坚定不移地推尊公羊学。比如，匡衡在给成帝的奏疏中就称公羊学在内的经典乃是"圣人所以统天地之心，著善恶之归，明吉凶之分，通人道之正，使不悖于其本性"的要言至理，若深思熟虑，"则天人之理可得而和，草木昆虫可得而育"，所以是"永永不易之道"。[1]

公羊学说地位既如此之高，则影响也必相应巨大。西汉文士的治世理想，有很大的成分就来源于春秋公羊学，所以它对西汉文士的理想塑造起着不可替代的影响力。尤其是武帝之后的文士，他们的文化观念与政治理想，已经基本上儒学化了，武帝之前还很有市场的战国诸子之学，虽然偶尔有习学之人，但基本上已是处于边缘化的尴尬地位，并且还不断地遭到信奉儒学的学者的批评。扬雄就站在儒学的立场上批评诸子之学，《法言·吾子》载：

> 或曰："女有色，书亦有色乎？"曰："有。女恶华丹之乱窈窕也，书恶淫辞之淈法度也。"……"不合乎先王之法者，君子不法也。观书者譬诸观山及水，升东岳而知众山之峛崺也，况介丘乎？浮沧海而知江河之恶沱也，况枯泽乎？舍舟航而济乎渎者，末矣；舍五经而济乎道者，末矣。弃常珍而嗜乎异馔者，恶睹其识味也？委大圣而好乎诸子者，恶睹其识道也？山径之蹊不可胜由矣，向墙之户不可胜入矣。"曰："恶由入？"曰："孔氏。孔氏者，户也。"[2]

扬雄的这些论述，完全是从学术品位的高低与正邪的角度来拉高儒学而贬低申

---

[1] 班固：《汉书·匡衡传》，中华书局1962年版，第3343页。

[2] 班固：《汉书·扬雄传》，中华书局1962年版，第3564页。

商、公孙龙子等子学的。之所以会有这样的认识，完全是拜武帝以来经学独尊所赐。长时间的思想浸润，已经在潜移默化中改变了文士的思想，以扬雄为代表的西汉中后期文士在思想大一统的教化之下，完全认同儒学的真理性，由此，文士们产生了维护儒学思想正统的真挚情感，他们为了维护这一理想的"真理"，而毫不留情、不遗余力地力图铲除非儒学的思想杂草。公羊学为代表的儒学是知识，更是标准，在《法言》中，扬雄一再强调着这一点。扬雄为了卫护儒学而著书立说，他的《法言》是以《论语》为范本专事模仿而创作出的，《太玄》是以《周易》为范本而作的。据《汉书·扬雄传》载，扬雄虽然以记诵博洽而著称于时，但他并非真正地博览群书，而是有选择地读，是"非圣哲之书不好"的，扬雄不认同广搜博览的学者，他似乎认为只有经过儒学认可的知识才是可靠的、值得吸收的，在设为回答他人疑问是否可以舍儒学而别宗诸子以求道时，他很专断地回应："适尧、舜、文王者为正道，非尧、舜、文王者为他道。君子正而不他！"[1]扬雄认为，尧舜周孔之道是正道是准绳，诸子无一例外地都是异端邪说："庄、杨荡而不法，墨、晏俭而废礼，申、韩险而无化，邹衍迂而不信。"与之形成鲜明对比的是，"圣人之材天地也！"这种对于价值标准唯一性的坚持，与董仲舒"去其所与异，从其所与同"的见解是完全一致的。[2]董仲舒、扬雄所否定的是思想界的平等争鸣，他们所理想的乃是见解统一于以公羊学为主题的儒学。

所以，在武帝后西汉人的奏疏、文章中，屡屡引公羊学义以为自己劝谏、立论的理论支撑，已经成为一种时代风气。从这些奏疏不难看出，文士们认为公羊学等儒家经典包罗万象，可以解释自然界与人类社会的一切难题，是知识的终极，是治世必须依据的法则。段熙仲先生的《春秋公羊学讲疏》第六编《余论》部分的第二章《公羊古义辑》所收录的摘自《史记》、《汉书》的文士奏议，都是如此。段熙仲先生的著作俱在，兹不赘述。

公羊学化的儒学既然成为全社会公认的真理，其自身的利用价值自然也就随之增大，帝王对它的利用自武帝就开始了，自不必赘述，而王莽这位嗅觉灵敏的权臣也加入到利用它的队伍中来，却最终导致了以《公羊传》为主体的今文经学走向末路。

王莽对于今文经学的利用，其本质是对儒士理想的利用，他的最终代汉，在很大程度上是得益于儒士阶层的支持，原因除了部分儒生贪图富贵、寡廉鲜耻之外，

---

[1]　司马迁：《史记》，中华书局 1959 年版，第 11—12 页。

[2]　司马迁：《史记》，中华书局 1959 年版，第 13—14 页。

更重要的一点是多数儒生被王莽尊儒重道的伎俩所迷惑，错误地将自己的治世理想寄托在王莽身上。

班固的《汉书》用全书最大的篇幅来详细记述王莽的兴衰过程，他将王莽贬入传而非纪，代表了后世儒生对王莽的最终评价。《王莽传》中的王莽，虽出身外戚家族，但少年孤贫，矢志好学，尊老爱幼，生活节俭，迥异于其他王氏外戚。在其辅政期间，增加了太学弟子员三千人，荐举孔子十四世孙孔光为丞相，以儒家的平等观出发迫令杀奴的儿子自杀，主动捐献钱粮赈济灾民，大兴教育，广纳人才，从而渐渐地获得了士人的认可，儒生的治世理想似乎在王莽身上有了实现的可能。王莽身修家齐，又将帝国治理得井井有条，这正是公羊学"内圣外王"的人间版。所以，儒士们众口一词地赞美王莽贤明，对于王莽以新代汉，也很少有儒生出来反对。也就是在这种环境下，扬雄的《剧秦美新》创作出来了。

前人每当提到这篇文章，多认为是扬雄一生的污点，为他的晚节不保而惋惜。实际情况不是这样，因为持否定观点的人没有注意到这篇文章的写作时间。这篇文章是在王莽刚刚登台最孚众望的时候写的，扬雄并没有刻意地吹捧王莽，纵览全文，我们看到的是发自内心的歌颂，而很少有勉强的成分。扬雄在文章中先以三代的治世开始，接着批评战国以来的违弃儒学，专任暴力的政权与前代的无道相比，新朝则完全体现了上天的眷顾，体现了儒家的盛世理想。

> 逮至大新受命，上帝还资，后土顾怀，玄符灵契，黄瑞涌出，浑浑沴滴，川流海淳，云动风偃，雾集雨散，诞弥八圻，上陈天庭，震声日景，炎光飞响，盈塞天渊之间，必有不可辞让云尔。于是乃奉若天命，穷宠极崇，与天剖神符，地合灵契，创亿兆，规万世，奇伟倜傥谲诡。天祭地事，其异物殊怪，存乎五威将帅，班乎天下者，四十有八章。登假皇穹，铺衍下土，非新室，其畴离之？卓哉煌煌，真天子之表也。若夫白鸠丹乌，素鱼断蛇，方斯蔑矣，受命甚易，格来甚勤。昔帝缋皇，王缋帝，随前踵古，或无为而治，或损益而亡，岂知新室委心积意，储思垂务，旁作穆穆，明旦不寐，勤勤恳恳者，非秦之为与？夫不勤勤则前人不当，不恳恳则觉德不恺，是以发秘府，览书林，遥集乎文雅之圃，翱翔乎礼乐之场，胤殷周之失业，绍唐虞之绝风，懿律嘉量，金科玉条，神卦灵兆，古文毕发，炳焕照耀，靡不宣臻。式斡轩旌旗以示之，扬和鸾肆夏以节之，施黼黻衮冕以昭之，

正嫁娶送终以尊之，亲九族淑贤以穆之。夫改定神祇，上仪也；钦修百祀，咸秩也；明堂雍台，壮观也；九庙长寿，极孝也；制成六经，洪业也；北怀单于，广德也。若复五爵，度三壤，经井田，免人役，方甫刑，匡马法，恢崇祇庸烁德懿和之风，广彼搢绅讲习言谏箴诵之涂，振鹭之声充庭，鸿鸾之党渐阶，俾前圣之绪，布濩流衍而不韫韣，郁郁乎焕哉！天人之事盛矣，鬼神之望允塞，群公先正，罔不夷仪，奸尻寇贼，罔不振威。绍少典之苗，著黄虞之裔，帝典阙者已补，王纲弛者已张，炳炳麟麟，岂不懿哉！厥被风濡化者，京师沉潜，甸内匝洽，侯卫厉揭，要荒濯沐，而术前典，巡四民，迨四岳，增封泰山，禅梁父，斯受命者之典业也。盖受命日不暇给，或不受命，然犹有事矣，况堂堂有新，正丁厥时，崇岳渟海通渎之神，咸设坛场，望受命之臻焉。海外遐方，信延颈企踵，回面内向，喁喁如也。[1]

扬雄满怀热情地歌颂新朝上膺天命，符瑞臻至，下和民众，华夷推服，其原因就在于和昭帝之后昏乱的汉家天子相比，王莽的行为给予了普通民众与文士以盛世的幻想，在迷梦惊醒之前，王莽的新朝被视作是理想的实现、儒学的胜利。余英时认为，王莽的成功有两重因素：①他作为外戚，能够接近最高权力；②他的行事风格与执政策略符合西汉士人的政治理想，因而获得了士人的归心。[2] 王莽的成功，二者缺一不可，但西汉士人对王莽的归心是其成功的最关键因素，这是董仲舒以来的以公羊学为主体的儒学长时间观念浸润的结果。以公羊学为主体的儒学是西汉中后期唯一的主流思想，是这时期汉人的政治理想归宿，此时期文士的人格被公羊学化地塑造，他们的思想被公羊学化地定型，他们的文学作品，也就相应地呈现出儒学的多方面的内涵、特质。

二

西汉文士公羊学政治理想在其作品中的体现之一是圣王理想。有理想中的圣王，自然就有现实中暴虐的昏君。所以，文士们对圣王的歌颂赞美，很自然地伴随着对

---

[1]　萧统编：《文选》卷四十八，上海古籍出版社 1986 年版，第 2152—2155 页。
[2]　余英时：《士与中国文化》，上海人民出版社 1988 年版，第 25 页。

反面典型的暴露与批评，在"破"的过程中"立"正面形象，这就与始于汉初、贯穿整个西汉的对暴秦的无所顾忌的批评联系了起来。

在贾谊、陆贾等汉初的政论文作家看来，秦短命的二世而亡，最根本的原因是它以法家思想来治国，暴虐无道，以至于天怒人怨。武帝之后的儒士受到公羊学圣人理想的熏陶，联系所学，对贾谊、陆贾的看法有着更深刻的体认。

宣帝时的文士王褒作《四子讲德论》，他以主客问答的形式，让"微斯文学"、"虚仪夫子"、"浮游先生"和"陈丘子"四人讲论道德，赞美宣帝。要颂美当今天子施行仁义的可贵，就必须要有反面典型来作陪衬，作者于是将批判的矛头对准秦的无道。

> 先生独不闻秦之时邪？违三王，背五帝，灭诗书，坏礼义，信任群小，憎恶仁智，诈伪者进达，佞谄者容入，宰相刻削，大理峻法，处位而任政者，皆短于仁义，长于酷虐，狼挚虎攫，怀残秉贼，其所临莅，莫不饥粟慑伏，吹毛求疵，并施螫毒，百姓征伇，无所措其手足，嗷嗷愁怨，遂亡秦族。[1]

对于秦的专任严刑峻法以治理国家，王褒代表经生给予严厉批评，与秦的天怒人怨相比，当今的"圣主"——宣帝则呈现出完全迥异的风貌。

> 今圣主冠道德，履纯仁，被六艺，佩礼文，屡下明诏，举贤良，求术士，招异伦，拔骏茂。是以海内欢慕，莫不风驰雨集，袭杂并至，填庭溢阙，含淳咏德之声盈耳，登降揖让之礼极目。进者乐其条畅，息者欲罢不能，偃息葡匋乎《诗》《书》之门，游观乎道德之域，咸絜身修思，吐情素而披心腹，各悉精锐，以贡忠诚允愿，推主上，弘风俗，而骋太平，济济乎多士，文王所以宁也。若乃美政所施，洪恩所润，不可究陈，举孝以笃行，崇能以招贤，去烦蠲苛以绥百姓，禄勤增奉以厉贞廉，减膳食，卑宫观，省官田，损诸苑，疏繇役，振乏困，恤民灾害，不遑游宴，闵耄老之逢辜，怜缧绁之服事，恻隐身死之腐人，凄怆子弟之缧匿，恩及飞鸟，惠及走兽，胎卵得以成育，草木遂其零茂，恺悌君子，民之父母，岂不然哉？[2]

王褒笔下的汉宣帝是"恺悌君子"，是"民之父母"，他德行高尚，亲近儒学，节俭爱人，恩及草木鸟兽，是儒家理想中的圣王，是儒生心目中政治理想的化身。

---

[1] 萧统编：《文选》卷五十一，上海古籍出版社 1986 年版，第 2255—2256 页。

[2] 萧统编：《文选》卷五十一，上海古籍出版社 1986 年版，第 2254—2255 页。

扬雄的《剧秦美新》是一篇劝进文,后半部分"美新",歌颂王莽仁德;前半部分"剧秦",批评秦的暴虐,以作为后半段颂美的衬托,其抑扬手法与王褒的《四子讲德论》是完全一样的,但值得注意的是,王莽这个篡位者在扬雄笔下却是一位可与周公、文、武并列而无愧的"圣王",扬雄虽然淡薄个人利禄,但对于关乎天下苍生福祉的政治大业却是极为关切,对圣王的渴望贯穿在他几乎所有的著作中。《剧秦美新》之外,在其模仿《论语》而作的《法言》一书中,他再次公开自己对安汉公王莽的倾心。

> 君人者,务在殷民、阜财、明道、信义,致帝者之用,成天地之化,使粒食之民粲也,晏也,享于鬼神,不亦飨乎?周公以来,未有汉公之懿也!勤劳则过于阿衡!汉兴二百一十载而中天,其庶矣乎!辟廱以本之,学校以教之,礼乐以容之,舆服以表之,复其井、刑,勉人役,唐矣夫![1]

考之《汉书·王莽传》,在安汉公任上的王莽确实施行了很多有利于苍生的善政,所以,扬雄对安汉公时代的王莽的赞美应是发自内心的,他将王莽比作殷的伊尹,确实是将他视作是恢复儒学光荣的不二人选。对圣王出现抱有强烈热情的扬雄,将王莽登基之前的种种符合儒学规范的行为看作是伊尹、周公再世,因而对王莽发自内心地加以歌颂,将他比作与三皇五帝并肩的圣王是可以理解的。

扬雄作品中的王莽形象不是个案,在大多数的西汉辞赋中,都有当时皇帝的形象出现,这些帝王基本上被作者依据儒学的圣王理想而加以圣化了。而司马相如的《天子游猎赋》可以说是这方面最早的例子。作者先是极力描摹天子上林苑面积之广、物产之丰与田猎场面之大,在赋的结尾笔锋一转,写圣明天子改过自新,解酒罢猎,命令官员赈济穷乏,并且不止于此。

> 出德号,省刑罚,改制度,易服色,更正朔,与天下为始。于是,历吉日以斋戒,袭朝衣,乘法驾,建华旗,鸣玉鸾,游乎六艺之囿,骛乎仁义之涂,览观《春秋》之林,射《狸首》,兼《驺虞》,弋玄鹤,建干戚,载云䍐,揜群雅,悲《伐檀》,乐乐胥,修容乎《礼》园,翱翔乎《书》圃。述《易》道,放怪兽,登明堂,坐清庙,恣群臣,奏得失。四海之内,靡不受获。于斯之时,天下大说,向风而听,随流而化,喟然兴道而迁义,

---

[1] 扬雄:《法言·孝至》,上海书店《诸子集成》本 1986 年版,第 43 页。

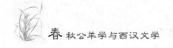

刑错而不用，德隆乎三皇，功羡于五帝。[1]

司马相如笔下的这位"圣王"不能简单地与汉武帝划上等号。武帝虽然雄才伟略，但外儒内法，奢侈多欲，实在无法和儒家理想中的圣王联系起来。司马相如在这里以委婉的方式，通过刻画一位完美的圣明天子形象，来寄托自己的理想，来婉转地讽刺武帝。作者寄希望于万一，希望武帝能够按照自己设计的步骤，由奢入俭，从凡人的欲望中升华到服务天下的圣王境界。

王褒对于圣明天子的期盼执着而强烈。除了上述的《四子讲德论》之外，还作有《圣主得贤臣颂》及一组诗歌来表达自己对宣帝的期许。

顾名思义，《圣主得贤臣颂》是赞美"圣主"与"贤臣"相得益彰，完美合作，以达到理想盛世的一篇作品。王褒对贤臣的定义作了规定之后，将定义圣主作为自己作品的主要目标。

> 故世必有圣知之君，而后有贤明之臣。故虎啸而风冽，龙兴而致云，蟋蟀俟秋唫，蜉蝣出以阴，《易》曰："飞龙在天，利见大人。"《诗》曰："思皇多士，生此王国。"故世平主圣，俊乂将自至。若尧、舜、禹、汤、文、武之君，获稷、契、皋陶、伊尹、吕望。明明在朝，穆穆列布，聚精会神，相得益章，虽伯牙操递锺，逢门子弯乌号，犹未足以喻其意也。故圣主必待贤臣而弘功业，俊士亦俟明主以显其德，上下俱欲，欢然交欣，千载一合，论说无疑，翼乎如鸿毛遇顺风，沛乎如巨鱼纵大壑，其得意若此，则胡禁不止？曷令不行？化溢四表，横被无穷，遐夷贡献，万祥毕溱。是以圣主不遍窥望，而视已明；不单顷耳，而听已聪。恩从祥风翔，德与和气游，太平之责塞，优游之望得。遵游自然之势，恬淡无为之场，休征自至，寿考无疆，雍容垂拱，永永万年。[2]

王褒心目中的"圣主"——汉宣帝，应该是与三皇五帝并称的"圣知之君"，应当是和贤臣休戚与共，肝胆相照。果能如此，则天下大治，永永万年，而圣主则悠游垂拱，万寿无疆。王褒的政治责任心是很强烈的，他始终希望能以自己一介儒生的绵薄之力而赞助盛世，帮助天子进德修业。他在步入政坛之前，就写过一组诗歌来歌颂汉政与宣帝。诗共三首——《中和》、《乐职》、《宣布》，三诗早已亡

[1] 司马迁：《史记·司马相如列传》，中华书局1959年版，第3043页。

[2] 司马迁：《史记》，中华书局1959年版，第283页。

佚，据《汉书·何武传》载："宣帝时，天下和平，四夷宾服，神爵五凤之间娄蒙瑞应，而益州刺史王襄使辩士王褒颂汉德，作《中和》、《乐职》、《宣布》诗三篇。"[1] 从《汉书》的这段介绍来看，三诗应该是以颂美宣帝德行为主题的作品。

公羊学家理想中的圣王，主要体现在高尚的个人道德上，而另一方面，公羊学对事功的热衷影响到赋家，使得赋家对于文治武功同样视作是圣王的标准。所以，除了泛泛地将汉帝圣化之外，西汉赋家对圣王歌颂的另一个主题，是颂美开国君主的吊民伐罪拯救万民于水火中，与守文之君的仁德爱人两个方面。

扬雄的《长扬赋》，对高祖赞美有加。

> 昔有强秦，封豕其士，窫窳其民，凿齿之徒，相与摩牙而争之，豪俊麋沸云扰，群黎为之不康。于是上帝眷顾高祖，高祖奉命，顺斗极，运天关，横巨海，票昆仑，提剑而叱之。所麾城摲邑，下将降旗，一日之战不可殚记。当此之勤，头蓬不暇疏，饥不及餐，鞮鍪生虮虱，介胄被沾汗，以为万姓请命乎皇天，乃展民之所讻，振民之所乏，规亿载，恢帝业，七年之间，而天下密如也。[2]

扬雄在充分铺垫了秦的残民以逞、暴戾恣睢之后，才让高祖出场。在扬雄笔下，高祖逐鹿中原，不是如司马迁《史记》所写的那样是为了个人的贪欲，而是救民于水火，是替天行道。为了早日将受苦的民众拯救出苦海，高祖"头蓬不暇疏，饥不及餐，鞮鍪生虮虱，介胄被沾汗"，完全是一副"为万姓请命乎皇天"的大公无私的凛然姿态，他以个人的努力击败邪恶的政权，满足了天人的要求，重新恢复了遭到破坏的秩序，使得民众重新过上了幸福生活，开国垂统，为一代始祖，他的武功虽然属于暴力，但却是为了正义而不得不行使暴力，所以，这种暴力即转化为德性，高祖的圣性是以"圣武"的形式而表现的。

与开国的高祖比起来，继体守文之君则是以其"文治"而被赋家写入圣王行列，西汉赋家写得最多的当属汉文帝。扬雄的《长扬赋》对汉文帝赞美道：

> 逮至圣文，随风乘流，方垂意于至宁，躬服节俭，绨衣不敝，革鞜不穿，大夏不居，木器无文。于是后宫贱瑇瑁而疏珠玑，却翡翠之饰，除雕琢之巧，恶丽靡而不近，斥芬芳而不御，抑止丝竹晏衍之乐，憎闻郑卫幼眇之声，

---

[1]　班固：《汉书》，中华书局 1962 年版，第 3481 页。
[2]　班固：《汉书·扬雄传》，中华书局 1962 年版，第 3559—3560 页。

是以王衡正而太阶平也。[1]

文帝以节俭爱民著称，他的身上体现了较多的儒家仁政特点，是汉代最有"圣王"特质的君主，所以得到了包括扬雄在内的众多赋家的颂美。

西汉赋家笔下的汉代圣王，或是扫平天下，解民倒悬，以武功开国，如高祖；或是谦恭守礼，节俭爱民，如文帝。赋家笔下的圣王或以文，或以武，但都是为民服务，看似具有相同的重要性，实际上，颂扬圣王时从"文"还是"武"的角度来写，是有着微妙差异的。从中国文化的传统看，重"文"甚于重"武"，以仁德服人要高于以武力服人。尤其是在公羊学家看来，仁德的君主较之有武功的君主，更接近"圣王"之域。所以，西汉赋家在汉赋的创作中，当歌颂帝王时，多是挖空心思地从仁德方面来夸饰的。而从歌颂的对象看，西汉一代以文德或武功而成就杰出的帝王，主要是高祖、文帝、武帝、宣帝四位，这也就不难理解为什么赋家的圣王理想多寄托在此四位的身上，对四位皇帝的歌颂占据了泰半的汉赋篇数了。

西汉文士的公羊学政治理想，表现之二是对大一统政治的拥护与捍卫。关于这一点，本书的第三章多有论及，在此补充一条，班彪对大一统汉政的理解。

西汉武帝之后，刘汉的天下渐渐地旁落到王氏手中，一直到王莽代汉建立新朝。但王莽的政权仅仅存在了二十九年便垮台了，天下群雄并起，秦末动乱的一幕再次出现。其中，隗嚣割据西北，意图一统中原。班彪恰好避难天水，隗嚣于是问班彪自己有没有可能统一天下，班彪的回答是："今民皆讴吟思汉，向仰刘氏。"言外之意，刘姓为天下民众所追思，民心决定了非刘氏子孙不可能成功。

最能体现班彪大一统思想的是他精心结纂的《王命论》。在这篇论证刘汉正统的论文中，班彪认为，每个人都是"穷达有命"，富贵是"不可以智力取"的。他认为，西汉末年的动乱不会给那些野心家以复制高祖成功的机会，因为天命所属，动荡的天下还会回到刘姓的手中。为了论证这一论点，他首先列举了高祖开创汉帝国有五大个人因素："一曰帝尧之苗裔，二曰体貌多奇异，三曰神武有征应，四曰宽明而仁恕，五曰知人善任。"[2] 更重要的是，高祖兴起是有着灵瑞符应即天命眷顾的。

> 若乃灵瑞符应，又可略闻矣：初，刘媪任高祖而梦与神遇，震电晦冥，

---

[1] 班固：《汉书》，中华书局 1962 年版，第 3560 页。

[2] 班固：《汉书·叙传》，中华书局 1962 年版，第 4211 页。

有龙蛇之怪，及其长而多灵，有异于众，是以王武感物而折券，吕公睹形而进女，秦皇东游以厌其气，吕后望云而知所处。始受命则白蛇分西，入关则五星聚，故淮阴、留侯谓之天授非人力也。[1]

正是因为高祖上膺天命，所以才能够取得天下，班彪于是警告隗嚣之流妄想取代刘氏者："历古今之得失，验行事之成败，稽帝王之世运，考五者之所谓，取舍不厌斯位，符瑞不同斯度，而苟昧于权利，越次妄据，外不量力，内不知命，则必丧保家之主，失天年之寿，遇折足之凶，伏斧锧之诛！"在班彪之前，没有哪个学者将刘氏的正统性说得这么绝对，班彪的意见不是个案，刘秀打着高祖后裔的幌子，也确实是他最终取得天下的一个最关键的因素。由此可见，虽然武帝之后"更受命"之说甚嚣尘上，王莽取代了刘氏，但以班彪为代表的一大批文士却仍将自己的儒学圣王理想与刘氏牢牢地捆绑在一起。

三

文士接受公羊学的政治理论，心向刘氏政权，他们衷心地颂美汉政，希望美好治世的到来，但大一统的汉政权带给他们的并不都是美好的东西，在美妙理想的另一面是阴暗而痛苦的现实，尤其是文士个体的消失、个性的泯灭。

西汉（尤其是武帝、宣帝时期）的人才无论从数量还是从质量方面考量，都是古代中国各王朝中人才最盛的时期，班固在《汉书》中对此赞美说：

> 汉兴六十余载，海内艾安，府库充实，而四夷未宾，制度多阙，上方欲用文、武，求之如弗及。始以蒲轮迎枚生，见主父而叹息，群士慕向，异人并出：卜式拔于刍牧，弘羊擢于贾竖，卫青奋于奴仆，日磾出于降虏，斯亦曩时版筑、饭牛之朋已，汉之得人，于兹为盛！儒雅则公孙弘、董仲舒、倪宽；笃行则石建、石庆；质直则汲黯、卜式；推贤则韩安国、郑当时；定令则赵禹、张汤；文章则司马迁、相如；滑稽则东方朔、枚皋；应对则严助、朱买臣；历数则唐都、洛下闳；协律则李延年；运筹则桑弘羊；奉使则张骞、苏武；将率则卫青、霍去病；受遗则霍光、金日磾，其余不可胜纪。

---

[1]　班固：《汉书·叙传》，中华书局1962年版，第4211—4212页。

是以兴造功业，制度遗文，后世莫及。孝宣承统，纂修洪业，亦讲论六艺，招选茂异。而萧望之、梁丘贺、夏侯胜、韦玄成、严彭祖、尹更始以儒术进；刘向、王褒以文章显，将相则张安世、赵充国、魏相、丙吉、于定国、杜延年；治民则黄霸、王成、龚遂、郑弘、召信臣、韩延寿、尹翁归、赵广汉、严延年、张敞之属，皆有功迹，见述于世，参其名臣，亦其次也。[1]

班固详尽地列举了武帝朝和宣帝朝各个方面的人才情况，从而得出"汉之得人，于兹为盛"的慨叹，这一份人才名单中的任何一位在任何一个朝代，都属第一流，而两位汉帝朝中竟然有五十余位！千里马常有而伯乐不常有，是古代士人普遍的感慨，但汉代似乎不是这样，如此说来，西汉的文士应该庆幸自己生逢其时——难得的盛世、慧眼的伯乐，他们得到伯乐赏识的机会应该远远大于其他时代的文士，他们可以尽情地施展自己的才能，实现自己的修齐治平理想。

但检阅西汉文士的文章会发现，这种看法并非实际情况，为数甚多的文士并没有生逢其时的幸福感，相反地，他们在文章中时时地流露出生在盛世而自己却失意痛苦的情绪。

班固人才名单中的董仲舒，作有《士不遇赋》，这是董仲舒唯一的一篇赋作，但主题不是颂扬武帝，而是宣泄牢骚。在赋的开篇，他感慨机会难得而易失，自己想要把握住机遇在政治上有所作为，但又不愿意为了仕进而降低标准放弃自己的理想；要坚持理想，那么就会老死而无成，因此，作者忧心如焚，感到惶惑不安：

生不丁三代之盛隆兮，而丁三季之末俗。以辩诈而期通，贞士以耿介而自束。虽日三省于吾身，繇怀进退之维谷。彼寔繁之有徒，指其白以为墨。目信嫮而视眇，口信辩而言讷。鬼神不能正人事之变戾，圣贤亦不能开愚夫之违惑。出门则不可与偕往，藏器又蚩其不容。退洗心而内讼，固未知其所从。观上世之清晖，廉士茕茕而靡归。殷汤有卞随与务光，周武有伯夷与叔齐。孰若反身于素业，莫随世俗而轮转。虽矫情而获百利，不如复心而归一善。[2]

为后代学者文人欣羡不已的武帝盛世，在董仲舒看来不但算不上是"三代盛隆"，反而有"三季末俗"之感，后世人臆想中的武帝时期应该是政通人和，但董仲舒却

---

[1] 王洲明、徐超：《贾谊集校注》，人民文学出版社 1996 年版，第 429 页。
[2] 司马迁：《史记》，中华书局 1959 年版，第 2836 页。

道出其中的种种阴暗面：奸人当道而仁者仕进室碍，进退维谷。对现实的极度不满使得作者追思古代的贤人卞随、务光、伯夷、叔齐，但这些人最后也与自己一样生不逢时，他们或以隐遁或以自杀的方式来抗议现实，捍卫理想。可见，无论古今，无论世道清浊，善人不遇于时都是难免的。董仲舒精研公羊学，以《天人三策》干人主，成功地劝说武帝罢黜百家而独尊儒术，又劝说武帝建立学校、令州郡荐举茂才孝廉，应该算作成功人士了，但这些成就与董仲舒的宏大抱负相比，不值一提，董仲舒有王佐之才，他真正的政治抱负不是出谋划策而已，而是希望自己能像伊尹、吕望一样能够在政治核心位置充分施展自己的理想，但他为官仅止于江都相，后又受到公孙弘等人的嫉妒而不得不辞官赋闲在家，理想与现实的巨大差距，使得作者深感强势政权对自己的摧残、牵制，自己的治世理想破灭，使得董仲舒这位公羊学大师牢骚满腹，自觉生不逢时。

司马迁是董仲舒的入室弟子，他的《史记》即便是反对者班固也称赞为"实录"，为中国正史之祖，在史学领域成就无人能够并肩，他生在武帝朝，也颇受武帝赏识，但他的遭遇却比董仲舒要坏很多。他青年时期满怀壮志，"绝宾客之知，忘家室之业，日夜思竭其不肖之材力，一心营职，以求亲媚于主上"[1]，但却遭横祸，罹宫刑。自己一生前后的对比，使得司马迁愤世嫉俗，因而以极端苦闷的心情写下了较董仲舒《士不遇赋》更为激进的《悲士不遇赋》。

> 悲夫！士生之不辰！愧顾影而独存！恒克己而复礼，惧志行而无闻。谅才难而世庆，将逮死而长勤。虽有行而不彰，徒有能而不陈。何穷达之易惑，信美恶之难分。时悠悠而荡荡，将遂屈而不伸。使公于公者，彼我同兮；私于私者，自相悲兮；天道微哉，吁嗟阔兮！人理显然，相倾夺兮！好生恶死，才之鄙也；好贵夷贱，哲之乱也。照照洞达，胸中豁也。昏昏罔觉，内生毒也。我之心矣，哲已能忖。我之言矣，哲已能选。没世无闻，古人惟耻。朝闻夕死，孰云其否。逆顺还周，乍没乍起。无造福先，无触祸始。委之自然，终归一矣！[2]

赋以"悲夫！士生之不辰"开篇，悲愤沉痛，生逢武帝盛世，司马迁却痛陈自己生在一个险恶的时代，自己的无辜受刑说明了皇帝的昏聩、同僚的冷漠，现实与

---

[1] 班固：《汉书·司马迁传》，中华书局 1962 年版，第 2729 页。

[2] 班固：《汉书·司马迁传》，中华书局 1962 年版，第 2738 页。

理想有天渊之别，理不可据，智不可恃，天道幽眇，是非不分，这是作者对所谓的武帝盛世大胆而尖刻的嘲讽。公羊学经生司马迁最后竟然放弃儒学转向道家寻求精神安慰，要"委之自然，终归一矣"，表明他对现实的绝望感是何等的深重。

董仲舒是公羊学首屈一指的大师，司马迁是董仲舒的入室弟子，两人都有深湛的经学知识素养，都得到了汉武帝的赏识，两人分别在经学与史学领域代表了汉代甚至整个中国古代的最高成就，但两人都对自己的人生感到不满。董仲舒创作了《士不遇赋》，司马迁则推广老师的意指作《悲士不遇赋》，在赋中表达了对道家精神安慰的寻求，令人难以置信。

董仲舒、司马迁生在武帝盛世，尚且对自己的不遇多有不满，扬雄生在帝国黄昏时期，更加痛切地感受到个人在强大政权面前的弱小、无力，其《解嘲》便是因此而作的。

据《汉书·扬雄传》载，"哀帝时，丁、傅、董贤用事，诸附离之者，或起家至二千石"，社会极度黑暗不公，于是扬雄设辞，以答辩"客"嘲讽的形式来倾吐自己的一腔幽愤。在扬雄生活的时代，承平已久，社会的不公正现象也越来越多，当时，"县令不请士，郡守不迎师，群卿不揖客，将相不俛眉。言奇者见疑，行殊者得辟"。社会中的上层忙于蝇营狗苟，结党营私，他们对于士子，不是从是否有利于社稷的角度来看而是从是否有利于自己私利的角度来审视，所以大量有才德的文士遭到弃用。对于权贵而言，人才与自己无关，在整个统治上层的漠视下，士子的人生之路充满着坎坷艰辛，仕宦之路危机四伏。

> 当涂者入青云，失路者委沟渠。旦握权则为卿相，夕失势则为匹夫。譬若江湖之雀，勃解之鸟。乘雁集不为之多，双兔飞不为之少。昔三仁去而殷虚，二老归而周炽，子胥死而吴亡，种、蠡存而粤伯，五羖入而秦喜，乐毅出而燕惧，范睢以折摺而危穰侯，蔡泽虽噤吟而笑唐举。故当其有事也，非萧、曹、子房、平、勃、樊、霍则不能安；当其无事也，章句之徒相与坐而守之亦亡所患。故世乱则圣哲驰骛而不足，世治则庸夫高枕而有余。[1]

仕宦既然如此险恶，莫不如独善其身。前引《法言》章节已说明扬雄自己主动要求非圣人之书不观，非圣人之言不道，但从《解嘲》愤激的言辞看，当面对不合理的社会秩序与黑白颠倒的一统社会，扬雄还是有很多"非圣无法"的意见的，这

---

[1] 班固：《汉书·司马迁传》，中华书局1962年版，第2729页。

与他自己在《法言》中的表述颇有出入，却也真实地说明，在令人窒息的没落的一统帝国的晚期，士子们对于自身境遇的不满和对自己个性消亡的忧虑。在文末，扬雄说："炎炎者灭，隆隆者绝，观雷观火，为盈为实。天收其声，地藏其热。高明之家，鬼瞰其室。攫挐者亡，默默者存；位极者宗危，自守者身全。是故知玄知默，守道之极；爱清爱静，游神之廷；惟寂惟寞，守德之宅；世异事变，人道不殊；彼我易时，未知何如。"这和司马迁感遇之作的结篇几乎一模一样，经学家在自己的学问中找不到解决问题的办法，只好向自己批评为"邪说"的道家那里去寻求自我宽慰的解脱之道。

既然现实是令人失望的，董仲舒、司马迁、扬雄就很自然地将自己的目光投射到"三代"的理想社会中去，他们希望自己能够生在尧舜样的真正的圣王时代，能够真正地发挥自己的水平，实现自己的人生价值，但董仲舒、司马迁、扬雄也清楚地知道这只不过是一种幻想，他们愈是想回到过去，就愈加地发现自己现实境遇的不可改变与自己的无力，这只能加重他们的痛苦。

董仲舒、司马迁生活在"盛世"，扬雄生活在"末世"，世道虽然不同，但三人都是生活在一统的汉代，都是生活在儒学成为社会主流的时代，并且三人都是学养深厚的经师，他们都用不同的方式歌颂着大一统的汉帝国的美好，但当联系到自己个人的际遇之时，他们对大一统却是失望的、不满的，这看似矛盾，其实可以理解。

大一统的汉政权，是符合他们的学术理想的，在这个政权下的西汉文士大体而言是生逢其时的，他们较之别的王朝的士子有更多的机会参与到政治中去。但具体到某个人，则很有可能怀才不遇，这使得他们深感失意落魄。他们或是认为自己的专长没有发挥的机会，或是痛感理想过于高远以至于没有实现的可能，两种情况都令文士灰心痛苦，从而感慨自己生不逢时。

此外，董仲舒三人拥护汉政的大一统，反对分裂割据，反对七雄并立的战国乱世，然而，他们也意识到，政治上的分裂对国家是不幸，但对于那些才能杰出之士，却也意味着自己可以择主而仕，选择的机会更多，成功的机率更大。在分裂时期，人才是各国最为重视的资源，人才流动性很强，这种风气一直到武帝颁布独尊儒术的诏令之前还很盛行。人才的卖方市场情况，令士子有充分的发挥自己才干的可能。但到了武帝文化专制之后，人才转为买方市场，士子只能选择一个主人来服侍，自己的身价大大降低，有的如枚皋甚至自感"类倡"[1]。董仲舒三人都生活在文化大

---

[1]　严可均校辑：《全上古三代秦汉三国六朝文》，中华书局1958年版，第270页。

一统时代，他们虽然自身才能出众，但受限于时代，不可能充分施展自己的才能，这是令他们深感失落的时代原因。

最后，在政治理想层面，董仲舒三人都秉持儒学的政治诉求，对于三人而言，并非获得武帝、哀帝的赏识就算成功，而只有符合儒学道德规范的帝王赏识自己，才算不虚此生。这种过高的政治期许使得他们的理想必然落空，因为即便是汉文帝也不能达到理想的君主标准，遑论武帝与哀帝。自己服侍的帝王是自己在道德方面不认可的，如果自己降低理想标准，又苦于自己理想的降格与原则的丧失、人格的堕落，两害相权取其轻，三人不约而同地选择了坚守自己的人格、坚持自己的道德标准，而宁愿承受不遇的现实痛苦。

董仲舒等西汉文士的感遇之作表明，大一统政权即便是对于自己的拥护者也是高压的。董仲舒等人抗议大一统的压迫，不是要回到分裂割据的混乱政治状态，而是渴求由仁慈帝王治理下真正符合儒学规范的道德的大一统政权，正是因为这一理想过于迂远，实现的可能性几乎为零，才令文士们加倍烦恼，才严厉斥责"盛世"为"三代末俗"，才悲叹自己"生之不辰"。所以，归根结底，董仲舒、司马迁、扬雄的痛苦，还是源于自己的经生理想，还是源于自己执着的参政热情，正是因为他们本着公羊学学以致用的精神，以高度的热情、高标准的政治理想来参与汉政、规范汉政，发现自己面对的现实与自己的才能、理想的差距过大，才造成了这一类感遇赋作的涌现。

第二节　大丈夫精神与臣仆人格的歧异

文献中的"儒士"一词，兼有刚毅与优柔两种含义，历史上的文士也相应地有大丈夫与臣仆两种截然对立人格的儒士。

对儒士刚毅性的解说，见于《周易》的《文言》："天行健，君子以自强不息。"《礼记》的《儒行》则是借孔子之口道出了儒者刚毅性的全方位特征。

> 儒有席上之珍以待聘，夙夜强学以待问，怀忠信以待举，力行以待取，其自立有如此者……儒有委之以货财，淹之以乐好，见利不亏其义，劫之以众，沮之以兵，见死不更其守，鸷虫攫搏不程勇者，引重鼎不程其力，

往者不悔，来者不豫，过言不再，流言不极，不断其威，不习其谋，其特立有如此者……儒有可亲而不可劫也，可近而不可迫也，可杀而不可辱也。其居处不淫，其饮食不溽，其过失可微辨而不可面数也，其刚毅有如此者……儒有忠信以为甲胄，礼义以为干橹，戴仁而行，抱义而处，虽有暴政，不更其所，其自立有如此者……儒有今人与居，古人与稽，今世行之，后世以为楷，适弗逢世，上弗援，下弗推，谗谄之民有比党而危之者，身可危也，而志不可夺也，虽危起居，竟信其志，犹将不忘百姓之病也，其忧思有如此者……儒有澡身而浴德，陈言而伏，静而正之，上弗知也，粗而翘之，又不急为也，不临深而为高，不加少而为多，世治不轻，世乱不沮，同弗与，异弗非也，其特立独行有如此者……儒有上不臣天子，下不事诸侯，慎静而尚宽，强毅以与人，博学以知服，近文章，砥厉廉隅，虽分国如锱铢，不臣不仕，其规为有如此者。[1]

孔子以一系列的排比句式，从自立、特立、刚毅、忧思、特立独行、规为几个方面来阐释真正的儒者所应具备的刚毅与节操，《儒行》的这段论述是对士人刚毅品性的最佳表述。

除了这些包含哲理的论述之外，儒学宗师孔子、孟子、荀子自身的经历也很好地诠释了刚毅的内涵，这些都对后代士子出处行藏的选择产生了深远的影响。

进入汉代，公羊学对士子刚毅性的鼓吹，更对汉代文士以刚毅自励，以大丈夫精神自期的风气的形成，产生了积极的影响，在此过程中，董仲舒起到的作用最大。

董仲舒虽然鼓吹大一统，支持皇权的独尊，但这仅是他思想的一个方面的侧重，他思想的另一方面侧重点，是鼓动专制帝国内的"人"确立自尊、自主的意识，尤其鼓励士子讲求气节，鼓励大丈夫精神。

董仲舒对大丈夫精神的鼓吹，有两种途径。其一是在其文章中明确地以经义的形式表达。如前所述，武帝时期，皇权对于臣是呈压倒性的优势的，如何抑制过度膨胀的皇权，而维护臣的正当权利，使臣面对皇帝时敢于表达自己源自儒学的理想与见解，使君像君，臣像臣，是董仲舒《春秋繁露》比较关注的现实政治问题。

董仲舒以天人灾异理论为武器，力图使帝王"省天谴而畏天威"，借助于"天"的权威来惩戒帝王，他说"是故《春秋》之道，以元之深正天之端，以天之端正王

---

[1]　《礼记注疏》卷五十九，中华书局《十三经注疏》本1980年版，第1668—1671页。

之政"；"天之不可不敬畏，犹主上之不可不谨事"[1]；"屈民而申君，屈君而申天"。在董仲舒的学术体系中，君大于民而天大于君，不可皮相地以为董仲舒是扬皇权而抑人权，他其实是将民的好恶与天的意志等同起来的，于是，君大于民而天大于君的公式就可以转化为民（天）大于君了。所以，作为民的精英的儒士，在面对皇帝时，不但不必卑躬屈膝，相反可以理直气壮地为民请命、指斥皇帝的过错与罪恶，这就在理论上为儒士的大丈夫精神张本。

在其对策文章中，董仲舒直言："今废先王德教之官，而独任执法之吏治民，毋乃任刑之意与？孔子曰：不教而诛谓之虐。虐政用于下，而欲德教之被四海，故难成也！"批评武帝任刑罚而轻德治的错误，此外：

> 然而臣窃有怪者：夫古之天下，亦今之天下；今之天下，亦古之天下。共是天下，古以大治，上下和睦，习俗美盛，不令而行，不禁而止，吏亡奸邪，民亡盗贼，圄圉空虚，德润草木，泽被四海，凤凰来集，麒麟来游。以古准今，一何不相逮之远也？安所缪盭而陵夷若是？意者有所失于古之道与？有所诡于天之理与？[2]

本着"天不变道亦不变"与天人感应的理论，董仲舒严厉指责武帝的政策是根本性的错误，是"缪盭而陵夷"的，是"失古之道"的，是"诡于天理"的。他对武帝的错误是采用面折的方式给予批评的。

董仲舒对大丈夫精神鼓吹的第二种方式，是通过对历史进行别有会心的解释的方式来实现的。联系西汉景、武时期的政治现实和董仲舒一贯的思想，可以发现：董仲舒解释历史，绝非单纯地复述历史事件，而是针对现实的有针对性的发挥。

先秦和汉初，君臣关系还是相对平等的。但到了景、武时期，主尊而臣卑，则成为新的君臣关系准则。要鼓吹大丈夫精神，就会有臣子僭越的嫌疑，就会遭到皇帝的打压。针对这一困境，董仲舒找到了灵活的权变之策，即向汉初最受尊崇的《春秋》经寻求帮助，方式是：当臣子以大丈夫精神对皇权进行大义凛然的批判时，背后依恃的权威是孔子与《春秋》经，即借经典立言。

为此，董仲舒先将《春秋》经推到最高权威的地位。他指出《春秋》是政治与

---

[1]　班固：《汉书》，中华书局 1962 年版，第 3565 页。

[2]　班固：《汉书·董仲舒传》，中华书局 1962 年版，第 2519—2520 页。

人伦准则，因为它"奉天而法古"[1]。"奉天"，是说该书是天意的体现，天意体现的方式是灾异与符瑞；"法古"，是说该书取法的对象是古代的圣王，是古代圣王的放之四海皆准的宇宙永恒的正道。

既然掌握着崇高的《春秋》经的解释权，那么董仲舒就可以借助于对《春秋》经的阐释，来发表自己反抗不公正王权的大丈夫理论。君王是尊贵的，是不可批评的，在君王面前，臣永远是卑伏的妾侍，但董仲舒可以借着批评古代的君王，来达到批评现实中犯同样错误的西汉帝王，在《春秋繁露·竹林》中，董仲舒对齐顷公给予这样的评骘：

> 齐顷公，亲齐桓公之孙。国固广大而地势便利矣，又得霸主之余尊，而志加于诸侯。以此之故，难使会同，而易使骄奢。即位九年，未尝肯一与会同之事。有怒鲁、卫之志，而从诸侯于清丘、断道。春往伐鲁，入其北郊，顾返伐卫，败之新筑。当是时也，方乘胜而志广，大国往聘，慢而弗敬其使者。晋、鲁俱怒，内悉其众，外得党与卫、曹，四国相辅，大困之鞌，获齐顷公，斩逢丑父。深本顷公之所以大辱身，几亡国，为天下笑，其端乃从慑鲁、胜卫起。伐鲁，鲁不敢出；击卫，大败之，因得气而无敌国以兴患也。故曰："得志有喜，不可不戒。"此其效也。
>
> 自是后，顷公恐惧，不听声乐，不饮酒食肉。内爱百姓，问疾吊丧；外敬诸侯，从会与盟。卒终其身，家国安宁。是福之本生于忧，而祸起于喜也。呜呼！物之所由然，其于人切近，可不省耶！[2]

齐顷公因为轻率地折辱晋国使者郤克而招致四国的联合进攻，大败于鞌，自己被俘，这是《春秋》所记载的历史事实。董仲舒在此总结齐顷公失败的根源，在于骄奢二字；齐顷公骄奢致败辱，改过则身得善终、家国安宁。他以"得志有喜，不可不戒"和"福之本生于忧而祸起于喜"两条，来总结历史，联系武帝多欲、骄奢淫逸、轻用民力的现实可知，董仲舒真正的用意，还是借评说历史来批评现实。董仲舒是借评论历史来发表自己对武帝的不满，又对武帝改过从善抱有希望。

董仲舒借着解说《春秋》经，以达到"明得失"的现实政治目的。他巧妙地利用自己掌握着最高经典的有利条件，借助于经典来教训武帝，他的劝谏并非全都采

---

[1]　班固：《汉书》，中华书局1962年版，第3570页。

[2]　苏舆：《春秋繁露义证·竹林》，中华书局1992年版，第57—59页。

用上述的委婉方式，有时甚至恐吓意味十足，比如他批评郑襄公、郑悼公"不义"，以至于"楚与中国夹而击之，郑罢弊危亡，终身愁辜"。他最后的评断是："吾本其端，无义而败，由轻心然。孔子曰：'道千乘之国，敬事而信。'知其为得失之大也，故敬而慎之。今郑伯既无子恩，又不执计，一举兵不当，被患不穷，自取之也。是以生不得称子，去其义也；死不得书葬，见其穷也。曰有国者视此，行身不放义，与事不审时，其何如此尔？！"这种对人君的批评，居高临下，耳提面命，完全是帝王师的口吻，他对历史上的君主是这样直言批评的，他对现实中的武帝也是犯颜直谏。他虽然因为进《天人三策》而得到武帝的赏识，被任命为江都相，但很快就因为触犯龙颜而被贬黜为中大夫，后来当辽东高庙发生火灾时，他大胆地用阴阳灾异理论来加以解说，要求武帝以严厉手段对付反叛的藩国，受到主父偃的诬陷，几乎被杀，终其一生，位不过藩国相。而学问远远不如他的公孙弘却因为依顺武帝而封侯拜相，对于董仲舒的不幸，司马迁满怀同情地写道：

> 董仲舒为人廉直，是时方外攘四夷，公孙弘治《春秋》不如董仲舒，而弘希世用事，位至公卿。董仲舒以弘为从谀，弘疾之，乃言上曰："独董仲舒可使相胶西王。"胶西王素闻董仲舒有行，亦善待之。董仲舒恐久获罪，疾，免居家，至卒。终不治产业，以修学著书为事，故汉兴至于五世之间，唯董仲舒名为明于《春秋》。

董仲舒一生仕途坎坷，他以自己的学术和自己的人生实践，向时人和后人解释公羊学大丈夫精神的真谛，他以自己的道德境界与西汉第一大儒的身份，为文士作了一个大丈夫的范例。

董仲舒之后，以追求气节自任的公羊学文士，代不乏人，比如司马迁，就以自己的经历和平生心血的结晶《史记》，阐明了何者为忍辱负重、安于贫贱、坚忍不拔的大丈夫精神，鼓舞起在风雨如磐的专制体制下士人奋斗的勇气。扬雄则以自己"清静亡为，少耆欲，不汲汲于富贵，不戚戚于贫贱，不修廉隅以徼名当世，家产不过十金，乏无儋石之储，晏如也。非其意，虽富贵不事也"的人生趋向[1]，为无数后世的书生确立了自甘淡薄、安贫乐道的标准。司马迁、扬雄之外，以集团形式出现的大丈夫，是昭帝时参加盐铁会议的贤良文学和元帝朝之后骨鲠的进谏者。

武帝开疆拓土，大兴土木，奢侈多欲，靡费了大量的社会财富。为了弥补巨大

---

[1] 班固：《汉书·扬雄传》，中华书局1962年版，第3568页。

的财政漏洞，他任用桑弘羊，实行盐铁专卖的政策，并大兴赋役，这就造成了较为严重的社会问题，不但商人阶层遭到了灭顶之灾，普通民众也因为繁重的徭役、兵役而流离失所，这就造成了武帝统治晚期的社会动荡、民不聊生。在儒生杜延年的建议下，昭帝时辅政的霍光召集全国各地的贤良文学来长安，商讨改善之策，是为盐铁会议。这些与会的贤良文学，从其发言的倾向上看，多为习学春秋公羊学的学者，他们在会上顶着桑弘羊等政府高官的压力，勇敢地痛斥秕政，为民请命。他们以先师孔子的教诲和历史上仁德先王的举措，批评当代统治者错误的思想、行为。他们在复古的名义下，对盐铁政策的弊端进行大胆而尖锐的揭露、抨击，代表受苦的民众说话，痛斥残暴的各级官吏，甚至冒着"害先帝之功而妨圣主之德"的罪名，对盐铁政策的始作俑者武帝加以批评。他们以孔子、董仲舒的教训为理论支撑，以仁德政治的标准来审视政府政策，凡是不符合儒学仁义政治的措施都是非法的，应该改易的，这是他们大胆提出废除盐铁、酒榷、均输、平准以及罢兵求和的政治要求的理论来源。对这些勇敢的书生，班固引桓宽之言赞美道：

> 当此之时，英俊并进。贤良茂陵唐生，文学鲁国万生之徒六十有余人，咸聚阙庭。舒六艺之风，陈治平之原。知者赞其虑，仁者明其施，勇者见其断，辩者骋其辞。断断焉，行行焉。虽未详备，斯可略观矣。中山刘子，推言王道，挢当世反诸正，彬彬然，弘博君子也。九江祝生，奋史鱼之节，发愤懑，讥公卿，介然直而不挠，可谓不畏强围矣。[1]

六十余位文学贤良，以自己的学养和良心，树立起自己为人的尊严和为学者的勇气。

董仲舒极力主张臣应该在国家政治生活中发挥积极主动的作用，他尤其支持臣基于儒学正义的议政与进谏。他说"司农尚仁，进经术之士，道之以帝王之路，将顺其美，匡救其恶"，以避免帝王给天下民众造成灾难。元帝朝以后的儒士在勇敢地向皇帝进谏时，所秉持的就是董仲舒引导皇帝走向真正的"帝王之路"的"匡救其恶"的指示。但他们在进谏时，在奏疏中所表现的独立精神、为民请命的意识与批评王政的尖锐程度，都大大地超过了董仲舒的预期，下举例说明。

（1）宣帝下诏褒扬武帝，要群臣进庙乐，群臣附和，唯有博士夏侯胜反对：

> 长信少府胜独曰："武帝虽有攘四夷，广土斥境之功，然多杀士众，

---

[1]　班固：《汉书·公孙、刘、田、王、杨、蔡、陈、郑传》，中华书局1962年版，第2903页。

竭民财力，奢泰亡度，天下虚耗，百姓流离物故者半，蝗虫大起，赤地数千里，或人民相食，畜积至今未复，亡德泽于民，不宜为立庙乐！"公卿共难胜曰："此诏书也。"胜曰："诏书不可用也！人臣之谊，宜直言正论，非苟阿意顺指！议已出口，虽死不悔！"[1]

他的下场是："于是丞相义、御史大夫广明劾奏胜非议诏书，毁先帝，不道。下狱。"[2]

（2）宣帝时，司隶校尉盖宽饶，"为人刚直高节，志在奉公，家贫，奉钱月数千，半以给吏民……身为司隶，子常步行，自戍北边，公廉如此……好言事刺讥，奸犯上意……数上疏谏争"[3]。太子庶子王生劝他明哲保身，他拒绝采纳。

> 是时上方用刑法，信任中尚书宦官。宽饶奏封事，曰："方今圣道寖废，儒术不行，以刑余为周、召，以法律为《诗》、《书》。"又引《韩氏易传》，言"五帝官天下，三王家天下。家以传子，官以传贤。若四时之运，功成者去，不得其人，则不居其位。"[4]

因为奏疏的言辞过于激烈，宣帝"遂下宽饶吏"，盖宽饶不甘受辱于狱吏，"引佩刀自刭北阙下，众莫不怜之"。

（3）元帝时的薛广德是一个"温雅有酝藉"的儒生，"及为三公，直言谏争"。

> 始拜旬日间，上幸甘泉，郊泰畤礼毕，因留射猎。广德上书曰："窃见关东困极，人民流离，陛下日撞亡秦之钟，听郑卫之乐，臣诚悼之！今士卒暴露，从官劳倦，愿陛下亟反宫，思与百姓同忧乐，天下幸甚！"上即日还。其秋，上酎祭宗庙，出便门，欲御楼船。广德当乘舆车，免冠顿首，曰："宜从桥。"诏曰："大夫冠。"广德曰："陛下不听臣，臣自刭以血汗车轮，陛下不得入庙矣！"上不说。[5]

最后，还是光禄大夫张猛婉言劝谏，元帝才勉强接受薛广德的进谏。

---

[1] 班固：《汉书·夏侯胜传》，中华书局1962年版，第3156—3157页。
[2] 班固：《汉书·夏侯胜传》，中华书局1962年版，第3157页。
[3] 班固：《汉书·扬雄传》，中华书局1962年版，第3571页。
[4] 班固：《汉书·盖宽饶传》，中华书局1962年版，第3247页。
[5] 班固：《汉书·薛广德传》，中华书局1962年版，第3047页。

（4）成帝荒淫好色，要立倡女出身的赵飞燕为皇后，宗室刘辅于是上疏，有这样的言辞：

> 臣闻天之所与，必先赐以符瑞；天之所违，必先降以灾变。此神明之征应，自然之占验也。昔武王、周公，承顺天地，以饟鱼乌之瑞，然犹君臣祇惧，动色相戒。况于季世，不蒙继嗣之福，屡受威怒之异者乎？虽凤夜自责，改过易行，畏天命，念祖业，妙选有德之世，考卜窈窕之女，以承宗庙，顺神祇心，塞天下望，子孙之祥，犹恐晚暮。今乃触情纵欲，倾于卑贱之女，欲以母天下。不畏于天，不愧于人，惑莫大焉。里语曰"腐木不可以为柱，卑人不可以为主。"天人之所不予，必有祸而无福，市道皆共知之！[1]

结局是："书奏，上使侍御史收缚辅，系掖庭秘狱。"[2]

（5）成帝时，朱云批评成帝的师傅安昌侯张禹求田问舍。

> 至成帝时，丞相故安昌侯张禹，以帝师，位特进，甚尊重。云上书求见，公卿在前，云曰："今朝廷大臣，上不能匡主，下亡以益民，皆尸位素餐，孔子所谓'鄙夫不可与事君，苟患失之，亡所不至者也。'臣愿赐尚方斩马剑，断佞臣一人，以厉其余。"上问："谁也？"对曰："安昌侯张禹。"上大怒曰："小臣居下讪上，廷辱师傅，罪死不赦！"御史将云下，云攀殿槛，槛折。云呼曰："臣得下从龙逄、比干，游于地下，足矣。未知圣朝何如耳！"御史遂将云去。[3]

朱云的勇气使得成帝也佩服："及后，当治殿槛，上曰：'勿易，因而辑之，以旌直臣。'"[4]

（6）当成帝时，就营建皇陵一事几番反复，劳民伤财，谷永上疏批评道：

> 汉兴九世，百九十余载，继体之主七，皆承天顺道，遵先祖法度，或以中兴，或以治安。至于陛下，独违道纵欲，轻身妄行，当盛壮之隆，无继嗣之福，有危亡之忧，积失君道，不合天意，亦已多矣！为人后嗣，守

---

[1]　班固：《汉书·刘辅传》，中华书局1962年版，第3251—3252页。
[2]　班固：《汉书·刘辅传》，中华书局1962年版，第3252页。
[3]　班固：《汉书·朱云传》，中华书局1962年版，第2915页。
[4]　班固：《汉书·朱云传》，中华书局1962年版，第2915页。

人功业，如此，岂不负哉？！ [1]

谷永的批评不但不含蓄蕴藉，反而极尽尖刻嘲讽之能事，他批评成帝不如其他汉帝，讽刺成帝无后，即将亡国，畅所欲言，直言无忌，超越了古代文臣批评皇帝所用言辞的极限。

夏侯胜、盖宽饶、薛广德、朱云、刘辅、谷永六位之外，西汉时期还有眭孟、京房、翼奉、李寻、田终术等进谏者，他们怀着极其强烈的责任感和使命感为民请命、代天立言，在进谏中倾吐着自己的激切，他们发乎至诚，直陈时弊，并为此而付出了代价，轻者获罪，重者甚至失去了生命，却仍九死不悔地坚持自己的理想。他们触犯忌讳，逆批龙鳞，体现了大丈夫威武不能屈的可敬人格风范。

徐复观对于西汉儒士的大丈夫精神，有一段切中肯綮的评说：

> 西汉文、景之盛，一般知识分子的活动主要表现在辞赋上，宣帝以后则主要表现为儒生的奏议，在这些奏议中，气象博大刚正，为人民作了沉痛的呼号，对弊政作了深切的抨击，这都是由经学教养中所鼓铸而出，为以后各朝代所难企及……他们对现实政治社会的利弊是非，能观察得这样真切，能陈述得这样著明，是出于他们平日与人民为一体之仁，及判断明决、行为果断之义。这正是由经学塑造而来。所以两汉经学，除死守章句的小儒外，乃是由竹帛进入到他们的生命，再由生命展现为奏议，展现为名节的经学。[2]

二

西汉的文士，不乏恪守公羊学经说，追求自己品德、道德完善的大丈夫，他们尚志重道，坚持节操，强调"道"高于"势"，自信自己是顶天立地的天道承载者，因此不肯无原则地屈从来自皇权的压力、诱惑，他们是汉代书生的主体，是传统道德的承载者。与之相对的是为数甚多的或是屈服于皇权压力或是自甘堕落地趋奉阿世的王权的奴仆。

---

[1] 班固：《汉书·枚皋传》，中华书局1962年版，第2367页。
[2] 徐复观：《西汉经学史》，载《徐复观论经学史二种》，上海书店出版社2005年版，第154页。

《说文解字》对"儒"的解释是"柔也"。段玉裁对此引文献注解道:"儒之言优也,柔也,能安人,能服人。又儒者,濡也,以先王之道能濡其身。"可见,真正意义上的"优柔",绝非骑墙、圆滑或无主见,而是温文尔雅、和煦谦恭。但在现实社会中,儒士受到太大的压力、太多的诱惑,很难达到先贤所规范的儒生标准,而很容易优柔无主见、趋炎附势、随波逐流。

儒士的堕落,并不始于武帝尊儒以后。在西汉初年,儒士就已经存在大丈夫与奴仆人格的分野了,"识时务"的叔孙通与理想主义者的鲁国两位"鄙儒"就是两个阵营的代表。

据《史记·叔孙通列传》载,叔孙通的见风使舵、八面玲珑,在服务于秦二世时就已是如此了。

> 秦时,以文学征,待诏博士。数岁,陈胜起山东,使者以闻。二世命博士诸儒生,问曰:"楚戍卒攻蕲入陈,于公如何?"博士诸生三十余人前曰:"人臣无将,将即反罪,死无赦。愿陛下急发兵击之。"二世怒,作色。叔孙通前曰:"诸生言皆非也。夫天下合为一家,毁郡县城,铄其兵,示天下不复用。且明主在其上,法令具于下,使人人奉职,四方辐辏,安敢有反者?此特群盗鼠窃狗盗耳,何足置之齿牙间?郡守、尉今捕论,何足忧?"二世喜,曰:"善。"尽问诸生,诸生或言反,或言盗。于是二世令御史案诸生言反者,下吏,非所宜言;诸言盗者,皆罢之。乃赐叔孙通帛二十四、衣一袭,拜为博士。叔孙通已出宫反舍,诸生曰:"先生何言之谀也?"通曰:"公不知也我几不脱于虎口!"乃亡去……从汉。叔孙通儒服,汉王憎之,乃变其服,服短衣,楚制,汉王喜。[1]

叔孙通之圆滑世故、与时俯仰,在他诡辩讨好二世皇帝时就已经显露无遗了。归汉后,又阿附高祖,从弃儒服穿楚服的这一幕可以证明他见风使舵的纯熟。因为要为高祖定朝仪,于是他去鲁地招聘儒生。

> 于是叔孙通使征鲁诸生三十余人。鲁有两生不肯行,曰:"公所事者且十主,皆面谀以得亲贵。今天下初定,死者未葬,伤者未起,又欲起礼乐。礼乐所由起,积德百年而后可兴也。吾不忍为公所为,公所为不合古,吾不行。

---

[1] 司马迁:《史记·刘敬叔孙通列传》,中华书局 1959 年版,第 2720—2721 页。

公往矣，无污我！"叔孙通笑曰："若真鄙儒也，不知时变。"[1]

叔孙通不以自己的无耻为耻，反而嘲笑坚守原则的鲁地两儒生村野，不达时变。与两儒生相比，叔孙通所学的知识与他的为人没有一点关系，他完全是以自利为人生的第一要事，只要是有利于自己，他可以服侍任意多的主人，叔孙通可谓是汉初公羊学兴起之前臣仆人格的代表。

武帝掌权之后，运用自己的雄才伟略加强手中的权力。专制集权的强化对儒士的利禄诱惑更大了，叔孙通一类的儒士为了达到自己的私利而迎合皇帝需要，放弃儒学信仰与个人操守，作这种人生选择的儒士队伍在新时代更加壮大，武帝时期的代表是公羊学经师公孙弘。

公孙弘四十余岁才开始学习《公羊传》，六十岁被征召，在百余人中被武帝选为对策第一。究其原因是公孙弘善于揣摩武帝的喜好，其对策云：

> 仁者爱也，义者宜也，礼者所履也，智者术之原也。致利除害，兼爱无私，谓之仁；明是非，立可否，谓之义；进退有度，尊卑有分，谓之礼；擅杀生之柄，通壅塞之途，权轻重之数，论得失之道，使远近情伪必见于上，谓之术。凡此四者，治之本，道之用也，皆当设施，不可废也。得其要则天下安乐，法设而不用；不得其术则主蔽于上，官乱于下。此事之情，属统垂业之本也。[2]

须知，公孙弘是以公羊学者的身份被征召的，他应该以所学的公羊学知识来回答策问才正常，但他在对策中大谈"擅杀生之柄，通壅塞之途，权轻重之数，论得失之道，使远近情伪必见于上"的所谓"术"，却是儒学最大敌人——法家的学说。在重师法的西汉，公孙弘的这种行为就是离经叛道。他的这些言论有悖于师说，但却能够获得武帝的欢心，因为武帝的执政大纲是外儒内法的，他的"独尊儒术"其实是以儒术为缘饰，并非真心尊儒。公孙弘的对策正中武帝下怀，所以武帝将原本被列为下等的公孙弘的对策擢拔为第一，后来又任命他为丞相，封平津侯。西汉以儒士身份得以封侯拜相，公孙弘是第一人。

公孙弘阿附武帝，不讲求学术与道德的原则。据《汉书》本传，他"每朝会议，

---

[1]　《乾·文言》，载孔颖达等：《周易正义》，中华书局《十三经注疏》本1980年版，第14页。

[2]　班固：《汉书》，中华书局1962年版，第2615—2616页。

开陈其端，使人主自择，不肯面折庭争"，这样的圆滑之举却被武帝视作是"慎厚"。公孙弘投合武帝喜好，"习文法吏事，缘饰以儒术"，于是，"上说之，一岁中至左内史"。[1]

> 弘奏事有所不可，不肯庭辩。常与主爵都尉汲黯请间，黯先发之，弘推其后，上常说，所言皆听，以此日益亲贵。尝与公卿约议，至上前，皆背其约，以顺上指。汲黯庭诘弘曰："齐人多诈而无情，始为与臣等建此议，今皆背之，不忠。"上问弘，弘谢曰："夫知臣者以臣为忠，不知臣者以臣为不忠。"上然弘言。左右幸臣每毁弘，上益厚遇之。[2]

公孙弘当面一套背后一套，言而无信，只求武帝高兴，而不关心民生福祉，甘心做皇帝的无主见无是非的奴仆，虽然有正义之士汲黯等的揭露，反而更得武帝的欢心，直到去世为止，一直官居丞相之职。在武帝朝，能够善终于任上的丞相，寥寥可数，公孙弘的成功是因为他完全以武帝的是非为自己的是非，他精通儒学，却只把儒学当作敲门砖，用后即丢掉。同为公羊学大师，如果说董仲舒开启的是独立自树的重理想、重学术的大丈夫一派，公孙弘开启的则是以儒学为刍狗不讲人格没有底线的臣仆一派。

汉武帝的尊崇儒学，为儒士的功利思想打开了闸门，公孙弘以自己的成功诱导着后来者放弃学术良心而以私利为追求的目标。武帝之后的儒士，明显地分化成理想主义的大丈夫阵营与现实功利主义的臣仆一派。揆之人情，不难理解儒士的臣仆化现象。儒学要求人们安贫乐道，但西汉是一个追求奢华与荣名的时代，在一个追求物质欲望的社会中，要做到闭门不问窗外事一心只读圣贤书，实在是太困难的一件事。对物质欲望本能的渴望，与周遭环境的压力与诱导，很容易诱使大批的儒士放弃对节操的追求，转而追求功名利禄，虽然他们明了如此这般就必须放弃学术、理想，就必须降低自己的人格。在西汉末年的动荡时期，何武、王嘉坚持道义，下场悲惨；师丹、董宏则因见风使舵而获得好处。对于处在义与利两难境况下的士子选择的艰难，班固评论说：

> 赞曰：何武之举，王嘉之争，师丹之议，考其祸福，乃效于后。当王莽之作，

---

[1]　班固：《汉书·公孙弘传》，中华书局1962年版，第2618页。

[2]　班固：《汉书·公孙弘传》，中华书局1962年版，第2619页。

外内咸服，董贤之爱，疑于亲戚，武、嘉区区，以一蒉障江河，用没其身（师古曰：何武举公孙禄为大司马，王嘉争益董贤封邑，师丹议丁、傅不宜称尊号）。丹与董宏更受赏罚，哀哉！故曰："依世则废道，违俗则危殆。"此古人所以难受爵位者也（师古曰：宏初建议尊号，为丹所劾而免爵土。及丹废黜，宏复获封。至王莽执政，宏为庶人，丹受国邑，故云互受赏罚也）。[1]

在西汉中后期物欲横流、政局变幻的情势下，儒士投机富贵、遗弃操守，已经成为风气。他们或是贪赃枉法，或是贪图享乐，或是勾结外戚，或是投靠宦官，例如陈万年训子谄媚，韦玄成依附石显助纣为虐，匡衡明哲自保，张禹老奸巨猾，戴圣"行治多不法"等，不必列举。班固的评论较为公允：

> 赞曰：自孝武兴学，公孙弘以儒相，其后蔡义、韦贤、玄成、匡衡、张禹、翟方进、孔光、平当、马宫及当子晏，咸以儒宗，居宰相位。服儒衣冠，传先王语，其酝藉可也，然皆持禄保位，被阿谀之讥。彼以古人之迹见绳，乌能胜其任乎！[2]

班固所列举的都是儒士中最出人头地的几位，他们都是学而优则仕，位极人臣，但他们的品行却很值得商榷，"持禄保位，被阿谀之讥"。在他们的身上，看不到人格或道德的骨干，而只有唯唯诺诺奴才的软弱与阿附，他们关注的不再是国计民生，而是自己蝇营狗苟的一己之私。这些身居高位的儒士，不是顶天立地、坚忍不拔的大丈夫，而是见风使舵、唯利是图的臣仆，他们的心中深深地根植着奴性，而没有给经世致用的大丈夫精神留下一点的空间。

西汉时期，今文经的独尊与繁荣，更重要的是它与政治的联姻，导致了经学利禄化的恶劣学风。另外，因为自武帝时开始实行的察举制度，在西汉后期已经背离了其设立的初衷，它诱导儒士趋向功名利禄，从而败坏了儒士的知识和节操。班固在《汉书·儒林传》的赞语中讽刺道：

> 自武帝立五经博士，开弟子员，设科射策，劝以官禄，讫于元始，百有余年，传业者寖盛，支叶蕃滋，一经说至百余万言，大师众至千余人，盖禄利之路然也！

---

[1] 班固：《汉书·何武、王嘉、师丹传》，中华书局1962年版，第3510—3511页。

[2] 《礼记注疏》卷五十九，中华书局《十三经注疏》本1980年版，第1668—1671页。

　　其实，因利禄诱导而异化的，何止章句的经学化而已，士子的道德也被诱导到功利化的路上去了。西汉中后期的儒士群体，出现了轻节操而崇功利的集体腐化现象，儒士的道德在整体上呈滑坡的趋势。胸无大志、蝇营狗苟、与时俯仰的臣仆化的儒士大量地出现，是与公羊学为主体的儒学的独尊地位密切相关的。

第五章　公羊学与西汉的文风

如前所述，春秋公羊学对西汉社会的影响是持久而深远的。在西汉，不通经术的文士是极少的，而文士所通的经术多以公羊学为主。当然，西汉今文经学除了《春秋》之外还有四经，但考虑到公羊学在西汉今文经学中的独尊地位，导致当时的学者无论精研哪一部经书，还是多以公羊学为自己的学术根基。比如，公羊学最大的对手为谷梁学，而谷梁学在西汉最著名的经师刘向，其现存的著作却表明："他的《春秋》学不局限于《谷梁》学，还包括了相当部分的《公羊》学。"唐晏则以刘向所编《说苑》为例，指出刘著《说苑》"所引《春秋》说，多同于《公羊》，其用《谷梁》者无几"。与公羊学竞争最烈的谷梁学尚且如此，其他诸经与公羊学的关系可以想见。在重视师法的西汉学界，这一现象充分说明了公羊学作为今文经的核心地位与影响。所以，公羊学是统摄诸经的儒学核心，西汉文士所受儒学多为公羊学，那么，西汉文风之受儒学影响的问题就主要是受公羊学影响的问题。

第一节　文风的政治功利化

公羊学重视学术的经世致用功能，提倡学者学以致用，所以，公羊学家谈到文学，首先考虑的不是文学的独立性、艺术性的问题，而是文学的社会功用问题。质言之，即公羊学看重文学，主要在其政治功能，在其歌颂美政、批评秕政、表述儒学理想，在其政治传声筒的功用，而非作者个人的独特情感、体验，是重"述"而不重"作"，或至多是以"述"为"作"。

一

西汉文学的政治附庸地位，由来有自，由来已久。

所谓"表述儒学理想"，在先秦时期就是"文"如何表现"道"的问题。

儒家先师孔子生活在"礼坏乐崩"的春秋晚期，他的理想是重建被破坏的周代文化秩序，将"道"承担并传递下去。他自信："文王既没，文不在兹乎？"[1]朱子注谓："道之显者谓之文，盖礼乐制度之谓。不曰道而曰文，亦谦辞也。"[2]朱子认为，孔子此处所谓的"文"其实应理解作"道"。这是"文"与"道"二者在儒家经典中的首度结合，从这首度结合的例子看，"文"并非后世的文学之"文"，而只是"道"的另一个化名而已，在二者的关系中，"道"显示着优势地位，这也正是后代"文"、"道"关系的缩影。

孔子崇尚"道"，《论语·里仁》载："士志于道，而耻恶衣恶食者，未足与议也。"邢昺疏曰："此章言人当乐道固穷也。士者，人之有士行者也，言士虽志在善道，而衣服饮食好其华美，耻其粗恶者，则是志道不笃，故未足与言议于道也。"[3]这是孔子为士这个阶层规定的精神准则，孔子的话语规范了士的最根本的文化属性：以道德为最终目标。孔子在《里仁》篇再次强调道："朝闻道，夕死可矣！"[4]这种对于道的推崇，为士子树立了人生追求的高标，指明了他们努力的唯一方向。这就很容易理解"文"是"道"的体现、"道"是"文"的根本这一恒态。承接着这一思路，"文以载道"说水到渠成，它不过是"士志于道"的具体化罢了。"文以载道"说视道为第一性而文为第二性，视文为道的附庸。所以，孔子并不刻意提倡"文"，因为这会妨碍到"道"。但孔子也承认"文"的重要性，他说："言之不文，行而不远。"从孔子开始，儒家日益认识到，作为道德载体的文学可以兴观群怨、事君侍亲，它对人道德的提升起着其他载体无法起到的特殊的陶冶功效。这种

---

[1]　《论语注疏》卷九，中华书局《十三经注疏》本1980年版，第2490页。

[2]　朱熹：《四书章句集注》，中华书局《新编诸子集成》本1983年版，第110页。

[3]　《论语注疏》卷四，中华书局影印阮元校刻《十三经注疏》本1980年版，第2471页。

[4]　苏舆：《春秋繁露义证·二端》，中华书局1992年版，第155页。

认识，在提升了文学地位的同时，也不可避免地使得文学成为政治的附庸，文学被缠绕了太多的限制与拘束，使得自身不能独立健康地发展。

所谓"歌颂美政"，在先秦时期就是文学表现政治的问题。对于当时政治的表现，可以有讽刺批判与歌颂襄助两种方式，总的说来，乱世时文士对政治多以批判讽刺为主，所谓"乱世之音怨以怒"者是也[1]，比如《诗经》中相当数量的《风》与《雅》；盛世时，或当乱世的文士回望曾经的盛世时，文士对政治就基本上是歌颂赞美，"治世之音安以乐"者是也[2]，比如《诗经》的《颂》部分。

无论是"歌颂美政"，还是"表述儒学理想"，先秦的文学都重在其政治传声筒的功用，文学与政治紧紧地联系在一起，是中国文学的一个重要传统。到了汉武帝时期，这一传统又进一步地被强化了，在此强化过程中，汉武帝与儒学宗师董仲舒起到的作用最大。

汉武帝以其雄才伟略巩固了皇权，将汉帝国推到了盛世的顶端。他外立武功，开边拓土；内兴建制，关注文化。在某种意义上，他是一位文艺的保护者，汉赋的繁盛与他的鼓励密切相关，但汉武帝的关心文化建设、鼓励文艺创作，是服务于他的整体政治目标的。他在奖掖文艺的同时，也为西汉文学确立了主导方向，即文学必须有实际用处，文学必须服务于政治。

在武帝统治的半个世纪中，他是帝国内唯一享有充分自由的人，他是自己时代的权力枢纽、文化核心。所以，他对文学的看法，会立即转化为时代的文学风向标。他强大权力笼罩下的文士，都无一例外地受到了他的文学观的影响。

汉武帝"多欲"，因而他将文学视为一种能令感官享受到愉悦的工具，他爱好《楚辞》，喜欢形式美，所以他的宫廷文人如司马相如、东方朔等都竭力创作以铺陈、夸饰、壮丽、好奇为特征的辞赋，有时候武帝甚至亲自创作符合自己审美趣味的诗赋，如《秋风辞》、《李夫人赋》等。

在追求文学审美性的同时，汉武帝更加重视文学对政治的辅翼功能。在西汉，《乐记》是一篇极其重要的鼓吹文学的政教功能的论文，而这篇文章的创作就与武帝有密切关系。据《汉书·艺文志》所记，武帝时，河间献王刘德喜好儒学，献王"与毛生等共采《周官》及诸子言乐事者，以作《乐记》，献八佾之舞"。《乐记》的"声音之道（按：指的是音乐，广义上理解作文艺，可推广理解为文学）与政通"

---

[1] 苏舆：《春秋繁露义证·郊语》，中华书局 1992 年版，第 396 页。

[2] 苏舆：《春秋繁露义证·玉杯》，中华书局 1992 年版，第 32 页。

的观点，与武帝借助文学来稳定、缘饰政治的目的是契合的。这也就不难理解，武帝对礼乐教化的关注，对文学颂美是政教功能的褒扬。

武帝对文学政教功能的倡导首先表现为倡导文学歌颂政治。在元光元年颁布的《策贤良制》诏书中，武帝指出：

> 盖闻五帝、三王之道，改制作乐，而天下洽和，百王同之。当虞氏之乐，莫盛于《韶》，于周，莫盛于《勺》。圣王已没，钟鼓管弦之声未衰，而大道微缺，陵夷至乎桀、纣之行，王道大坏矣。夫五百年之间，守文之君，当涂之士，欲则先王之法，以戴翼其世者甚众，然犹不能反，日以仆灭，至后王而后止，岂其所持操或悖谬而失其统与？固天降命，不可复反，必推之于大衰而后息与？乌乎！凡所为屑屑，夙兴夜寐，务法上古者，又将无补与？[1]

在这道引发董仲舒著名的《天人三策》的诏书中，武帝向广大的应召者咨询的是治国大法何在，他鼓励天下士子以颂美政治的文艺《韶》、《勺》为创作典范，来歌颂大汉，从而达到"天下洽和"、"戴翼其世"的现实政治目的。

武帝倡导文学，希望文学能够起到教化民众、统一思想的作用。在元朔五年的《劝学诏》中，武帝直言："盖闻导民以礼，风之以乐。婚姻者居室之大伦也，今礼废乐崩，朕其悯焉。故详延天下方闻之士，咸登诸朝。其令礼官劝学，讲议洽闻，举遗兴礼，以为天下先。"[2]武帝要求以儒学来统一臣民思想，来移风易俗，教化民众，这说明武帝认为以儒学为思想主导的文学，具有教化百姓、统一思想的政教功能。

出于以上的考虑，武帝对于汉赋予以特别的提倡，他以自己的喜好使辞赋成为西汉文学的主流。司马相如的受赏识是这一文学奇迹的最有力注脚。

> 蜀人杨得意为狗监，侍上。上读《子虚赋》而善之，曰："朕独不得与此人同时哉！"得意曰："臣邑人司马相如自言为此赋。"上惊，乃召问相如。相如曰："有是。然此乃诸侯之事，未足观也，请为天子游猎赋。赋成，奏之。"上许，令尚书给笔札。相如以子虚，虚言也，为楚称；乌有先生者，乌有此事也，为齐难；无是公者，无是人也，明天子之义。故空藉此三人为辞，以推天子、诸侯之苑囿，其卒章归之于节俭，因以风谏。

---

[1]　班固：《汉书·董仲舒传》，中华书局1962年版，第2496页。

[2]　班固：《汉书·董仲舒传》，中华书局1962年版，第2502页。

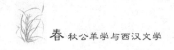
奏之天子，天子大说。[1]

武帝"大悦"的缘由不难推测。司马相如的《天子游猎赋》褒扬天子而贬抑诸侯，这与武帝削藩的政治举措是一致的；赋中诸如"四海之内，靡不受获。于斯之时，天下大说，向风而听，随流而化，喟然兴道而迁义，刑错而不用，德隆乎三皇，功羡于五帝"这一类的明显歌颂武帝政治成就的文字，更容易获得武帝的欢心。

和之前的儒家经典对于文学政治功能的论述相比，武帝并未提出什么新见，但他是中国历史上第一位长时间统治帝国的专制皇帝，他以其手握的权力去推行他的文教政策，其影响与效果要远远高于坐而论道的学者，他的文学观点给他那个时代的文学创作打上了很深的烙印，并对此后迄今的文学创作产生了深远影响。

在西汉时期，武帝以其独一无二的政治地位，给当时和之后的文学打上了烙印；董仲舒则是以其最高儒学宗师的身份，通过理论表述对西汉文学产生了深刻的影响。

董仲舒的一切理论主张都是与现实政治紧密联系在一起的。他的天人理论是服务于稳定汉政与监督皇权的，他的人性论是服务于教化理论的，他的王道三纲、伦理五常是服务于他的政治见解的，更不要说他的省刑罚、薄赋敛、举孝廉、兴太学的一系列具体的改革主张了。在董仲舒的理论体系中，文学是居于从属地位的，文学必须服务于政治和经术的最高原则，唯有如此，文学才有存在的意义和价值。他认为，天的精神就是"仁"，而人受命于天，就是从天那里获取了"仁"，体现这种仁的人，其道德与其创作的文学，必须具备"中和之美"，才算是进入到高级境界。[2] 再进一步，董仲舒提出："道者，所由适于治之路也，仁义礼乐皆其具也。"既然仁义礼乐都是王者行天道的工具，则文学更应该是体现天道的工具了。为了保证文学具有政治工具的作用，董仲舒提出了"先质而后文"的创作原则。统而言之，董仲舒认为文学没有独立存在的意义，他要求文学应具备典雅的中和之美，"质"应重于"文"，文学应具备服务于政治的工具性质，等等。他从内容到形式，从审美取向到存在价值，全面地为文学做出了规范。

董仲舒和汉武帝，分别以各自的文化权威与政治权威地位，为西汉文学指明了向现实功利发展的方向，并在文士群体中得到了积极的响应，从而对西汉文学个性、风格的形成，施加了重大的影响。

---

[1] 司马迁：《史记·司马相如列传》，中华书局1959年版，第3002页。

[2] 班固：《汉书·董仲舒传》，中华书局1962年版，第2519—2520页。

二

　　西汉的辞赋是最能体现政治功能的文体。辞赋的政治附庸性，表现为"颂"与"讽"两个侧面。

　　对汉政的歌颂是汉赋最重要的一个社会功能，这种文学功能的形成，既是时代文化的产物，更是儒学意识形态化的结果。儒学是西汉的主流意识形态，它为统治者论证统治的合理性、合法性，以此来襄助政治。汉赋作家多为儒生，汉赋思想多属儒学范畴，于是，汉赋从意识形态化的儒学思想出发来颂美汉政是顺理成章的。许结先生认为，西汉极盛时期，经学大师与辞赋大家的身份经常是同时存在于一个人的身上，即便在某些赋家身上并没有同时具备这两个身份，赋家与经学家在政治价值判断与思想内容方面，也是大体相同的。他说："在武宣之世，经学大师董仲舒、萧望之等将哲学神学化、模式化的过程，辞赋大家司马相如、王褒等将思想文学化、艺术化的过程，实与封建王朝君主集权制的进程同步，经学与文学同为大一统政治服务。"具体说来，"相如等作家创作大赋作品表现的思想正与强盛的帝国行政模式，经学家宇宙同人事、阴阳五行同王道政治结合的大一统思想匹配，以其独特的赋家之心建构起宏伟壮丽的艺术殿堂"[1]。西汉辞赋以其明确的政治倾向性而著称，这种政治倾向性多表现为对武、宣二帝时政的歌颂，它在思想渊源上与公羊学的诸多理论有着密切的关联。

　　武帝时期赋家创作的辞赋，几乎全部都是以颂美为主的，李炳海先生认为："'美盛德之形容'，始终是汉代颂体作品的宗旨。汉代文人是以颂扬圣君贤臣的方式参与现实，颂成为输出他们政治热情的重要载体。"武帝朝最有代表性的赋作是前文论述过的司马相如《天子游猎赋》与《封禅文》；宣帝时期的辞赋也是多为颂美，如王褒《四子讲德论》、《圣主得贤臣颂》等；元帝、成帝时期，随着中央政治权力的衰微，讽刺的成分增加，但仍不乏颂美之作，如扬雄的《甘泉赋》、《羽猎赋》、《长扬赋》；哀帝之后到新莽时期，由于汉政陵夷，对汉政的颂美声音消歇，而在王莽上台初期，对新莽的歌颂则继之而起。在这些辞赋中，除了少数纯粹的颂美之作如司马相如《封禅文》、王褒《圣主得贤臣颂》外，多掺杂着讽喻的成分，但正

────────────

　　[1]　许结：《汉代文学思想史》，南京大学出版社 1990 年版，第 126、128 页。

如古人所说，"劝"即颂美的成分是"百"，而规劝即"讽"的比例只有"一"，所以，基本上还应该视作颂美之作。

这些辞赋颂美汉政的内容，多以公羊学经义为本，如天人感应、政治大一统、盛世祥瑞等。上文已经论述过的一些代表性赋作，都多少不同地表述了这些思想。比如，赋作中讲符瑞的最多："改制度，易服色，革正朔，与天下为更始"（司马相如《天子游猎赋》），"（圣主）坐封皇之堂，听和鸾之弄，临麒麟之域，验符瑞之贡，咏中和之歌，读太平之颂"（王褒《甘泉宫赋》），"甘露零其庭，醴泉流其唐，凤凰巢其树，黄龙游其沼，麒麟臻其囿，神爵栖其林"（扬雄《羽猎赋》）。讲天人感应的有"上帝眷顾高祖，高祖奉命"（扬雄《长扬赋》）；讲大一统的，有司马相如《喻巴蜀檄》、《难蜀父老》之晓谕边地臣民归顺天子；张扬汉帝国的威仪，当然，最典型的是司马相如的《天子游猎赋》。作者设为主客，安排亡是公压倒子虚与乌有两先生以象征天子高居于藩国之上，宋代的程大昌甚至还从亡是公吹嘘上林苑的段落嗅出了颂美大一统的味道。

> 亡是公赋上林，盖该四海言之：其叙分界，则曰"左苍桐，右西极"；其举四方，则曰"日出东沼，入乎西陂"，"南则隆冬生长，涌水跃波"，"北则盛夏含冻，裂地涉水揭河"。至论猎之所及，则曰"江河为陆，泰山为橹"，此言环宇四海皆天子园囿，使齐楚所夸，俱在包笼中。彼于日月所照，霜露所坠，凡土毛川珍，孰非园囿中物！[1]

程大昌准确地捕捉到了作者借亡是公之口夸张上林苑的真正用意——颂美武帝的大一统政治。

和歌颂类辞赋相比，汉赋中的讽谏类作品更应该得到关注，因为这些赋作更能体现赋家的公羊学参政议政意识、格君心之非的意识与为民请命的意识。

讽谏，究其本质，乃是对政治、帝王的批评，否定现实的意味强烈。这样，讽谏者进谏时，就不能不考虑方式、方法，范晔曾加以归纳为："礼有五谏，讽为上。若夫托物见情，因文载旨，使言之者无罪，闻之者足以自戒，贵在于意达言从，理归乎正。"其实，对"五谏"的区分最早见于公羊学。以公羊学大义为主的《白虎通》谓：

---

[1] 程大昌：《演繁露 演繁露续集》卷十一，中华书局影印《丛书集成初编》本1991年版，第62页。

人怀五常，故知谏有五：其一曰讽谏，二曰顺谏，三曰窥谏，四曰指谏，五曰陷谏。讽谏者，智也，知患祸之萌，深睹其事，未彰而讽告焉，此智之性也；顺谏者，仁也，出辞逊顺，不逆君心，此仁之性也；窥谏者，礼也，视君颜色不悦，且却，悦而复前，以礼进退，此礼之性也；指谏者，信也，指者质也，质相其事而谏，此信之性也；陷谏者，义也，恻隐发于中，直言国之害，励志忘生，为君不避丧身，此义之性也。孔子曰："谏有五，吾从讽之谏。"事君进思尽忠，退思补过，去而不讪，谏而不露。故《曲礼》曰："为人臣，不显谏。"[1]

东汉另一位公羊学大师何休，在其《公羊传·庄公二十四年》的注释中也将谏诤分为五种，虽然名目小有不同，但五类的内涵并没有大的歧异。在五类谏诤方式中，讽谏最被推崇，除了上述引文外，董仲舒在《春秋繁露·竹林》中再次强调了对讽谏的提倡："《春秋》之义，臣有恶，君名美。故忠臣不显谏，欲其由君出也。《书》曰：'尔有嘉谋嘉猷，入告尔君于内，尔乃顺之于外，曰：此谋此猷，惟我君之德。'此为人臣之法也，古之良大夫，其事君，皆若是。"[2] 所以，讽谏能够给进谏者以安全，更重要的是，这种进谏方式既批评了君王的失误，又保全了君王的颜面，可以达到"言之者无罪，闻之者足以戒"的最佳进谏效果。

在西汉，武帝之后的政治格局已经确立，那就是中央集权、皇帝集权，与之形成鲜明对比的是，臣民没有独立的身份和自由表述意见的权利，更遑论指陈君非，在这种政治高压环境下，讽谏就成为唯一可行的进谏方式了。对于讽谏，西汉的文士与较为英明的皇帝都是肯定其价值的。比如，司马迁就敏锐地从相如《天子游猎赋》颂美的表面看出此文"虽多虚辞滥说，然其要归引之节俭"[3]，宣帝曾在为自己喜好辞赋辩护时说："辞赋比之，尚有仁义风谕、鸟兽草木多闻之观，贤于倡优博奕远矣。"[4] 司马迁和汉宣帝都能够从汉赋颂美夸饰的表象下看到其有关政治的实用的一面，因而肯定汉赋的存在价值与意义。

尽管汉赋在创作主旨上带有强烈的公羊学议政的意识，以讽谏为创作依归，但由于这种讽谏是一种夹缝中的进谏，它既要保持儒学的格君心之非、为民请命的训

[1]　陈立：《白虎通疏证》，中华书局1994年版，第235—236页。
[2]　苏舆：《春秋繁露义证·楚庄王》，中华书局1992年版，第14页。
[3]　司马迁：《史记·司马相如列传》，中华书局1959年版，第3073页。
[4]　苏舆：《春秋繁露义证·五行相生》，中华书局1992年版，第362页。

导，又要处心积虑地避免因此而招致文祸，因而首鼠两端，难以达到创作者希望的效果。这样，颂美中夹杂讽喻，使得颂美不纯粹；讽喻中掺入大量的颂美，使得讽刺失去了力度与意义。正因为如此，才有赋家决绝地搁笔，并对辞赋大加挞伐，例如扬雄。

扬雄的文学观念可以截然地分作前、后两期。前期的扬雄积极有为，幻想通过辞赋来干预政治，表达自己的政治理想，引导帝王改过向善。他相信辞赋具有非凡的讽谏功能，于是专心一意地进行辞赋的创作。因为他认为武帝时的司马相如是以文学干预政治的模范，于是他时时以司马相如为榜样，以司马相如的辞赋为范本，努力创作。他的好友桓谭说："成帝时，上幸甘泉宫，召使作赋。子云为之卒暴，倦卧，梦其五脏出在地，以手收内。及觉，太少气，病一岁卒。"虽有夸张，但却真实地道出了前期扬雄参政热情之高及对文学干政所抱持的乐观态度，这使得扬雄带着使命感来创作，甚至不惜毁伤自己的健康。但扬雄投入如此大热情写出的辞赋，效果却很令他失望："孝成皇帝好广宫室，扬子云上《甘泉颂》，妙称神怪，若曰非人力所能为，鬼神力乃可成，皇帝不觉，为之不止。"这种适得其反的讽谏效果，使得扬雄辞对赋政治功能的思考，从功效的大与小的问题，转变为有与无的问题。他彻底地放弃了早年对辞赋政治功能的迷信，转而开始对辞赋进行"劝而不止"的批判。

> 或问："吾子少而好赋？"曰："然。童子雕虫篆刻。"俄而曰："壮夫不为也。"或曰："赋可以讽乎？"曰："讽则已，不已，吾恐不免于劝也。"或曰："雾縠之组丽。"曰："女工之蠹矣。"……或问："景差、唐勒、宋玉、枚乘之赋也，益乎？"曰："必也淫！""淫则奈何？"曰："诗人之赋丽以则，辞人之赋丽以淫。如孔氏之门用赋也，则贾谊升堂，相如入室矣，如其不用何！"[1]

后期的扬雄完全改变了自己早年对于辞赋的信仰，《汉书·扬雄传》中说：

> 雄以为赋者，将以风之，必推类而言，极丽靡之辞，闳侈巨衍，竞于使人不能加也。既乃归之于正，然览者已过矣。往时武帝好神仙，相如上《大人赋》欲以风，帝反缥缥有陵云之志。由是言之，赋劝而不止，明矣。

---

[1] 严可均校辑：《全上古三代秦汉三国六朝文》，中华书局 1958 年版，第 411 页。

又颇似俳优淳于髡、优孟之徒，非法度所存，贤人君子诗赋之正也。于是，辍不复为。[1]

所谓"既乃归之于正，然览者已过矣"，实际上就是批评"劝百"之后的"讽一"全无效果，颜师古注谓："言其末篇乃从之正道，故观览之者但得浮华，而无益于讽谏也。"这是西汉辞赋最为人所诟病的地方，所以，扬雄将之贬斥为"壮夫不为"的雕虫小技，他对于辞赋讽谏的政治信念已经动摇，认为"不免于劝"，即认为辞赋不但没有讽谏的功用，反而会起到推波助澜、助纣为虐的反向效果。正是因为对辞赋讽谏功能的彻底失望，他最后才干脆宣称辞赋不但是"壮夫"不应当写的东西，而且"童子"也没必要创作它，"如其不用何！"直截了当地宣布了辞赋政治功能的失败。扬雄的意见是根植于自己多年的创作甘苦的基础上的，这不是他一时的意气用事，而是他理性思考后的结论，因而较为深刻地揭示了辞赋政教功能的迷失。扬雄的辞赋创作与他通过创作而得出的辞赋理论，证明了辞赋的所谓讽谏的政治功能是不存在的，也就是说，辞赋根本就不可能具备真正的政治干预功用。

综上所述，公羊学鼓励文士以经世致用的精神来创作辞赋，歌颂美政，讽刺不平，引导政治向善的方向发展。但在文学实践中，歌颂则容易流于虚词吹捧，讽刺则干政效果全无。西汉最伟大的两位辞赋家司马相如和扬雄都是一生郁郁，扬雄到晚年甚至彻底否定自己壮岁的文学干政理念。西汉赋家的创作初衷与最终成效的巨大反差，证明了以政治性为第一的汉赋不可能真正地独立、发展，它最后的结果只能是走向末路，而儒学关于文学政治功用的设计也只能是一厢情愿的幻想罢了。

三

西汉乐府诗属于"俗乐"，而非正统的"雅乐"，它因此遭到正统经学之士的批评，但透过形式的外表却可以发现，这些身背"俗乐"恶名的诗歌，从创作初衷到诗歌风貌都与公羊学重视实用、表现政治的理论主张多有暗合之处，而汉乐府的衰微也是与以公羊学为主导的今文经学的衰微同步的。

西汉的乐府并非始于武帝，高祖时唐山夫人所作《安世房中歌》其实就是乐府

---

[1] 班固：《汉书》，中华书局 1962 年版，第 3575 页。

诗。但乐府规模的扩大、乐府诗歌数量的增加，则确实是在武帝时期开始的。武帝时期的乐府诗，可根据作者所属的社会阶层分为贵族之诗与民众之诗，无论是哪一个阶层的创作，都有着很强的现实政治目的。

贵族诗的代表是《郊祀歌》，而这组诗歌的立意与内容都与今文经和当时政治有着密切关联，因此，《郊祀歌》的现实功用性是十分明显的。就内容而言，这组诗歌多写郊祀神祇和符瑞臻至，这与公羊学与西汉政治的大一统、天人学说、符瑞理论是完全合拍的，是经学与政治的文学化表述。

这组诗歌主要是用于宗庙祭祀场合，在全部的十九章中，写祭祀的就有十四章，计有：迎神曲《练时日》，《帝临》祭祀东帝，《青阳》祭祀西帝，《朱明》祭祀南帝，《西颢》祭祀中帝，《玄冥》祭祀北帝，《惟太元》与《五神》祭祀太一神，《天地》祭祀天地神，《日出入》祭祀日神，《后皇》与《华烨烨》祭祀后土神，《天门》祭祀神仙，《赤蛟》为组诗最后的送神曲。祭祀内容的诗歌所占比例如此之大，既有经学影响的因素，更有诗歌服务于政治需要的因素。

经学对这组诗歌祭祀内容的影响，体现在儒家一直以来就倡导祭祀，因为儒家坚持国之大事在祀与戎。儒家认为，祭祀是君主沟通人神、和谐上下的最佳方式，这也是历代君王所追求的目标，所以君王很乐于在重视祭祀这一点上与儒家达成共识。关于祭祀的对象，儒家规定是两种，君王的先祖和天地神祇。在武帝时期，颂美先祖虽然重要，但歌颂神祇更为重要。董仲舒的天人感应学说，其最终的目的是神化王权，而神化王权的最佳途径莫过于将帝王与神祇放置于同等地位，互相感应，互相交流，以此来实现公羊学君权神授的神学论证。所以，对神祇的歌颂也就是对帝王、对汉政的歌颂，这是《郊祀歌》中大量写祭祀神祇的内容的最主要原因。在此，可举《惟太元》一例以概其余。

> 惟泰元尊，媪神蕃厘，经纬天地，作成四时。精建日月，星辰度理，阴阳五行，周而复始。云风雷电，降甘露雨，百姓蕃滋，咸循厥绪。继统共勤，顺皇之德，鸾路龙鳞，罔不肸饰。嘉笾列陈，庶几宴享，灭除凶灾，烈腾八荒。钟鼓竽笙，云舞翔翔，招摇灵旗，九夷宾将。[1]

这首诗看似颂美天神太一，仔细品味，并非如此。"继统共勤，顺皇之德"，颜师古解释为："共，读曰恭。皇，皇天也。此言天子继承祖统，恭勤为心而顺天

---

[1] 王充：《论衡·谴告》，上海人民出版社1974年版，第226页。

也。""招摇灵旗，九夷宾将"，颜师古注谓："言威烈之盛踰于八荒，画招摇于旗以征伐也。"[1] 这明显地是在歌颂武帝，颂美汉的大一统，所以，对太一神的颂美，其实质是对当时汉帝国政治大一统的颂美，是对公羊学大一统理论的文学实践，其政治功利性是极强烈的。

至于符瑞方面的内容，也是服从于当代政治需要，而迥异于传统的宗庙乐歌模式。自《诗经》三《颂》以来，宗庙乐歌已经确立的传统，是以追述祖先的德行、功绩为主的。但武帝时期的这组乐府诗，虽然在形式上也是宗庙乐歌，但在内容上却很少追述祖德，而将表述的重点放在对武帝时期升平盛世的咏叹上。在当时，受到公羊学符瑞理论的影响，被认为最能代表武帝政治升平的就是符瑞臻至。

在全部十九章《郊祀歌》中，计有五章歌咏祥瑞之物，而考之《汉书》，这些祥瑞之物也确实在武帝时出现过。比如，《天马》诗所咏的"天马"，实际上是太初四年李广利奉命伐大宛而缴获的汗血宝马，它与中原的马种明显不同，所以被视作是神异的祥瑞；《朝陇首》是咏武帝巡游时偶然得到的白麟，麒麟是祥瑞物，源自孔子"绝笔于获麟"的典故，董仲舒在《贤良对策》中将"麒麟来游"称作是治世的标志，所以，它是盛世的象征；《象载瑜》是咏获得赤雁，雁是寻常物，但赤色是西汉王朝所崇尚的颜色，因为根据五行理论，西汉属火德，色尚赤，所以赤雁是符瑞；《景星》所咏的是元鼎四年在后土祠附近挖出的鼎，在古代中国，鼎被认为是权力的象征物，所以是符瑞；《斋房》是咏元封二年皇宫内长出的九茎相连的灵芝，据纬书所载，灵芝的出现，其前提是君王尊爱长者，不忘故旧，所以它是武帝德行的显现，也是符瑞神物。统而言之，五种祥瑞之物，都与汉政权或武帝个人德行相关，都与当时政治和儒学理论联系密切，它们不是普通的动植物，而是承载着汉人理想、情感的符号象征，对这些动植物的描写、颂美就是对儒学理想与西汉政权的颂美。

西汉乐府诗中的民众之诗，其立意与内容与今文经关联不大，它主要反映西汉下层民众的生活，具有很强的政治批判性，因而其现实政治性也很明显。

乐府诗与今文经学的关联，主要在对时政的讽刺上。从诗歌流派的角度来审视，汉乐府通常被划入到现实主义文学的门类中，其原因不外乎这些诗歌全方位、多层次地展现了西汉底层民众生活的疾苦，他们的忧愁与快乐都在汉乐府中。比如，《饮马长城窟行》反映乱世夫妻不相保，《病妇行》反映贫困令父子不相保，《孤儿行》

---

[1]　班固：《汉书·礼乐志》，中华书局 1962 年版，第 1057 页。

反映风俗凋敝，兄弟乖离，《上邪》反映男女爱情的多变，《陌上桑》与《平陵东》谴责官吏鱼肉百姓，《战城南》反映战争给民众带来痛苦，等等。

正是因为汉乐府最真实地体现了普通民众的生活与心声，所以武帝扩建乐府机构，一个重要的政治目的就是"观风俗，知薄厚"，从而有针对性地去除民瘼，改善民生。西汉的帝王与关心民生疾苦的官员，都将这些民众自发歌咏的诗视作政治美恶的最权威的证据。通览《汉书》，西汉的武帝在元狩六年、宣帝在元康四年、元帝在初元元年和建昭四年，都专门派遣大夫巡行全国以览观民俗。这些钦差观民俗，主要就是为皇帝收集民歌。这些民歌经乐府官员整理后呈皇帝御览以知各地风俗美恶。乐府民歌具有如此重要的政治意义，以至于当王莽要夺取汉家天下，急于向世人表白自己广受民众支持时也利用了乐府民歌。他的策略是在平帝的元始四年四月，派遣大司徒司直陈崇等八人分行天下，这样浩大的一支钦差团，分行天下的目的是"览观风俗"，经过近半年的观览，"风俗使者八人还，言天下风俗齐同，诈为郡国造歌谣颂功德，凡三万言"。这些伪造的表达民众心声的诗歌，成为王莽篡位的一个极其重要的政治筹码，他郑重其事地"奏定著令"，公告天下，这些多达三万言的伪造的乐府民歌，成为王莽代汉的一个有利的舆论武器。

西汉官员大多也很重视乐府民歌"观风俗，知薄厚"的社会功能，例如，著名的循吏韩延寿初到颍川郡，发现当地多豪强，难以治理，因为在他之前的郡守赵广汉"患其俗多朋党，故构会吏民，令相告讦，一切以为聪明，颍川由是以为俗，民多怨仇"，韩延寿的针对性策略是：

> 延寿欲改更之，教以礼让，恐百姓不从，乃历召郡中长老为乡里所信
> 向者数十人，设酒具食，亲与相对，接以礼意，人人问以谣俗，民所疾苦，
> 为陈和睦、亲爱、销除怨咎之路，长老皆以为便，可施行。[1]

韩延寿在宣布自己的改革举措之前，最关键的一个步骤是对这些民众代表一个一个地"问以谣俗"。所谓"俗谣"，颜师古的解释是："谓闾里歌谣政教善恶也。"[2]韩延寿先要了解民众的喜怒才能对症下药，而这些俗谣就是他要了解的民众心声，所以他才极其重视。

王莽、韩延寿对乐府民歌的重视，说明了乐府民歌在反映民心方面有着无可替

[1] 班固：《汉书·韩延寿传》，中华书局1962年版，第3210页。
[2] 班固：《汉书·韩延寿传》，中华书局1962年版，第3210页。

代的重要作用，民心的向背、百姓的苦乐，是关系着帝国兴衰的政治要务，这些乐府民歌的政治意义是很明显的。而这些乐府民歌在表达民众心声、反映民生疾苦的同时，多以愤激之辞抨击现实的黑暗，虽然这些诗歌不够温柔敦厚，难免"粗野"、"质直"之诮，但在某种意义上，这种"粗野"、"质直"的抨击，又与公羊学监督、批评汉政的一贯主张相吻合。所以，汉乐府诗也是政治性的、受经学影响的文学样式。

汉乐府诗歌的内容可以起到"观风俗，知厚薄"的社会功用，但它与歌词相配的俗乐部分却不为士大夫所认可。

武帝以来的西汉皇帝希望通过乐府民歌的内容来了解帝国各地的政治实情，但他们更喜好演奏这些歌词的各地俗乐，将之视作满足自己物质欲望的一个对象。这令正统的士大夫极为不满，因为在他们看来，乐府诗歌存在的唯一理由只是其"观风俗，知厚薄"的社会功用，他们希望帝王们能以雅正的态度来解读这些乐府诗歌的政治内涵，如若帝王仅仅将之视作娱乐的对象，则莫不如干脆裁撤掉乐府机构，即便要牺牲儒生们看重的乐府诗歌的歌词也在所不惜。所以，屡屡有士大夫向皇帝建言裁撤乐府，如果适逢灾年，则这种呼声就会更加强烈。例如，汉宣帝本始四年，因农作物歉收，不得不应朝臣的请求而减少乐府人员，"使归就农业"；元帝初元元年，因为民间疾疫流行，于是主动下诏减少乐府官署的名额，"以振困乏"。宣帝与元帝的做法得到了正统儒士的赞赏，与之形成对比的是成帝："是时，郑声尤甚，黄门名倡丙强、景武之属，富显于世，贵戚五侯定陵、富平外戚之家，淫侈过度，至与人主争女乐。"成帝因为不顾一切地追求感官娱乐，喜爱被儒生视作亡国之音的乐府俗乐，而获讥于当时。

对乐府诗歌政治功能的推崇，与对乐府诗歌有违于儒家标准的俗乐的排斥，看似矛盾，其实不然，因为二者都是从儒家的文艺政治化标准出发而做出的评判。这种表面的矛盾，更深刻地说明，以公羊学为主体的西汉儒学对于包括文学在内的一切文艺的根本衡量尺度只有一个，那就是政治性与实用性。

第二节　文风的学者化倾向

在西汉学术界，《公羊传》地位最为崇高。在武帝独尊儒学之前，贾谊评价《尚书》是"此之著者也"，《诗经》是"此之志者也"，《周易》是"此之占者也"，

《春秋》则因为能够"守往事之合德之理与不合而纪其成败，以为来事师法"，所以它是"此之纪者也"。贾谊对儒家四经中后出的《春秋》评价最高，是因为在所有经典中，《春秋》寄托了孔子最大的政治愿望。司马迁也持同样的看法："子曰：'弗乎！弗乎！君子病殁世而名不称焉。吾道不行矣！吾何以自见于后世哉？'乃因史记作《春秋》……据鲁亲周故殷，运之三代，约其文辞而指博……以绳当世贬损之义，后有王者，举而开之，《春秋》之义行，则天下乱臣贼子惧焉。"在西汉的儒生看来，《春秋》是孔子信仰的体现，是孔子以文化创造来实现自己素王大业的媒介。

除了理论上具有重要意义外，《春秋》还因为本身的政治批判功能与现实功用性，而被西汉上至皇帝下至普通民众所重视。在王朝政治层面，《公羊传》是利用价值最高的儒学经典。对外方面，武帝进攻匈奴就是以公羊学"复百代之仇"为名义而展开的；而在帝国内部，以《春秋》决狱的做法，使得公羊学成为事实上的国家刑法。"君亲无将，将而有诛"、"原心定罪"、"父子相隐"、"恶恶止其身"等公羊学经说，成为官员断案的根据。这种道德法律化和法律道德化的奇特现象，只有当公羊学独尊于当时社会才会出现。

对于普通士子而言，汉武帝为五经立博士员，使得研习以公羊学为主的儒家经说成为他们入仕的唯一途径，因为学术造诣高深而拜相的，从公孙弘到匡衡、韦贤、韦玄成、张禹、平当等，代不乏人。士子读经即可获致高官，成为汉人的共识，以至于当时有这样的俗谚："遗子黄金满籝，不如一经。"[1] 于是，公羊学经说成为热心入仕的士子必修的功课，他们"对于《春秋》著述近乎神话化的崇敬，标明了文人学士强烈的自尊自重意识，寄托着他们对于述作事业的热望和珍重"。而西汉的春秋学几乎就等同于公羊学，这样，西汉文士的创作，就受到了公羊学经说的左右。相应地，西汉的文风就自然地偏向经学的学风，学者化渐渐成为西汉文风的主流。

一

作为西汉的主流文学形式——汉赋，从赋家的学养到辞赋的艺术风格，都与公羊学经义有着密切的关联。

---

[1] 扬雄：《法言·吾子》，上海书店《诸子集成》本1986年版，第4页。

在武帝表彰儒学为唯一统治学说之前的汉初，赋家多聚集在藩国，吴和楚成为赋家流向的目的地。武帝的削藩、尊儒政策，使得文士或是主动或是被动地全体流向了他们唯一的归宿——中央朝廷。人才供求关系由卖方市场变为买方市场，极大地改变了赋家的生存状态。他们失去了人身自由，失去了思想自由，而成为皇帝御用的文人。对于这种转变，除了少数赋家感到痛苦之外，多数的赋家（包括司马相如等在内的一流赋家）表示了衷心的欢迎。他们以自己的文笔，颂美汉政，表达着自己的政治期望。而今文经学以其独特的学术地位与政治影响力，也就渐渐地进入赋家的视野，并成为他们创作的主要思想依归。

武帝时代的赋家，受公羊学影响的程度是不尽相同的，他们的社会地位与自我评价也相应地有所不同，这与其经学造诣有一定关系。

一类如枚皋、郭舍人等，虽然也写了很多讨武帝欢心的赋作，但因为都是"不通经术，诙笑类俳倡，为诗赋，好嫚戏"[1]，因而地位卑下，至多与武帝身旁的俳优同列，其作用仅仅是供武帝娱乐而已，所以枚皋后来因自己不通经术，而"自悔类倡"。

另一类赋家则通今文经术（尤其是公羊学经术），他们在武帝心中的地位就要比枚皋之流高出很多，更为重要的是，这一类赋家对自己有着更高的期许，他们的赋也有着更多的经学意味。这一类赋家中，最有名的是司马相如。《史记》与《汉书》的本传中都没有记述他的学术渊源，但《汉书·地理志》却透露出司马相如的经学素养："景武间，文翁为蜀守，教民读书法令，未能笃信道德，反以好文刺讥，贵慕权势。及司马相如游宦京师、诸侯，以文辞显于世，乡党慕循其迹，后有王褒、严遵、扬雄之徒，文章冠天下，繇文翁倡其教，相如为之师。"[2]而司马相如的启蒙者文翁，是习《公羊传》的，所以，司马相如应该研习过公羊学。正是因为他受过经学的熏陶，有着经生的抱负，所以对于自己与枚皋一流赋家为伍，深感耻辱，常"称疾避事"。但在临终前，他却交付给妻子一卷《封禅文》，以最后一次向武帝表明自己的真实身份和真正理想，他也确实做到了，武帝看到一向被自己视作是俳优的司马相如居然写下了这样一卷有很深学养的参政鸿文，"天子异之"，反应也确实如司马相如所希望的那样，极度惊讶。

武帝时期另一位通公羊学经说的赋家是吾丘寿王。他的赋作现今没有留存，但

---

[1]　班固：《汉书》，中华书局1962年版，第3575页。

[2]　班固：《汉书·地理志下》，中华书局1962年版，第1645页。

据《汉书·艺文志》载，他曾作有十五篇赋作。他被武帝知遇颇具戏剧性，不同于司马相如因赋作得到武帝欢心，他是因为善于游戏而被武帝擢拔。武帝要栽培他，于是"诏使从中大夫董仲舒受《春秋》，高材通明，迁侍中中郎"[1]。吾丘寿王以游戏起家，以赋作名家，但真正给他带来荣誉和地位的却是公羊学经术。武帝要栽培一个他看好的人才，不是要他继续在文坛创作，而是将他送到名师那里去学习经术，这很能说明武帝对于纯粹文士的轻视和对饱学经生的重视。

司马迁是一位史家，同时也是一位赋家，曾作有《悲士不遇赋》，关于他的思想倾向，历来有多种争论。司马迁思想的广博是事实，他曾分别向孔安国问《古文尚书》，向董仲舒问《今文春秋》，从父亲处学到了《周易》，一身而兼具今、古文经学及黄老道术的学养。但究其思想主旨，还是今文的《春秋》学。[2] 联系其《史记》，也确实可以发现，司马迁虽然不拘泥于一家，但还是以儒学为思想指归，他尤其赞赏《春秋》的价值和意义，称"《春秋》辩是非，故长于治人"，"《春秋》以道义"，"继《春秋》，小子何敢让焉"[3]。他自己也确实是将自己毕生心血结晶的《史记》视作踵武《春秋》之作。他的《悲士不遇赋》所抒发的情绪，基本上还是一位郁郁不得志的儒生的愤慨。

武帝之后的赋家，更是深受公羊学熏陶，刘向、扬雄是其代表。二人的公羊学经学背景，前文述及，兹从略。

在赋家努力向公羊学靠拢的同时，公羊学经师也喜欢用辞赋这一文学形式来抒发自己的情感、志趣。例如，董仲舒是儒学宗师，但他也有自己的牢骚和不平，他没有将这些私人的情绪写入《春秋繁露》、《天人三策》一类的宏大经学文章中去，而是寓之于《士不遇赋》。武帝时期另一位经师是孔臧，他在著其经学代表作《太常蓼侯孔臧十篇》的余暇，也写下了《谏格虎赋》、《杨柳赋》、《鸮赋》及《蓼虫赋》等消遣之作。

公羊学经师与辞赋作者看似迥异的两类，实则相通相连，在很多情况下，西汉的赋家兼具经师的身份。台湾学者简宗梧比较二者，认为他们有着亲密的血缘关系："赋家依附儒家而求发展，儒家藉辞赋以达目的，同车共辙，相形益彰。"于是，赋在得到皇帝欣赏的同时，也被正统经生接受，这样，武帝迄王莽的这一段时间，

---

[1] 班固：《汉书》，中华书局 1962 年版，第 3576 页。

[2] 关于司马迁的思想倾向问题，参看张大可：《司马迁评传》第八章《司马迁的思想》，南京大学出版社 1994 年版。

[3] 司马迁：《史记·太史公自序》，中华书局 1959 年版，第 3296 页。

才成为辞赋的黄金时段。班固《两都赋序》对于这一段时间内辞赋的繁盛有一段相当准确的概括：

> 大汉初定，日不暇给，至于武、宣之世，乃崇礼官，考文章，内设金马、石渠之署，外兴乐府、协律之事，以兴废继绝，润色鸿业。是以众庶悦豫，福应尤盛，《白麟》、《赤雁》、《芝房》、《宝鼎》之歌荐于郊庙，神雀、五凤、甘露、黄龙之瑞，以为年纪。故言语侍从之臣，若司马相如、虞丘寿王、东方朔、枚皋、王褒、刘向之属，朝夕论思，日月献纳。而公卿大臣御史大夫倪宽、太常孔臧、太中夫夫董仲舒、宗正刘德、太子太傅萧望之等，时时间作。或以抒下情而通讽谕，或以宣上德而尽忠孝，雍容揄扬，著于后嗣，抑亦《雅》《颂》之亚也。故孝成之世论而录之，盖奏御者千有余篇，而后大汉之文章炳焉与三代同风。[1]

班固是东汉初人，距离武帝时不到百年，他说武、宣之时的辞赋有一千余篇，应该是有根据的。两位帝王统治的几十年间，辞赋数量如此惊人，则称赋为西汉"一代之文学"，确实是很有道理的，这个数字无可辩驳地证明了辞赋在西汉中期确实是盛极一时。元、成帝之后，汉政渐趋没落，经学日渐衰微，辞赋创作也相应地有所萎缩，但还是出现了扬雄、刘向等大家。在这个辞赋的黄金时段里，赋体由汉初的骚体而演进为散体大赋，这种新的赋体是极盛时期的西汉文士寓含着公羊学时代精神的天才创造，是西汉辞赋的正宗，它不以自身的文学性为特色，而以其附带的社会功能见长。这种社会功能，用班固的话说就是"或以抒下情而通讽谕，或以宣上德而尽忠孝"，在本质属性上将之归入文学有些牵强，将它视作是"兴废继绝，润色鸿业"的政治性工具似乎更适合。这种政治工具性，其来源就是公羊学的经义，所以，西汉的大赋是歌颂汉政的，是颂美皇帝的，是讽谏的，是为民请命的，诸如此类的内容恰恰是公羊学经说所极力强调的。西汉大赋与公羊学经术关联得如此地紧密，以至于西汉大赋完全地迷失了自我的文学性，而努力向政治和经术靠拢，力图以自己的文学形式来达成政治和经学的使命，于是，大赋就成了文学性缺失而政治性突出的怪胎。

就表现内容而言，西汉的大赋为人所诟病的一个方面是单一和机械。翻检西汉今存的几十篇赋作可以发现，这些大赋或是夸饰帝王的奢侈豪华，或是阐发枯燥无

---

[1]　萧统编：《文选》卷一，上海古籍出版社1986年版，第2—3页。

味的经学义理，虽然号称是西汉的百科全书，但在大赋中我们看不到社会各阶层的广泛生活的描绘，而仅仅局限于帝王的宫室、苑囿、都城。大赋表现内容的机械单调，不能从赋体的文学属性方面找原因，因为在此之前的汉初的骚体赋，还是秉承着屈原的抒情传统的，这只能从政治与经学的方面去找才有可能发现真相。作为影响大赋风貌的政治与经学，在武、宣帝时期，其实可以笼统地归结为经学因素，因为它是社会的意识形态，政治在很大程度上也是经学的体现。武、宣帝时期，蒸蒸日上的经学正处于"昌明时代"，以公羊学为主体的今文经学独尊，并逐渐地增强自身对社会方方面面的辐射力和影响力，于是，接受经说的赋家自愿地与王朝政治合作，心甘情愿地将自己的文学创作附庸到经说上面去，这样，就严重制约了大赋艺术表现的丰富性。赋家将创作的注意力全部倾注到与经术与皇权相关的领域，而对此外的一切内容不加理睬。

就抒情性而言，大赋是极度地缺乏的，个中原因不在于赋家缺乏抒情才能，而在于赋家将自己的激情让位于经说的宣教，这还是以公羊学为主的今文经左右文学的必然结局。刘大杰早在半个多世纪之前就注意到了赋体文学从先秦的楚辞到西汉的大赋的展衍过程中，规律性的现象是："诗的成分减少，散文的成分加多；抒情的成分减少，咏物说理的成分加强。"究其原因，一是大赋的言情空间是有限的，若阐释经义的"述"的成分过多，则自然抒发赋家个体情感的"作"的空间就势必受挤压而萎缩；二是赋家自愿放弃自己作为个体独立的意义与价值，而甘愿融入广大的经学政治之中去，这也导致了赋家对自身情感表现的淡漠。即便是名家名篇如司马相如的《天子游猎赋》、《封禅文》，王褒的《圣主得贤臣颂》、《四子讲德论》，扬雄的《甘泉赋》、《羽猎赋》、《长扬赋》、《河东赋》，也莫不如此。所以，这不是孤立的个案，而是一个具有普遍意义的文学现象。

就创新性而言，西汉大赋也是极度缺乏的，陈陈相因成为大赋创作的主要方式，这也与公羊学影响有关。

作为最早的大赋代表之作，枚乘的《七发》在主客问答的结构模式、铺张扬厉的叙述风格与帝王生活场景的描写等方面，别开生面，为大赋的定型做出了极大的贡献。接续枚乘的司马相如的《天子游猎赋》，在上述三个方面做了更加细致、更加全面深入的发挥，并融合经义，附会政治，首倡在赋中颂美汉政与大一统的主题，使得大赋最终成型。他们两人的大赋都属于各自天才的创作。然而，接续袁枚、司马相如的西汉其他的大赋作者，却专事模仿，少有创新，其作品令人难以卒读，洪迈评价西汉"七体"和《答客难》一类赋作的话颇有警示意义。

> 枚乘作《七发》，创意造端，丽旨腴词，上薄《骚》些，盖文章领袖，
> 故为可喜。其后继之者，如傅毅《七激》、张衡《七辩》、崔骃《七依》、
> 马融《七广》、曹植《七启》、王粲《七释》、张协《七命》之类，规仿太切，
> 了无新意。傅玄又集之以为《七林》，使人读未终篇，往往弃诸几格。柳
> 子厚《晋问》，乃用其体，而超然别立新机杼，激越清壮，汉、晋之间诸
> 文士之弊，于是一洗矣。东方朔《答客难》，自是文中杰出，扬雄拟之为《解
> 嘲》，尚有驰骋自得之妙，至于崔骃《达旨》、班固《宾戏》、张衡《应闲》，
> 皆屋下架屋，章摹句写，其病与《七林》同。[1]

洪迈评价的是"七体"和《答客难》一类赋作的模拟与创新的问题，他议论的核心问题很值得汉赋研究者思考。枚乘和东方朔首创，其《七发》与《答客难》，以"创意造端，丽旨腴词"而"故为可喜"，是"文中杰出"，但踵武者"规仿太切，了无新意"，一味"屋下架屋，章摹句写"地模仿，毫无创造可言，令人难以卒读。柳宗元袭用七体，但自出机杼，所以成就远迈前人。将洪迈的论断推广到整个大赋更为准确。为什么枚乘、司马相如的创造力成了后人难以逾越的高峰？为什么后人要将相同的主题、类似的题材、同样的技法一再的复制？这种因循模拟的文风，为什么会主导西汉（甚至延伸到东汉的中期）大赋领域如此之久？我们可以从赋家个人方面、皇朝政治层面找到很多的解释，但还有一个原因是不能忽视的，那就是公羊学经说的文化影响力。

公羊学经说重视所谓的"师法"，老师的讲义弟子要无条件地接受，不容许有自己的理解与增减。谨守师法，循规蹈矩，没有自己的发挥创造，这被认为是弟子分内的义务。对于传统的经说，只可以战战兢兢地记诵，而不可以独创新义。所以，对于传统和师说，经生只能在接受的前提下去领会、模拟，代圣人立言，代师傅立义。在此过程中，聪明者固然可以钻空子，以"六经注我"的方式来阐发自己的意见，但更多的经生还是要墨守成规，不能越雷池半步。这种学风禁锢了公羊学的活力，使公羊学在成为学术正统的同时，失去了自身发展的动力与生机。这种不健康的学风，影响所及，使得大赋的文风也呈现出相类似的特点，对此，大多数的赋家并不感到有何不妥，如扬雄等甚至还以此为荣。

---

[1]　洪迈：《容斋随笔》卷七"七发"条，上海古籍出版社 1978 年版，第 88 页。

（雄）好辞赋。先是时，蜀有司马相如，作赋甚弘丽温雅，雄心壮之，每作赋，常拟之以为式。又怪屈原文过相如，至不容，作《离骚》，自投江而死，悲其文，读之未尝不流涕也，以为君子得时则大行，不得时则龙蛇，遇不遇命也，何必湛身哉。乃作书，往往摭《离骚》文而反之，自岷山投诸江流，以吊屈原，名曰《反离骚》。又旁《离骚》，作重一篇，名曰《广骚》。又旁《惜诵》以下至《怀沙》一卷，名曰《畔牢愁》。[1]

扬雄作赋，以司马相如为取法对象，原属正常的文学创作现象，但问题是他模仿得超过了限度，他"拟之以为式"，颜师古注谓："拟，谓比象也"，几乎是亦步亦趋地在抄袭。他的《反离骚》和《广骚》模拟《离骚》，《畔牢愁》模拟《惜诵》以下至《怀沙》几篇，扬雄的创作，"述"的比重过大，模拟的成分过多，已经很难将之视作独出机杼的创作了。大赋之外，扬雄将模拟视作文学创作不二法门的另一篇文论是《答桓谭书》，在信中他公开说："长卿赋不似从人间来，其神化所致邪？大谛能读千赋，则能为之。谚云：'伏习众神，巧者不过习者之门。'"其所论与此相近。他甚至模拟到这样的程度，仿《周易》而作《太玄》，仿《论语》而作《法言》，仿《仓颉篇》而作《训纂篇》，仿《虞箴》而作《册箴》，他对儒家经典作了全方位的仿造，并深以此为能。所以，扬雄的赋论以及他的实际的大赋创作，是公羊学经生将经术风格带入文学创作的一个典型例证。这不是扬雄一个人在这么做，而是武帝之后一大批的赋家都在这么做，只不过他们做的没有扬雄这样彻底罢了，但是，"扬雄虽专事模拟，究因其才高学博，他还能独成一个局面，能在模拟的生活中，运用他的才学，使他得到较好的成绩。后辈在才学方面还不如他的，仍是一味从事模仿，其结果必然走到张衡所说的'连偶俗语，有类俳优，或窃成文，虚冒名氏'那种堕落的现象了"[2]。经学的模拟墨守的学风，使得大赋的文风也受到沾染，其实，赋家与经生一样，有才能的极少而平庸者最多，模拟既然是最省心省力的一种创作方式，又何乐而不为呢？这是大赋多模拟的另一个可能的原因。

---

[1] 班固：《汉书·扬雄传》，中华书局 1962 年版，第 3515 页。

[2] 班固：《汉书·礼乐志》，中华书局 1962 年版，第 1057 页。

二

西汉政论文的风格面貌同样被公羊学所规范。以公羊学为主体的今文经学的独尊地位是在武帝时期确立的，公羊学对社会的辐射功能因此始于武帝时期。元帝与成帝是对今文经学提倡最积极的两位皇帝，今文经在这个时期发展到了顶峰，成为社会意识形态，而公羊学对社会的影响力也因此达到了极致。所以，考察西汉政论文文风受公羊学影响的情况，当以西汉中后期的文学为主。在此之前的汉初散文，学者化倾向即已初露端倪。

汉初骚体赋虽盛极一时，但很快被大赋所取代，原因之一就是骚体赋具有强烈的楚文化背景，背离了儒学精神；汉初的诗体赋则是因为具有藩国的背景，与儒学大一统要求背离，也很快消歇。这两种汉初的主流赋体，其衰亡的一个重要原因是其内在的非儒学性。作为反面例证，它们证明了：在武帝独尊儒学之前，儒学其实就已经极有势力，其排他性的隐性功能就已经深刻地影响了文体的兴衰和文风的取向。[1]

汉初的政论文，其风格同样深受儒学影响。章培恒先生认为，西汉前期的政论文与战国散文相比有三大特色："一是更注重实际的政策方针，而不是一般地从理论上讨论政治的原则；二是既继承了战国散文纵横驰骋的气势，又具有战国散文所缺少的整饬谨严的风貌；三是更具有恢弘的气度和身在其中的热情。"值得注意的是，"注重实际的政策方针"、"整饬谨严的风貌"、"恢弘的气度和身在其中的热情"恰恰是儒学的学风特点。也就是说，在武帝表彰儒学之前的汉初，散文的风格就已经贴近儒学的学风了。

而到了西汉中后期，依经立义、天人感应成为散文表现最多的内容；典雅稳重、引经据典则成为这一时期散文的主要风格。无论是内容还是文风，公羊学都居于主导地位。两位公羊学大师董仲舒和刘向，也可视作中期与后期散文风格的标本，所以刘熙载认为贾谊、司马迁的文章还有"先秦遗意"，只有董仲舒、刘向二人的文章才真正体现了"汉文本色"。[2]

---

[1] 说详冯良方：《汉赋与经学》之第四章，中国社会科学出版社 2004 年版。

[2] 班固：《汉书·礼乐志》，中华书局 1962 年版，第 1057 页。

董仲舒以自己的"儒宗"身份，为武帝规划了以儒学为正统的文化政策，为汉帝国设计了儒学化的统治范式，对于中国古代政治制度的成型起到了关键作用。在其政治思想的基础上，他对文学的理解和他自己的文学创作，对西汉散文风格的形成起到了重大作用。其文论，前文已经述及，这里不再赘述，这里只探讨他的散文创作风格与影响。

董仲舒的散文，除了赋体文《士不遇赋》和学术性散文《春秋繁露》之外，就只有因《汉书》收录才得以流传的《天人三策》。在回答武帝第一次策问的奏疏中，开篇的一段是：

　　臣谨案：《春秋》之中，视前世已行之事，以观天人相与之际，甚可畏也。国家将有失道之败，而天乃先出灾害以谴告之，不知自省，又出怪异以警惧之，尚不知变，而伤败乃至。以此见天心之仁爱人君而欲止其乱也。自非大亡道之世者，天尽欲扶持而全安之，事在强勉而已矣。强勉学问，则闻见博而知益明；强勉行道，则德日起而大有功：此皆可使还至而有效者也。《诗》曰"夙夜匪解"，《书》云"茂哉茂哉"，皆强勉之谓也。道者，所繇适于治之路也，仁义礼乐皆其具也。故圣王已没，而子孙长久安宁数百岁，此皆礼乐教化之功也。王者未作乐之时，乃用先王之乐宜于世者，而以深入教化于民。教化之情不得，雅颂之乐不成，故王者功成作乐，乐其德也。乐者，所以变民风，化民俗也；其变民也易，其化人也著。故声发于和而本于情，接于肌肤，臧于骨髓。故王道虽微缺，而管弦之声未衰也。夫虞氏之不为政久矣，然而乐颂遗风犹有存者，是以孔子在齐而闻《韶》也。夫人君莫不欲安存而恶危亡，然而政乱国危者甚众，所任者非其人，而所繇者非其道，是以政日以仆灭也。夫周道衰于幽厉，非道亡也，幽厉不繇也。至于宣王，思昔先王之德，兴滞补弊，明文武之功业，周道粲然复兴，诗人美之而作，上天佑之，为生贤佐，后世称诵，至今不绝。此夙夜不解行善之所致也。孔子曰"人能弘道，非道弘人"也。故治乱废兴在于己，非天降命不可得反，其所操持悖谬失其统也。臣闻天之所大奉使之王者，必有非人力所能致而自至者，此受命之符也。天下之人同心归之，若归父母，故天瑞应诚而至。《书》曰："白鱼入于王舟，有火复于王屋，流为乌。"此盖受命之符也。周公曰"复哉复哉"，孔子曰"德不孤，必有邻"，皆

积善累德之效也。及至后世，淫佚衰微，不能统理群生，诸侯背畔，残贼
良民以争壤土，废德教而任刑罚。刑罚不中，则生邪气，邪气积于下，怨
恶畜于上，上下不和，则阴阳缪盭而妖孽生矣。此灾异所缘而起也。[1]

这一段奏疏的内容是论天人感应和王权神授，这是公羊学的核心价值。汉帝国建立已有七十余年，董仲舒不必再像贾谊等汉初作者那样总结亡秦的经验教训，而将论证汉的合理性置于首位。不同于贾谊《过秦论》的以古证今，他将论证的起点放在儒学义理上，一步步地推导到现今政治的所当作为上。和贾谊等汉初作者的另一个很明显的不同，是文中大量引儒学经典为证的论证方式，即当需要阐明一个道理时，董仲舒不是说自己认为当如何如何，而是转而从儒学经典处寻求答案，以此来增强文章的说服力。清代学者陈衍对董仲舒的文风这样评价："在他人言之透露，而董言之含蓄；他人言之激烈，而董言之委婉，不肯求其简捷。"[2] 很明显，董仲舒的文风是儒学独尊之后才会出现的文学现象。像董仲舒的这类大手笔，开启了内容纯正、风格典雅、叙议杂糅、委婉雍容的西汉经学化文章风格，"在他以后，一些儒者，讲政治，谈哲学，无不涉及天人感应、阴阳灾异。文章的内容和风格都发生了变化。汉代文章从纵横驰骋转变为坐而论道，可以说是从董仲舒开始的"。

在董仲舒之后，又一位以公羊学经师身份来创作政论文而成绩突出的，是元、成时期的刘向。他虽然治《谷梁传》，但他的公羊学素养之深，前文已经谈到。刘向的文章最具经术特征的，是他一系列的批判朝政的奏疏。刘向的这些奏疏，虽然也属于经生之文，但也呈现出新的时代特色和个人性格特征。

刘向的奏疏有两大类，一类是借着灾异事变而表达政见，另一类则是直截了当地抒发政见。无所凭依、自抒己见的奏疏在数量上很少，主要有《谏营昌陵疏》与《理甘延寿陈汤疏》、《说成帝定礼乐》三篇，这一类文章在风格上与汉初的贾谊、晁错很像，经术的气息不够浓厚，虽然此类文章艺术成就很高，但并不能算作是他的代表性文章。真正能够代表刘向散文风格特征的，是他第一类的借灾异抒政见的经术化文章。

这一类的文章在数量上是远远超过后者的，代表性作品有《条灾异封事》、《使外亲上变事》、《极谏用外戚封事》、《复上奏灾异书》、《对成帝甘泉泰畤问》等。现列举一篇以概其余。

---

[1]　班固：《汉书·董仲舒传》，中华书局1962年版，第2498—2500页。
[2]　班固：《汉书·王莽传》，中华书局1962年版，第4076页。

成帝元延年间，"星孛东井，蜀郡岷山崩，雍江"，刘向深感恐惧，他以自己的公羊学知识，将星孛和山崩看作是天对刘汉的不满，于是上《复上奏灾异书》：

> 臣闻帝舜戒伯禹"毋若丹朱敖"，周公戒成王"毋若殷王纣"，《诗》曰"殷监不远，在夏后之世"，亦言汤以桀为戒也。圣帝明王，常以败乱自戒，不讳废兴，故臣敢极陈其愚，唯陛下留神察焉。谨案：《春秋》二百四十二年，日蚀三十六，襄公尤数，率三岁五月有奇而一食。汉兴讫竟宁，孝景帝尤数，率三岁一月而一食。臣向前数言日当食，今连三年比食，自建始以来，二十岁间而八食，率二岁六月而一发，古今罕有。异有小大希稠，占有舒疾缓急，而圣人所以断疑也。《易》曰："观乎天文，以察时变。"昔孔子对鲁哀公，并言夏桀、殷纣暴虐天下，故历失则摄提失方，孟陬无纪，此皆易姓之变也。秦始皇之末至二世时，日月薄食，山陵沦亡，辰星出于四孟，太白经天而行，无云而雷，枉矢夜光，荧惑袭月，孽火烧宫，野禽戏廷，都门内崩，长人见临洮，石陨于东郡，星孛大角，大角以亡。观孔子之言，考暴秦之异，天命信可畏也。及项籍之败，亦孛大角。汉之入秦，五星聚于东井，得天下之象也。孝惠时，有雨血，日食于冲，灭光星见之异。孝昭时，有泰山卧石自立，上林僵柳复起，大星如月西行，众星随之，此为特异。孝宣兴起之表，天狗夹汉而西，久阴不雨者二十余日，昌邑不终之异也。皆著于《汉纪》。观秦、汉之易世，览惠、昭之无后，察昌邑之不终，视孝宣之绍起，天之去就，岂不昭昭然哉！高宗、成王，亦有雊雉、拔木之变，能思其故，故高宗有百年之福，成王有复风之报，神明之应，应若景向，世所同闻也。臣幸得托末属，诚见陛下宽明之德，冀销大异而兴高宗、成王之声以崇刘氏，故恳恳数好死亡之诛。今日食尤屡，星孛东井，摄提炎及紫宫，有识长老莫不震动，此变之大者也！[1]

刘向是汉的宗室，因此以关心家事的态度来关注汉的安危。据《汉书》本传，他"为人简易无威仪，廉靖乐道，不交接世俗，专积思于经术，昼诵书传，夜观星宿，或不寐达旦"。自然的灾变，尤其是日食，在公羊学家看来，意味着江山易姓。刘向对此既恐惧，又希望成帝改过，疏远外戚，顺从天意，使汉祚延长。他的这篇

---

[1] 班固：《汉书·韩延寿传》，中华书局 1962 年版，第 3210 页。

奏疏，联系经说，梳理历史上的变异，将天现灾变与人事一一对应。他意在劝谏成帝亲政，疏远王氏，但形格势禁，又不得不打着经术的招牌，其中原因，固然有保全自己性命的用意，更重要的是为了增强文章的说服力。他的文章与董仲舒一样的是，都尽可能地援引经义以资佐证，但二者不一样之处更多。

董仲舒服侍的是以英明著称的武帝，他关注的是如何使汉政向更好的方向发展；而刘向服侍的成帝，则空有宽仁的虚名，昏聩寡断，一切听命于外戚。所以，刘向生活在政治黑暗的王朝没落时期，对于皇帝的昏庸，怒其不争，有心无力，因此，他的奏疏不再像董仲舒那样从容纡徐、雍容淡雅，而是语言激切，危言耸听，以耳提面命的方式来大声疾呼。另外，就性格而言，从二人的本传介绍来看，董仲舒是一位真正的学养深厚的"醇儒"，性格温和；而刘向则是广学杂取，性格急躁。二人不同的时代背景、不同的学养、不同的性格，使得同为经师的二人，其文章风格却迥然不同。

如果说董仲舒文章所代表的，是帝国顶峰期的那一批文士如司马迁、司马相如、公孙弘、倪宽等人的经生之文的话，刘向文章代表的，则是帝国斜阳时期的谷永、师丹、朱云、刘辅等那批经生的文章的风格。

简单地说，刘向等一批西汉末年文士作品的风格，在继承董仲舒经学化文风的基础上，又有着相当大的改变。首先，和董仲舒时代的文士的作品相比，刘向那一批文士的文章很少谈专门的学理，而将重点转向当时的黑暗政治现状，他们批判时政，基本上都是以从公羊学天人感应理论而导引出来的灾异学说为立论的理论支撑。其次，他们的文章很少有典雅雍容的气度，而多激切批判的棱角。这一文学特征的形成，是因为他们作文紧密联系时政，时政既然是令人绝望的，那么，这些以儒学"修齐治平"说教为自己理想的文士批评起黑暗的政治来，就势必呈现出不顾一切的疯狂态势。还有，同是利用灾异理论来批评时政，董仲舒时代的文士还不敢过度地利用这一理论，董仲舒本人就因为妄言灾异而差点引来杀身之祸。但在刘向等人生活的西汉后期，灾异理论已经是被社会广泛认可的权威经说了，以灾异理论为理论支撑的刘向等人在批判时政时，可以无所顾忌地最充分利用这一理论而不必虑及言论过激会给自己带来杀身之祸，这是造成西汉后期文章肆无忌惮风格的一个重要原因。

尽管武、宣时代与元、成时代的文章多有不同，但它们都深受经学的影响，这种经学化散文的出现，有着非凡的意义，"正是由于它的出现，传统儒学与

现实政治的结合才找到了一个最佳的载体。从这个意义上说，经术化政论文的出现确实与经学的形成有着密不可分的内在联系，事实上儒学上升为至尊的经学和经术化散文的基本定型是大体同步的，两者都大致发生在武帝后期至元、成之世"[1]。

---

[1]　班固：《汉书·元帝纪》，中华书局1962年版，第280页。

参考文献

一、文 献 类

[1] 严可均校辑：《全上古三代秦汉三国六朝文》，中华书局 1958 年版。

[2] 逯钦立辑校：《先秦汉魏晋南北朝诗》，中华书局 1983 年版。

[3] 费振刚等辑校：《全汉赋》，北京大学出版社 1993 年版。

[4] 萧统编：《文选》，上海古籍出版社 1986 年版。

[5] 安居香山、中村璋八辑：《纬书集成》，河北人民出版社 1994 年版。

[6] 程荣纂辑：《汉魏丛书》，吉林大学出版社 1992 年版。

[7]《周易正义》，中华书局影印阮元校刻《十三经注疏》本 1980 年版。

[8]《尚书正义》，中华书局影印阮元校刻《十三经注疏》本 1980 年版。

[9]《春秋公羊传注疏》，中华书局影印阮元校刻《十三经注疏》本 1980 年版。

[10]《春秋谷梁传注疏》，中华书局影印阮元校刻《十三经注疏》本 1980 年版。

[11]《礼记注疏》，中华书局影印阮元校刻《十三经注疏》本 1980 年版。

[12]《论语注疏》，中华书局影印阮元校刻《十三经注疏》本 1980 年版。

[13]《毛诗正义》，中华书局影印阮元校刻《十三经注疏》本 1980 年版。

[14] 杨伯峻：《春秋左传注》，中华书局 1981 年版。

[15] 李道平：《周易集解纂疏》，中华书局 1994 年版。

[16] 韦昭注：《国语》，上海古籍出版社 1978 年版。

[17] 司马迁：《史记》，中华书局 1959 年版。

[18] 班固：《汉书》，中华书局 1962 年版。

[19] 范晔：《后汉书》，中华书局 1965 年版。

[20] 卢弼：《三国志集解》，中华书局 1982 年版。

[21] 胡三省注：《资治通鉴》，古籍出版社 1956 年版。

[22] 徐天麟：《西汉会要》，上海人民出版社 1977 年版。

[23] 孙星衍等辑：《汉官六种》，中华书局 1990 年版。

[24] 段玉裁：《说文解字注》，上海古籍出版社 1981 年版。

[25] 王先谦：《释名疏证补》，上海古籍出版社 1984 年版。

[26] 朱熹：《四书章句集注》，中华书局《新编诸子集成》本 1983 年版。

[27] 戴望：《管子校正》，上海书店《诸子集成》本 1986 年版。

[28] 孙诒让：《墨子间诂》，上海书店《诸子集成》本 1986 年版。

[29] 焦循：《孟子正义》，中华书局《新编诸子集成》本 1987 年版。

[30] 王先谦：《庄子集解》，上海书店《诸子集成》本 1986 年版。

[31] 王先谦：《荀子集解》，中华书局《新编诸子集成》本 1988 年版。

[32] 王先慎：《韩非子集解》，上海书店《诸子集成》本 1986 年版。

[33] 《吕氏春秋》，上海书店《诸子集成》本 1986 年版。

[34] 王利器：《新语校注》，中华书局《新编诸子集成》本 1986 年版。

[35] 王洲明、徐超：《贾谊集校注》，人民文学出版社 1996 年版。

[36] 《淮南子》，上海书店《诸子集成》本 1986 年版。

[37] 董仲舒著，苏舆义证：《春秋繁露义证》，中华书局 1992 年版。

[38] 陈立：《公羊义疏》，商务印书馆 1959 年版。

[39] 桓宽：《盐铁论》，上海书店《诸子集成》本 1986 年版。

[40] 扬雄：《法言》，上海书店《诸子集成》本 1986 年版。

[41] 陈立：《白虎通疏证》，中华书局 1994 年版。

[42] 《西京杂记》，吉林大学出版社《汉魏丛书》本 1992 年版。

[43] 荀悦：《申鉴》，上海书店《诸子集成》本 1986 年版。

[44] 王充：《论衡》，上海人民出版社 1974 年版。

[45] 吴树平：《风俗通义校释》，天津人民出版社 1980 年版。

[46] 苏辙：《诗集传》，书目文献出版社 2003 年版。

[47] 王逸：《楚辞章句》，中华书局 1983 年版。

[48] 洪兴祖：《楚辞补注》，中华书局 1983 年版。

[49] 范文澜：《文心雕龙注》，人民文学出版社 1978 年版。

[50] 浦起龙：《史通通释》，上海古籍出版社 1978 年版。

[51] 洪迈：《容斋随笔》，上海古籍出版社 1978 年版。

［52］程大昌：《演繁露》、《演繁露续集》，中华书局影印《丛书集成初编》本 1991 年版。

［53］永瑢等：《四库全书总目》，中华书局 1965 年版。

［54］王树民：《廿二史札记校证》，中华书局 1984 年版。

［55］王鸣盛：《十七史商榷》，上海书店出版社 2005 年版。

［56］刘熙载：《艺概》，上海古籍出版社 1978 年版。

［57］何新文、路成文：《历代赋话校证》，中华书局 2007 年版。

［58］皮锡瑞：《经学历史》，中华书局 1959 年版。

［59］皮锡瑞：《经学通论》，中华书局 1954 年版。

［60］崔述：《崔东璧遗书》，上海古籍出版社 1983 年版。

［61］唐晏：《两汉三国学案》，中华书局 1986 年版。

［62］康有为：《中国现代学术经典·康有为卷》，河北教育出版社 1996 年版。

二、著 作 类

［1］［日］本田成之：《经学史论》，江侠庵译，商务印书馆 1934 年版。

［2］陈衍：《石遗室论文》，民生印书馆 1936 年版。

［3］作家出版社编辑部编：《乐府诗研究论文集》，作家出版社 1957 年版。

［4］劳干：《汉代政治论文集》，艺文印书馆 1976 年版。

［5］杨公骥：《中国文学》（第一分册），吉林人民出版社 1980 年版。

［6］简宗梧：《汉赋源流与价值之商榷》，文史出版社 1980 年版。

［7］顾颉刚主编：《古史辨》（第五册），上海古籍出版社 1982 年版。

［8］张舜徽：《周秦道论发微》，中华书局 1982 年版。

［9］蒋伯潜：《十三经概论》，上海古籍出版社 1983 年版。

［10］朱维铮编：《周予同经学史论著选集》，上海人民出版社 1983 年版。

［11］任继愈主编：《中国哲学发展史（秦汉卷）》，人民出版社 1985 年版。

［12］王瑶：《中古文学史论》，北京大学出版社 1986 年版。

［13］李泽厚：《中国古代思想史论》，人民出版社 1986 年版。

［14］刘汝霖：《汉晋学术编年》，中华书局 1987 年版。

［15］余英时：《士与中国文化》，上海人民出版社 1987 年版。

［16］祝瑞开：《两汉思想史》，上海古籍出版社 1989 年版。

[17] 许结：《汉代文学思想史》，南京大学出版社 1990 年版。

[18] 钟肇鹏：《谶纬论略》，辽宁教育出版社 1991 年版。

[19] 余英时：《内在超越之路》，中国广播电视出版社 1992 年版。

[20] ［英］崔瑞德、鲁惟一编：《剑桥中国秦汉史》，杨品泉等译，中国社会科学出版社 1992 年版。

[21] 张永鑫：《汉乐府研究》，江苏古籍出版社 1992 年版。

[22] 沈玉成、刘宁：《春秋左传学史稿》，江苏古籍出版社 1992 年版。

[23] 阮忠：《汉赋艺术论》，华中师范大学出版社 1993 年版。

[24] 汤志均等：《西汉经学与政治》，上海古籍出版社 1994 年版。

[25] 张大可：《司马迁评传》，南京大学出版社 1994 年版。

[26] ［法］谢和耐：《中国社会史》，黄建华、黄迅余译，江苏人民出版社 1995 年版。

[27] 蒋庆：《公羊学引论》，辽宁教育出版社 1995 年版。

[28] 王永祥：《董仲舒评传》，南京大学出版社 1995 年版。

[29] 吴荣曾：《先秦两汉史研究》，中华书局 1995 年版。

[30] 王国维：《王国维遗书》，上海书店出版社 1996 年版。

[31] 顾颉刚：《顾颉刚古史论文集》，中华书局 1996 年版。

[32] 顾颉刚：《秦汉的方士与儒生》，东方出版社 1996 年版。

[33] 顾颉刚：《汉代学术史略》，东方出版社 1996 年版。

[34] 阎步克：《士大夫政治演生史稿》，北京大学出版社 1996 年版。

[35] 刘泽华主编：《中国政治思想史（秦汉魏晋南北朝卷）》，浙江人民出版社 1996 年版。

[36] 韩兆琦：《史记通论》，广西师范大学出版社 1996 年版。

[37] 金春峰：《汉代思想史》，中国社会科学出版社 1997 年修订第二版。

[38] 王葆玹：《今古文经学新论》，中国社会科学出版社 1997 年版。

[39] 陈其泰：《清代公羊学》，东方出版社 1997 年版。

[40] 阎步克：《察举制度变迁史稿》，辽宁大学出版社 1997 年版。

[41] 丁原明：《黄老学论纲》，山东大学出版社 1997 年版。

[42] 于迎春：《汉代文人与文学观念的演进》，东方出版社 1997 年版。

[43] 汪春泓：《齐学影响下的西汉文学》，圣环图书公司 1997 年版。

［44］冯友兰：《中国哲学史新编（中）》，人民出版社 1998 年版。

［45］葛兆光：《中国思想史》（第一卷），复旦大学出版社 1998 年版。

［46］黄肇基：《汉代公羊学灾异理论研究》，文津出版社 1998 年版。

［47］黄朴民：《天人合一——董仲舒与汉代儒学思潮》，岳麓书社 1999 年版。

［48］刘泽华：《中国的王权主义》，上海人民出版社 2000 年版。

［49］周桂钿：《秦汉思想史》，河北人民出版社 2000 年版。

［50］《中国哲学》编辑部、国际儒联学术委员会合编：《经学今诠初编》，辽宁教育出版社 2000 年版。

［51］郜积意：《经典的批判——西汉文学思想研究》，东方出版社 2000 年版。

［52］李炳海：《汉代文学的情理世界》，东北师范大学出版社 2000 年版。

［53］李炳海：《黄钟大吕之音——古代辞赋的文本阐释》，吉林人民出版社 2001 年版。

［54］徐复观：《两汉思想史》（三卷本），华东师范大学出版社 2001 年版。

［55］马积高：《历代辞赋研究史料概述》，中华书局 2001 年版。

［56］张荣明：《中国的国教——从上古到东汉》，中国社会科学出版社 2001 年版。

［57］刘松来：《两汉经学与中国文学》，百花洲文艺出版社 2001 年版。

［58］张涛：《经学与汉代社会》，河北人民出版社 2001 年版。

［59］段熙仲：《春秋公羊学讲疏》，南京师范大学出版社 2002 年版。

［60］许倬云：《许倬云自选集》，上海教育出版社 2002 年版。

［61］孙筱：《两汉经学与社会》，中国社会科学出版社 2002 年版。

［62］赵沛：《宗族与西汉政治变迁》，中国文史出版社 2002 年版。

［63］刘朝谦：《汉代诗学发微》，四川人民出版社 2002 年版。

［64］王振复：《中国美学的文脉历程》，四川人民出版社 2002 年版。

［65］赵敏俐：《周汉诗歌综论》，学苑出版社 2002 年版。

［66］姜广辉主编：《中国经学思想史》（第一卷），中国社会科学出版社 2003 年版。

［67］姜广辉主编：《中国经学思想史》（第二卷），中国社会科学出版社 2003 年版。

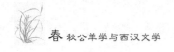

［68］王继训：《汉代诸子与经学》，陕西人民出版社 2003 年版。

［69］［美］宇文所安：《他山的石头记》，田晓菲译，江苏人民出版社 2003 年版。

［70］龚克昌：《全汉赋评注》，花山文艺出版社 2003 年版。

［71］边家珍：《汉代经学发展史论》，中国文史出版社 2003 年版。

［72］汪耀明：《贾谊和西汉文学》，复旦大学出版社 2003 年版。

［73］钱穆：《秦汉史》，生活·读书·新知三联书店 2004 年版。

［74］张舜徽：《中国古代史籍校读法》，华中师范大学出版社 2004 年版。

［75］赵伯雄：《春秋学史》，山东教育出版社 2004 年版。

［76］［美］本杰明·史华兹：《古代中国的思想世界》，程钢译，江苏人民出版社 2004 年版。

［77］季乃礼：《三纲六纪与社会整合》，中国人民大学出版社 2004 年版。

［78］万光治：《汉赋通论》，中国社会科学出版社 2004 年版。

［79］冯良方：《汉赋与经学》，中国社会科学出版社 2004 年版。

［80］张涛、项永琴：《秦汉齐鲁经学》，山东文艺出版社 2004 年版。

［81］李天道：《司马相如赋的美学思想与地域文化心态》，中国社会科学出版社 2004 年版。

［82］姜忠奎：《纬史论微》，上海书店出版社 2005 年版。

［83］钱穆：《两汉经学今古文平议》，商务印书馆 2005 年版。

［84］吕思勉：《先秦史》，上海古籍出版社 2005 年版。

［85］龚鹏程：《汉代思潮》，商务印书馆 2005 年版。

［86］徐复观：《徐复观论经学史二种》，上海书店出版社 2005 年版。

［87］张端穗：《西汉公羊学研究》，文津出版社 2005 年版。

［88］边家珍：《汉代经学与文学》，华龄出版社 2005 年版。

［89］程勇：《汉代经学文论叙述研究》，齐鲁书社 2005 年版。

［90］曹道衡、刘跃进：《先秦两汉文学史料学》，中华书局 2005 年版。

［91］董治安：《两汉文献与两汉文学》，上海古籍出版社 2005 年版。

［92］曾祥旭：《士与西汉思想》，黑龙江人民出版社 2005 年版。

［93］周学鹰：《解读画像砖石中的汉代文化》，中华书局 2005 年版。

［94］王运熙：《乐府诗述论（增补本）》，上海古籍出版社 2006 年版。

[95] 许雪涛：《公羊学解经方法——从〈公羊传〉到董仲舒春秋学》，广东人民出版社 2006 年版。

[96] 杨树达：《春秋大义述》，中华书局 2007 年版。

[97] 刘国民：《董仲舒的经学诠释及天的哲学》，中国社会科学出版社 2007 年版。

[98] 龙文玲：《汉武帝与西汉文学》，社会科学文献出版社 2007 年版。

[99] 侯立兵：《汉魏六朝赋多维研究》，人民出版社 2007 年版。

[100] 张小锋：《西汉中后期政局演变探微》，天津古籍出版社 2007 年版。

[101] 刘黎明：《〈春秋〉经传研究》，巴蜀书社 2008 年版。

[102] 石厉：《春秋公羊家思想考略》，中国文联出版社 2008 年版。

[103] 于嘉芳：《齐文化的三个主要来源》，载刘武军等编：《文物考古与齐文化》，山东大学出版社 1996 年版。

三、论　　文

[1] 赖长扬：《司马迁与春秋公羊学》，载《史学史研究》1979 年第 4 期。

[2] 吴汝煜：《〈史记〉与公羊学》，载《徐州师范学院学报》1982 年第 2 期。

[3] 万光治：《论汉赋与汉诗、汉代经学的关系》，载《四川师范学院学报》1984 年第 2 期。

[4] 苏诚鉴：《汉武帝"独尊儒术"考实》，载《中国哲学史研究》1985 年第 1 期。

[5] 吕绍纲：《董仲舒与春秋公羊学》，载《天津社会科学》1986 年第 1 期。

[6] 苏诚鉴：《汉元帝的儒生政治》，载《安徽师范大学学报》1987 年第 3 期。

[7] 苏诚鉴：《"汉家尧后，有传国之运"——西汉亡于儒生论》，载《安徽师范大学学报》1988 年第 4 期。

[8] 刘家和：《论汉代春秋公羊学的大一统思想》，载《史学理论研究》1995 年第 2 期。

[9] 吴青：《灾异与汉代社会》，载《西北大学学报》1995 年第 3 期。

[10] 王健：《汉代君主研习儒学传统的形成及其历史效应》，载《中国史研究》1996 年第 3 期。

[11] 孙家洲：《汉代"应验"谶言例释》，载《中国哲学史》1997 年第 2 期。

[12] 汤仁泽：《日本的公羊学研究》，载人大复印资料（历史学）1997 年第 7 期。

[13] 陈其泰：《董仲舒与今文公羊学说体系的形成》，载《孔子研究》1998 年第 1 期。

[14] 李祥俊：《汉代春秋公羊学政治论义发微》，载《东方论坛》1999 年第 3 期。

[15] 马雪芹：《"罢黜百家，独尊儒术"新解》，载《人文杂志》1999 年第 5 期。

[16] 宋艳萍：《汉末公羊学衰落原因探析》，载《山东大学学报》（哲学社会科学版）2000 年第 3 期。

[17] 阮忠：《20 世纪汉赋研究述评》，载《学术研究》2000 年第 4 期。

[18] 朱绍侯：《汉元成二帝论（上）》，载《洛阳大学学报》2001 年第 1 期。

[19] 朱绍侯：《汉元成二帝论（下）》，载《洛阳大学学报》2001 年第 3 期。

[20] 蒋文燕：《20 世纪汉赋分类研究述评》，载《南都学坛》（人文社会科学学刊）22 卷第 2 期。

[21] 王焕然：《谶纬的流行及其对汉赋的影响》，载《内蒙古社会科学》（汉文版）23 卷第 5 期。

[22] 霍炬：《董仲舒与西汉前期文论理论前提的建构》，陕西师范大学 2002 年硕士学位论文。

[23] 陈桐生：《〈史记〉与春秋公羊学》，载《文史哲》2002 年第 5 期。

[24] 陈其泰：《春秋公羊学说体系的形成及其特征》，载《山东大学学报》（哲学社会科学版）2002 年第 6 期。

[25] 仝晰纲：《公羊学与汉代政治文化》，载《辽宁大学学报》（哲学社会科学版）2004 年第 1 期。

[26] 黄开国：《公羊学的大一统》，载《人文杂志》2004 年第 1 期。

[27] 刘松来：《经学衰微与汉赋的文体升华》，载《江西师范大学学报》第 35 卷 3 期。

[28] 王珏：《论"天人三策"》，辽宁大学 2004 年硕士学位论文。

[29] 杨生民：《汉宣帝时"霸王道杂之"与"纯任德教"之争考论》，载《文史哲》2004 年第 6 期。

[30] 张高评：《台湾近五十年来〈春秋〉经传研究综述（上）》，载《汉学

研究通讯》23 卷第 3 期。

　　［31］张高评：《台湾近五十年来〈春秋〉经传研究综述（下）》，载《汉学研究通讯》23 卷第 4 期。

　　［32］黄震云：《汉赋与儒家思想》，载《北方论丛》2005 年第 3 期。

　　［33］李桂荣、郑明璋：《论经学对汉赋题材的催动》，载《山东社会科学》2005 年第 8 期。

　　［34］苏羽：《论汉赋的学者化转型》，西北大学 2006 年硕士学位论文。

　　［35］唐眉江：《汉代公羊学"大一统"概念辨析》，载《学术研究》2006年第 1 期。

　　［36］陈苏镇：《两汉之际的谶纬与〈公羊〉学》，载《文史》2006 年第 3 期。

　　［37］康宇凤：《浅谈〈史记〉对春秋公羊学"大一统"思想的继承与发展》，载《内蒙古师范大学学报》（哲学社会科学版）2007 年第 1 期。

　　［38］魏定榔：《试论公羊学与汉代社会》，福建师范大学 2007 年硕士学位论文。

　　［39］朱玉周：《汉代谶纬天论研究》，山东大学 2007 年博士学位论文。

　　［40］唐眉江：《汉代公羊学大一统思想新论》，《西南民族大学学报》（人文社科版）2008 年第 3 期。

　　［41］平飞：《〈公羊传〉"以义解经"的特质发微》，载《孔子研究》2008 年第 4 期。

　　［42］黄朴民：《"大一统"原则规范下的秦汉政治与文化》，载《学海》2008 年第 5 期。